KB091288

인텔리전스 기반
사고 대응

인텔리전스 기반 사고 대응

사이버 위협 정보 수집과 분석
그리고 위협 사냥을 위한 인텔리전스 활용 방안

스콧 로버츠, 레베카 브라운 지음
박준일, 장기식, 천성덕, 박무규, 서광석 옮김

i!i
에이콘

에이콘출판의 기틀을 마련하신 故 정완재 선생님 (1935-2004)

추천의 글

20여 년 전, 나는 달빛 미로^{Moonlight Maze}*라는 러시아 민족주의자^{nation state actor}의 사이버 공격 사건에 처음으로 참여했다. 나는 공군 특수 수사국^{Office of Special Investigations}에서 네트워크와 시스템을 훼손한 공격자의 활동 데이터를 수집, 차단, 분석하는 일을 도왔다. 많은 시스템에 걸쳐 진행된 공격을 분석한 결과, 이 공격자가 해킹한 시스템의 전원을 차단하더라도 공격을 멈출 수 없다는 사실을 알게 됐다. 공격자는 매우 침착했다. 일단 우리가 대응하고 있다는 것을 알면 조사 대상 목표물에 몇 주 동안 접근하지 않았다. 공격자는 2개 이상의 목표를 대상으로 많은 시스템에 백도어를 남기는 방식을 사용했다. 우리는 이 공격자가 누구인지, 어떤 방식으로 공격하는지 그리고 무엇을 했는지 조사하기 시작했고, 이 결과를 국방부 산하 부대에 제공했다. 달빛 미로 공격을 계기로 미국 사이버 사령부^{U.S. Cyber Command}의 모태가 된 '컴퓨터 네트워크방어를 위한 합동 대책 위원회^{JTF-CND, Joint Task Force-Computer Network Defense}가 구성됐다.

정부, 국방부, 맨디언트^{Mandiant} 그리고 회사에서 수백 건의 사건을 해결하며 느낀 점은 '사고 대응자는 공격자한테 배워야 한다'는 것이다. 이 첩보를 이용해 다른 네트워크를

---

* 1998년 미국 정부 네트워크 사이버 공격 사건으로 시작된 FBI 조사 프로젝트의 이름이다. 이 사건은 그레고리 비스티카(Gregory Vistica)가 뉴스위크(Newsweek)에 기고한 글로 대중에게 알려졌다. 이 글의 제목은 'We're in the middle of a cyberwar(우리는 사이버 전쟁의 한가운데에 있다)'였는데, 이는 존 헴르(John Hamre) 국방부 차관보의 말을 인용한 것이다. 보드머(Bodmer)와 킬거(Kilger), 카펜터(Carpenter) 및 존스(Jones)에 따르면 이 사이버 공격은 2년 넘게 진행됐고, 해커는 많은 양의 중요한 첩보(Information)를 수집할 수 있었으며, APT(Advanced Persistent Threat)로 분류되기도 했다. 접속을 계속 유지하면서 시스템을 살펴보고 민감한 데이터를 수집하는 이 해커의 능력은 당시에는 거의 볼 수 없었던 수준이라고 알려져 있다(출처: 위키피디아, https://bit.ly/2OXR9BE). - 옮긴이

관찰하면 같은 공격자가 네트워크를 공격했는지 판단할 수 있다. 이러한 인텔리전스로 특정 위협의 정보보호와 방어 태세를 갖출 수 있는 기반을 마련할 수 있다. 사고 대응 Incident Response 데이터를 이용하는 고객이 사이버 위협 인텔리전스를 사용하지 않는다면 보안 방어security defense를 개선할 수 없을 뿐 아니라 공격자가 침해하고 있는 네트워크에 체류하는 시간을 줄일 수도 없다.

위협 인텔리전스threat intelligence는 클리프 스톨Cliffe Stoll이 쓴 『Cuckoo's Egg』(The Bodley Head Ltd., 1989)에서 유래했으며, 이제 침입에 대응하는 필수 요소가 됐다. 그러나 어찌 된 일인지 대부분 조직은 여전히 같은 원칙을 고수하고 있다. 그 이유는 그룹의 자원이 부족하다는 것이다. 또 다른 이유는 보안 제품 공급 업체의 잘못된 조언 때문이다. 다행 스럽게도 이 책에서는 조직의 보안 업무security practice를 개선하는 데 도움이 되는 위협 인텔리전스의 개념과 전략 그리고 기능을 단계별로 배울 수 있다. 이 책을 읽고 나면 그 어느 때보다 효율적인 인텔리전스 기반 업무intelligence-driven operation를 만들 수 있고, 앞으로 발생할 수 있는 침해사고에 대비할 수 있을 뿐 아니라 이로 인한 영향도 줄일 수 있을 것이다.

나는 SANSSysAdmin, Audit, Network and Security 연구소**의 디지털 포렌식 및 사고 대응DFIR, Digital Forensic and Incident Response 교육 과정의 책임자이자 대표로서 수년 동안 위협의 적절한 평가와 인텔리전스의 중요성을 지적했다. 많은 사람이 위협 평가와 인텔리전스를 보유하고 있지 못한 상태에서 공격자를 제거하기 위해 할 수 있는 일이 거의 없다는 것을 알기 전까지 공격자의 공격을 멈추게 할 수 있으면 좋지만, 그것이 중요하지는 않다고 말한다.

나는 수년 동안 많은 경영진에게 위협 인텔리전스 분석 과정의 일환으로써 학습으로 추출한 지표를 제때 받지 못할 때는 다음 번 침입을 탐지할 수 없는 공급 업체의 하드웨어를 구매하는 것보다 적절한 위협 인텔리전스를 개발하는 데 더 많은 투자를 하는 것이

유용하다고 조언했다. 이 조언의 일부는 이 책의 저자인 스콧^{Scott}과 레베카^{Rebekah}와의 대화에서 유래했다.

나는 스콧과 함께 맨디언트에서 일했으며 그 이후 계속 친구로 지내고 있다. 나는 몇 년 동안 스콧의 논문과 기사를 열심히 읽고 있다. 스콧은 현재 SANS 연구소의 사이버 위협 인텔리전스 과정의 강사다. 최근 몇 년간 스콧에게 워렌 버핏^{Warren Buffet}의 재정적인 조언을 듣는 것과 같은 수준의 지혜를 얻을 수 있었다.

한편, 레베카는 전직 군인이며 사이버 작전의 이사회에서 일했다. 그녀는 전직 미국 해병대^{U.S. Marine Corp.} 사이버 통합 작전^{Cyber Unity Operations}의 책임자였다. 또한 국방부에서는 사이버 작전 훈련 입안자^{cyber-operation exercise planner}, NSA에서는 네트워크 전쟁 분석가^{network warfare analyst}였으며, 「포춘^{Fortune}」지가 선정한 500대 기업 및 정보보호업체에서 위협 인텔리전스를 구축하는 일을 했다. 그녀는 사이버 세상을 잘 이해하고 있으며, 국방부(인텔리전스와 사이버 커뮤니티 모두)를 비롯한 많은 회사와 일하고 있다. 레베카는 방어와 공격이 조율된 사이버 작전 이론을 바탕으로 백악관에 사이버 위협과 관련된 인텔리전스를 제공하고 있다. 나는 전통적인 인텔리전스를 사이버 작전 분석에 적용하는 방법을 배우는 동안, 그녀가 무척 계몽적이라는 것을 알게 됐다. 나는 그녀가 SANS 연구소의 사이버 위협 인텔리전스 과정의 강좌 작성자이자 강사인 것을 매우 자랑스럽게 생각한다.

스콧과 레베카는 사이버 작전 전략 안내서 중 하나인 이 책에 여러분이 지금까지 얻을 수 있었던 가장 많은 첩보를 수록했다. 따라서 여러분이 몸담고 있는 조직의 모든 사이버 분석가가 읽어야 한다. 이 책은 내가 모든 사이버 보안 분석가에게 추천하는 권장 도서 목록의 가장 상위에 있다. 이 책에서 제시하고 있는 아이디어는 기술적인 문제나 해킹 전술 또는 보안 방어를 구성하는 방법이 아니라 여러분 조직의 보안운영에서 실제로 상황을 개선하고 탐지하고 대응하는 개념과 전략 그리고 접근 방식에 집중하고 있다.

이 책에서 가장 중요한 부분은 인텔리전스 프로그램^{intelligence program}을 구축하는 방법이다. 이러한 측면에서 스콧과 레베카가 많은 조직에 인텔리전스 프로그램을 구축하는 과정을 지켜보는 것은 매우 의미 있는 일이었다. 이 두 사람의 영향을 받은 조직은 '위협 인텔리전스'가 유행어가 아니라는 사실을 이해했다. 이 두 사람의 접근 방식과 요구사항은 여러 번 읽을 가치가 있다.

이 책의 주요 내용은 위협 인텔리전스 사고방식을 활용한 사고 대응 접근 방법의 복잡성을 이용해 보안 분석가를 단계적으로 이끌어 나간다. 이 책에 수록된 첩보를 사용하면 조직의 사이버 보안 접근 방법이 영구적으로 바뀌게 될 것이고, 이 기술은 여러분을 고급 운영 기술을 갖춘 분석가로 만들어줄 것이다.

20여 년 전, 내가 달빛 미로 사건의 러시아 해커를 조사할 때 이 책이 있었더라면 좋았을 것이다. 나는 전술적인 대응을 넘어 모든 것에 프레임워크와 전략을 적용하고자 하는 학생들에게 이 책이 꼭 필요하다고 생각한다.

— 롭 리[Rob Lee](Harbingers Security 창업자, SANS 연구소 디지털 포렌식 및 사고 대응 책임자)

지은이 소개

스콧 로버츠 Scott Roberts

보안 회사와 정부 보안 기관 그리고 금융 서비스 보안 회사에서 근무했고, 현재는 깃허브Github 보안 사고대응 팀의 보안운영 관리자로 일하고 있다. 여러 사이버 위협 인텔리전스와 악성 코드malware 분석 도구를 공개했으며, 개발에도 이바지하고 있다.

레베카 브라운 Rebekah Brown

IT와 보안 전문가에게 조직을 보호하는 방법을 알려주는 회사인 Rapid7에서 위협 인텔리전스 프로그램을 운영하고 있다. NSA의 네트워크 전쟁 분석가와 미국 해병대의 사이버 부대 운영 책임자를 역임했다.

감사의 글

내 아내 케샤^{Kessa}의 통찰력이 없었다면 이 작업을 끝내지 못했을 것이고, 격려가 없었다면 시도도 하지 못했을 것이다. 이른 아침부터 늦은 밤까지 나를 지지해준 것에 감사한다.

나의 부모님인 스티브^{Steve}와 자넷^{Janet}은 내가 호기심을 잃지 않도록 끊임없이 지원해주셨고 지금 이 자리에 서기까지 많은 도움을 주셨다. 베이스캠프가 없었다면 부모님에게 감사하다는 말도 하지 못하고 이 자리에 서 있지도 못했을 것이다.

깃허브 보안 팀은 내가 몰랐던 방법으로 배우고, 쓰고, 공유하고 구축할 수 있는 자유를 줬다.

케일^{Kyle}의 지문은 이 모든 것에 남아 있다. 내가 원하는 것이 무엇이든 그것을 하라고 말해준 것에 감사한다.

지난 몇 년 동안 나의 많은 친구와 멘토의 대부분은 지난 몇 년 동안 내가 얼마나 많은 영향을 받았는지, 대화와 경험 그리고 열정을 공유하고자 하는 나의 말에 귀 기울여준 것에 얼마나 감사하고 있는지 모를 것이다.

공동 저자인 레베카는 우리가 필요로 하는 사람이지 마땅히 있어야 할 사람이 아니다. 나 혼자서는 할 수 없었고, 레베카가 없었다면 좋지도 않았을 것이다.

오라일리^{O'Reilly}의 직원은 우리의 생각을 실현하는 데 많은 도움을 줬다.

마지막으로 콜럼버스에 있는 Mission Coffee Company의 직원이 만들어준 에스프레소와 베이글이 이 글을 쓰는 데 많은 도움이 됐다.

– 스콧

나의 멋진 아이들 엠마[Emma], 케이틀린[Caitlyn], 콜린[Colin]은 내가 글을 쓰도록 격려해주고 (나쁜) 해커들을 잡는 방법에 도움이 되는 제안을 해줬다.

나의 부모님과 형제, 자매 그리고 그 외의 가족들은 이 작업을 하는 동안 나를 지지해줬다.

직장 동료 젠[Jen], 웨이드[Wade], 레이첼[Rachel], 조던[Jordan], 밥[Bob] 그리고 드렉[Derek](이외에도 더 많다!)은 항상 나를 믿어줬고, 내가 책을 쓴 것이 얼마나 미친 짓인지 (큰 소리로) 떠들지 않았다.

내 인생의 동반자는 나에게 수분을 공급해주고 카페인을 채워주며 행복하게 해줬을 뿐 아니라 마감일을 맞추지 못하도록 했다.

공동 저자인 스콧은 여자가 요구할 수 있는 최고의 BFFFG(영원한 좋은 친구)[***]가 돼줬다.

마지막으로 포틀랜드의 23 Hoyt 식당과 알렉산드리아 Trademark 식당의 직원들에게도 감사드린다. 그리고 두 도시 사이의 수많은 항공사 관계자에게도 감사한다. 나는 항공기 안에서 대부분의 글을 썼다.

– 레베카

[***] 'Best Friend Forever For Good'의 약자. 해시태그(#BFFFG)로 자주 사용됨. – 옮긴이

옮긴이 소개

박준일(junil.park@gmail.com)

국내 유명 법률 사무소와 회계 법인에서 사이버 침해사고 대응 관련 업무를 수행해왔으며, 현재는 법무법인 율촌 ICT 팀의 개인정보보호 분야 전문 위원으로서 개인정보 유출사고 대응 전문가로 활동하고 있다.

장기식(honors@nate.com)

경찰청 사이버안전국에서 디지털 포렌식 업무를 담당했고, 현재는 ㈜애니컨의 데이터과학연구소장으로서 데이터를 기반으로 한 업무를 분석하고 머신 러닝을 활용하는 방법을 연구하고 있다. 번역서로는 『보안을 위한 효율적인 방법 PKI』(인포북, 2003)와 『EnCE 컴퓨터 포렌식』(에이콘, 2015)이 있다.

천성덕(police0613@gmail.com)

2000년부터 경찰청 보안국에서 디지털 포렌식 업무를 수행해왔으며, 현재 성균관대학교 과학수사학과 디지털 포렌식 전공 박사 과정에 있다. 서울과학종합대학원 '정보 유출사고조사 실무' 과정, 경찰수사연수원 '압수수색 실습' 과정 외래 교수, 한국포렌식학회 이사로 활동 중이다. 저서로는 『디지털 포렌식 전문가 2급 기출 문제집(실기편)』(안북스, 2019)이 있다.

박무규(csipmk87@gmail.com)

고려대학교 정보보호대학원에서 정보보호 박사 학위를 취득하였고, 현재는 고려대학교 정보보호연구원에서 연구원으로 근무 중이다. 주요 연구 분야는 공개 출처 인텔리전스^{OSINT, Open Source intelligence}, 사이버 위협정보 그리고 사이버 상황 인식^{CSA, Cyber Situational Awareness}이다. 최근 국방과학연구소에서 발주한 과제에서 의사결정을 위한 사이버 위협정보를 활용하는 사이버 지휘 통제 연구를 진행했다. 사이버 위협정보 및 활용에 관한 주요 연구로는 'Threat Assessment for Android Environment with Connectivity to IoT Devices from the Perspective of Situational Awareness', 'Security Risk Measurement for Information Leakage in IoT-Based Smart Homes from a Situational Awareness Perspective' 등이 있다. 주요 연구 분야는 공개 출처 인텔리전스, 사이버 위협 인텔리전스 그리고 사이버 상황 인식이다.

서광석(lightstone@kisec.com)

서남대학교 교수를 역임했고, 현재 ㈜한국정보보호교육센터 원장으로 재직 중이다. 2004년에는 정보통신부 국가 사회 정보화 유공 국무총리 표창을 받았고, 고려대학교 정보보호대학원, 국민대학교 대학원 등에서 강의를 하고 있으며, 현재 시큐리티허브의 이사로도 재직 중이다. 다년간 정보보호 관련 교육과 컨설팅을 수행한 경험을 바탕으로 KISA SIS 자문위원과 대검찰청 디지털 자문위원으로 활동했다. 대표적인 저서로는『수론과 암호학』(경문사, 1998),『암호학과 대수학』(북스힐, 1999),『아마추어를 위한 암호와 대수곡선』(북스힐, 2000),『초보자를 위한 암호와 타원 곡선』(경문사, 2000),『정보 보호 고급(ICU)』,『페르마의 마지막 정리』(교우사, 2002),『인터넷 보안 가이드북』(그린, 2003) 등이 있다.

다년간 개인정보 침해사고 대응을 해오면서 느꼈던 점은 국내의 많은 정보보호 업무가 시간이 지나도 전통적인 방법에서 크게 벗어나지 못하고 있다는 것이다. 따라서 이 책의 저자들이 설명하고 있는 사이버 위협 인텔리전스를 바탕으로 인텔리전스 생산 시스템을 구축해 체계적으로 사고 대응을 할 수 있는 절차를 신속히 수립해야 한다.

이런 의미에서 이 책은 사이버 위협을 바탕으로 한 사고 대응 절차를 수립하는 데 적합하다. 우리에게는 생소한 인텔리전스 기반 사고 대응intelligence-driven incident response 절차를 소개하고 있고, 기업의 보안 실무자가 겪게 될 사이버 위협의 사고 대응 절차도 단계별로 자세히 소개하고 있기 때문에 절차에 속한 개념을 배우기 위한 입문서로 적합하다.

특히 이 책에서는 인텔리전스 주기intelligence cycle를 기반으로 사이버 킬 체인과 F3EAD와 같은 최신 개념을 사용해 사고 대응의 기본 원리를 설명하고 있다. 이 책은 전통적인 정보보호 업무를 벗어나 기업이 실질적인 위협에 대응하기 위한 환경 구축과 인텔리전스 기반의 사고 대응 능력 향상을 기대하는 보안 전문가에게 많은 도움이 될 것이라 생각한다.

– 박준일

정보보호 기술은 지속적으로 발전하고 있지만, 사이버 침해사고는 끊임없이 발생하고 있다. 사이버 침해를 예방하기 위해 다양한 방법을 실무에 적용하고 있지만 사고가 끊이지 않는 이유는 공격자가 방어자보다 한발 앞서 있기 때문이다. 이에 대응하기 위한 방법은 사이버 위협 인텔리전스를 활용해 사이버 침해를 예방하고 사고에 대응하는 것이다.

이 책의 저자는 많은 경험으로 체득한 사이버 위협 인텔리전스 수집 방법에서 공유 방법까지 실무에 필요한 과정을 소개하고 있다. 또한 끊임없이 변화하고 있는 사이버 위협에 대응할 수 있는 최신 방법을 소개하고 있기 때문에 실무 경험이 없는 보안 실무자가 인텔리전스 기반 사고 대응 절차를 배우는 데도 무척 유용할 것이다.

— 장기식

이 책은 우리에게 아직 생소한 인텔리전스 기반의 사건 대응 프로세스 중 디펜스 인텔리전스 분야를 체계적이고 통찰력 있게 제공하기 위해 단계별로 중요한 사항만을 정리해 제공하고 있다. 특히 이 책은 보안 실무자로서 어떤 조직에 속해 있는 경우에 발생할 수 있는 사이버 위협의 사고 대응 절차를 전반적으로 이해하거나 절차에 속한 개념을 배우기 위한 입문서로 적합하다.

— 천성덕

사이버 위협은 알려진 공격보다 알려지지 않는 공격Unknown 때문에 발생한다. 사이버 보안 담당자에게는 기존에 계획된 사고 대응 계획으로 이러한 새로운 유형의 공격을 탐지하거나 대응하는 데 한계가 있다. 이 책은 공격자들을 식별 및 예측하고 알려지지 않은 공격 방법에 대응할 수 있도록 사이버 위협 인텔리전스의 기초부터 활용까지를 설명한다. 이 책에서는 디지털 포렌식 전문가 및 인텔리전스 분석가와 같은 보안 담당자가 사이버 인텔리전스 분석의 기본 사항과 이러한 기술을 사고 대응 과정에 통합하는 가장 효과적인 방법을 배울 수 있다. 특히, 이 책은 국가정보학의 기본 정의와 인텔리전스의 기본 개념을 설명하고 있기 때문에 보안 담당자의 훌륭한 지침서가 될 것이라 생각한다.

— 박무규

20년 넘게 사고 대응 관련 교육과 자문을 해오면서 중점을 뒀던 것은 기존의 공격 방법과 수단이었다. 실제로 많은 실무자와 경영진의 주된 관심사는 공격 방법과 수단이기 때문에 정보보호 부서나 사고 대응자는 공격자가 사용한 악성 코드를 분석해 보고하는 것이 주된 업무였다. 정보보호 교육도 악성 코드 분석이나 디지털 포렌식 위주로 진행됐고, 기존에 알려지지 않았던 취약점을 이용하는 제로데이 공격에 제대로 대응하지도 못하고 있다.

최근에 들어서야 사이버 위협 인텔리전스를 활용하는 정보보호 방법론을 사용하는 정보보호 업무가 소개되고 있지만, 실무자들이 참고로 할 만한 지침서는 거의 없으며, 경영진들은 관련 지식 없이 업체의 제품 설명서를 신뢰할 수밖에 없는 상황이다. 이런 상황에서 실무자에게 도움이 되는 참고서를 번역하게 된 것을 기쁘게 생각한다. 사이버 위협 인텔리전스를 바탕으로 인텔리전스 절차와 사고 대응 절차를 구축해 활용한다면 사고 발생률을 줄일 수 있을 뿐 아니라 사고 발생 이후의 대응 업무도 효과적으로 개선할 수 있을 것이라 생각한다.

- 서광석

차례

1부 — 기초

1장   소개   35

6장   종결   177

들어가며

인텔리전스 기반 사고 대응의 세계에 온 것을 환영한다! 인텔리전스, 특히 사이버 위협 인텔리전스^CTI, cyber threat intelligence는 네트워크 관리자가 네트워크에서의 공격자 행동을 더 잘 이해하고 대응하는 데 도움을 줄 수 있는 잠재력이 있다.

이 책의 목적은 사고 대응자가 침입을 탐지하고 대응하고 개선하는 데 걸리는 시간을 줄이고 공격자를 파악하는 것을 돕기 위해서는 인텔리전스를 어떻게 적용해야 하는지를 알려주는 데 있다. 사이버 위협 인텔리전스와 사고 대응은 밀접하게 연관돼 있다. 위협 인텔리전스^threat intelligence는 사고 대응을 지원하고 강화할 뿐 아니라 사고 대응자가 사용할 수 있는 위협 인텔리전스를 생산한다. 이 책의 목표는 독자가 이런 관계를 이해하고 구현하는 데 도움을 주는 것이다.

이 책을 쓴 이유

최근 몇 년 동안 우리는 사고 대응이 독립적인 활동에서 전체적인 네트워크보안 프로그램의 필수적인 요소로 전환되는 과정을 지켜봤다. 사이버 위협 인텔리전스는 점점 더 급속도로 대중화하고 있고, 많은 기업과 사고 대응자는 위협 인텔리전스를 업무에 가장 잘 적용할 수 있는 방법을 찾기 위해 노력하고 있다. 우리는 모두 전통적인 인텔리전스 원칙을 사고 대응 실무에 적용하는 방법을 익히면서 성장통을 겪었으며, 이와 반대의 경우도 마찬가지다. 그러나 우리는 이러한 노력이 그만한 가치가 있다는 것을 알고 있다. 우리는 위협 인텔리전스와 사고 대응이라는 두 가지 세계를 하나로 묶고, 이들이 어떻게 더 강해지고 보다 효과적인지를 보여주며, 실무자가 이들을 업무에 적용하는 데 걸리는 시간을 줄이는 데 도움이 되기 위해 이 책을 썼다.

이 책의 대상 독자

이 책은 사고 관리자incident manager, 악성 코드 분석가, 역공학 전문가reverse engineer, 디지털 포렌식 전문가, 인텔리전스 분석가 등과 같이 사고 대응에 관여하는 사람과 사고 대응을 더 많이 배우고자 하는 사람을 위해 만들어졌다. 사이버 위협 인텔리전스에 관심이 많은 사람은 공격자의 동기와 작업 방식을 알고 싶어하며, 이를 배우기 위한 가장 좋은 방법은 사고 대응으로 배우는 것이다. 하지만 인텔리전스 사고방식으로 사고 대응을 해야만 우리가 활용할 수 있는 첩보의 가치를 진정으로 이해할 수 있다. 이 책에서 많은 것을 얻기 위해 사고 대응이나 인텔리전스 전문가가 될 필요는 없다. 이 책에서는 위협 인텔리전스와 사고 대응이 함께 동작하는 방식을 보여주기 위해 두 분야의 기본 사항을 단계별로 살펴보고, 절차를 설명하기 위해 실질적인 조언과 시나리오를 제공한다.

이 책의 구성

이 책은 다음과 같이 구성돼 있다.

- 1부는 1~3장으로 구성돼 있으며, 인텔리전스 기반 사고 대응의 개념과 인텔리전스 및 사고 대응 분야의 개요를 다룬다. 이 책의 나머지 부분에서 사용될 인텔리전스 기반 사고 대응의 기본 모델인 F3EAD의 개념을 소개한다.

- 2부는 4~9장으로 구성돼 있다. 4~6장에서는 사고 대응에 초점을 맞춘 F3EAD 절차에서 탐지Find하고, 위치를 결정Fix하며, 종결Finish하는 과정을 단계별로 설명한다. 또한 7~9장에서는 인텔리전스에 초점을 맞춘 F3EAD 절차인 익스플로잇

Exploit**** 과 분석Analysis 그리고 배포Dissemination를 설명한다.

- 3부는 10~11장으로 구성돼 있다. 10장에서는 전략적 수준의 인텔리전스 개요와 인텔리전스를 사고 대응 및 네트워크보안 절차에 적용하는 방법, 11장에서는 정형화된 인텔리전스 프로그램과 인텔리전스 기반 사고 대응 절차를 수립하는 방법을 설명한다.
- 부록에는 9장, '배포'에서 작성할 수 있는 인텔리전스 보고서의 샘플을 수록했다.

일반적으로 위협 인텔리전스를 사고 대응에 적용하는 데 관심이 있는 사람은 다른 분야보다 많은 지식이 있으므로 익숙한 부분은 건너뛰고 새로운 부분에만 집중하는 것이 좋을 것이다. 하지만 인텔리전스와 사고 대응을 더 잘 통합하기 위한 새로운 모델이나 접근 방식을 다루고 있다는 것을 알게 될 수도 있으므로 이미 알고 있다고 생각하더라도 너무 많이 건너뛰지는 말기 바란다.

이 책의 편집 규약

이 그림은 팁이나 제안을 의미한다.

이 그림은 일반적인 참고 사항을 의미한다.

이 그림은 경고 또는 주의를 의미한다.

**** 해커가 컴퓨터의 소프트웨어나 하드웨어의 보안 취약점을 공격해 권한을 부당하게 획득하는 행위나 이러한 목적으로 제작한 악의적 프로그램(출처: 정보통신용어사전) - 옮긴이

질문

이 책의 리뷰나 기술적인 질문은 bookquestions@oreilly.com으로 메일을 보내주길 바란다. 이 책이나 강의, 컨퍼런스, 뉴스의 자세한 정보는 http://www.oreilly.com을 참조하라.

한국어판의 정오표는 에이콘출판사 도서 정보 페이지 http://www.acornpub.co.kr/book/intelligence-incident-response에서 찾아볼 수 있다.

한국어판의 문의점은 에이콘출판사 편집 팀(editor@acornpub.co.kr)으로 연락해주길 바란다.

기초

인텔리전스 기반 사고 대응을 구현하기 전에 인텔리전스의 의미와 사고 대응 절차를 확실하게 이해해야 한다. 1부에서는 사이버 위협 인텔리전스와 인텔리전스 생산 절차, 사고 대응 절차 그리고 이 모든 것이 어떻게 유기적으로 동작하는지를 소개한다.*

---

* 국가정보학에서는 데이터(data), 첩보(information) 및 정보(intelligence)를 다음과 같이 구분해 사용하고 있다.
  - 데이터: 특정한 목적에 따라 평가돼 있지 않은 단순한 사실이나 기호, 각종 신문 데이터, 서적, 광고 및 개인의 신상 데이터 등 모든 것을 포함한다.
  - 첩보: 목적을 갖고 의도적으로 수집한 데이터(1차 인텔리전스 또는 가공되지 않은 인텔리전스)로, 근거가 희박한 풍문이나 소문 등을 포함한다.
  - 정보: 특정한 상황에 맞춰 가치를 평가해 체계화된 지식(2차 인텔리전스 또는 지식)으로 첩보를 필요에 맞게 처리·가공해 의사 결정에 사용할 수 있도록 사용 가치를 부가한 것이다.

  이 책에서도 이에 따라 용어를 사용하려고 했지만 실제로 intelligence는 단순히 정보보다 더 많은 개념이 있기에 information을 '정보'로 intelligence도 '정보'로 번역해야 한다는 견해도 있다. 옮긴이 또한 이런 견해에 동의하지만, intelligence라는 단어가 주는 의미를 정확히 전달하고자 '인텔리전스'로 번역했다. 또한 첩보라는 단어가 주는 이미지가 상당히 거북하겠지만 학술 용어로 받아들인다면 이 책의 내용을 파악하는 데 큰 문제가 없으리라 생각한다. 이와 관련된 내용은 정준표(영남대학교)가 작성한 '미국의 Intelligence 개념 고찰(국가정보연구 제2권 1호, 2010)'라는 논문을 읽어보기 바란다. – 옮긴이

## 1장

소개

> "진짜 긴장감은 추적자와 사냥감의 관계에 있다고 생각한다. 그 사람이 작가이든, 첩자이든 말이다."
>
> – 존 르 카레John le Carre

인텔리전스 기반 사고 대응을 적용하기 전에 사이버 위협 인텔리전스의 수집이 사고 대응에 얼마나 중요한 역할을 하는지 파악해야 한다. 1장에서는 사이버 위협 인텔리전스의 역사와 앞으로의 발전 방향을 포함해 사이버 위협 인텔리전스의 개념을 다루고, 이책의 나머지 부분에서 논의할 개념의 토대를 마련한다.

사고 대응의 일부로서 인텔리전스

국가나 지역 또는 조직 간의 갈등이 존재하는 동안, 적을 이해하기 위해 노력해온 사람들이 있었다. 이들은 적의 생각과 행동을 이해하고, 동기를 파악하거나 전술을 확인하는 등 수집한 인텔리전스를 바탕으로 크고 작은 결정을 내릴 수 있었으며, 이런 능력이 전쟁의 승패를 가르기도 했다. 국가 간의 전쟁이나 사이버 침입과 같은 분쟁의 유형과는 상관없이 위협 인텔리전스의 기술과 과학을 익히고 적의 의도와 능력 그리고 기회에 관련된 첩보를 분석하는 측이 거의 항상 전쟁에서 승리했다.

사이버 위협 인텔리전스의 역사

1986년 클리프 스톨이 캘리포니아의 로런스 버클리 국립 연구소^{Lawrence Berkley National} ^{Laboratory}에서 컴퓨터 실험실을 관리하는 박사 과정 학생이었을 때 실험실의 청구서 금액 중 75센트가 일치하지 않는다는 것을 발견하고 누군가가 그 금액을 내지 않고 컴퓨터를 사용했다는 사실을 알게 됐다. 오늘날 네트워크보안에 관심이 있는 사람은 이를 보고 명백히 '무허가 접근!'이라고 하겠지만 1986년에는 인터넷에 연결된 대부분의 컴퓨터가 정부와 연구소 소유였기 때문에 크게 걱정할 이유가 없었다. 지금처럼 네트워크 침입으로 수백만에서 수십억 달러가 도난당했다는 뉴스가 매일 나오는 시대가 아니었으니 말이다. 네트워크방어 도구인 tcpdump는 나온 지 1년밖에 되지 않았다. Nmap 과 같은 일반적인 네트워크 검색 도구는 향후 10년 동안 만들어지지 않았으며, 메타스플로잇^{Metasploit}과 같은 취약점 분석 프레임워크^{exploitation framework}도 이후 15년 넘게 등장하지 않았다. 청구서의 불일치는 누군가가 컴퓨터를 사용한 비용을 내지 않았기 때문에 발생한 소프트웨어 버그나 부기^{簿記} 오류일 가능성이 컸다.

스톨은 WSMR^{White Sands Missile Range[1]}이나 NSA^{National Security Agency}(미국 국가안보국)와 같은 정부 컴퓨터에 접근하기 위해 버클리의 네트워크를 사용하고 있던, 어떤 '약삭빠른 해커^{wily hacker}'를 스토킹하고 있었다. 스톨은 프린터를 이용해 네트워크로 들어오는 트래픽^{traffic}을 관찰했으며, 사이버 간첩^{cyber espionage}과 연관돼 있는 침입자를 프로파일링하기 시작했다. 그는 공격자가 활동했던 시간과 상호 연결된 네트워크로 이동하기 위해 실행한 명령어와 그 밖의 활동 패턴을 배웠다. 이로써 스톨은 공격자가 GNU Emacs에 있는 movemail 기능의 취약점을 이용해 처음에 접속했던 곳에서 버클리의 네트워크로 접속한다는 사실을 알아냈다. 공격자를 이해한다는 것은 (공격을 수행하는 사람을 확인하는) 미시적 수준과 (전통적인 인텔리전스 수집 무기에 새로운 전술을 적용하고 이러한 변화에 대응하기 위해 정책을 변경하는 국가들을 확인하는) 거시적 수준에서 네트워크를 보호하거나 다음 목표를 확인하고 대응할 수 있다는 것을 의미한다.

---

1   미국 뉴멕시코 주에 있는 미사일 발사장 – 옮긴이

현대 사이버 위협 인텔리전스

사이버 위협은 수십 년 동안 변모해왔다. 공격자는 피해자를 공격하기 위해 도구와 전술을 사용하는데, 이들의 동기는 인텔리전스 수집뿐 아니라 금전적인 이익, 사회적으로 주목받기 위해 파괴하는 것까지 다양하다. 이처럼 공격자를 파악하는 것은 훨씬 더 복잡해졌다.

공격자를 파악하는 것은 처음부터 사고 대응의 중요한 요소였으며, 네트워크를 보호하기 위해 해당 첩보를 이용하는 방법을 아는 것은 사고 대응자의 도구인 '사이버 위협 인텔리전스'에 추가된 기본 개념이다. 위협 인텔리전스는 공격자의 능력과 동기, 목표를 분석하는 것이고, 사이버 위협 인텔리전스는 공격자가 자신의 목표를 달성하기 위해 사이버 영역을 사용하는 방법을 분석하는 것이다. 그림 1-1은 이러한 공격 수준이 서로 연관돼 있는지를 나타낸 것이다.

그림 1-1. 인텔리전스에서 사이버 위협 인텔리전스까지

정보보호information security2에서는 전통적으로 과학적인 개념에 초점을 맞춘다. 왜냐하면 테스트할 수 있고, 재현할 수 있는 것을 좋아하기 때문이다. 사이버 위협 인텔리전스의

---

2 용어 사용 사례에 따라 information을 '첩보'로 번역해야 하지만, information secyrity가 정보보호로 널리 사용되고 있기에 '정보보호'로 번역했다. – 옮긴이

이면에는 기술과 과학이 함께 존재하지만, 우리는 이를 종종 잊어버린다. 사이버 위협 인텔리전스는 공격자의 데이터를 분석하고 해석하는 것뿐 아니라 해당 첩보를 의미 있게 전달해 행동을 취할 수 있도록 만드는 것도 포함한다. 이는 우리가 생각하고, 반응하고, 진화하는 적을 파악하는 데 도움이 된다.

보안 분석가는 네트워크에서 악의적으로 활동하는 공격자를 추적하는 것을 좋아한다. 하지만 초창기에 도입된 인텔리전스는 매우 직관적이었다. 네트워크에서 공격자의 활동을 탐지하기 위한 새로운 기술이 계속 개발됐다. 네트워크 접근 제어^{Network Access Control}와 심층 패킷 검사 방화벽^{Deep Packet Inspection firewall}, 네트워크보안 인텔리전스 응용 장비들은 모두 이러한 공격자의 새로운 첩보를 활용한 애플리케이션에 기반을 두고 있다.

미래의 향방

새로운 기술은 공격자의 활동과 관련해 더 많은 첩보를 수집할 뿐 아니라 공격자의 활동을 방어하기 위한 조치 방법을 추가로 제공한다. 하지만 적은 새로운 기술이나 개념에 빠르게 적응하고 있다. 예를 들어 우리의 장비가 웜이나 바이러스를 식별해내기 시작하면 공격자는 알파벳 약어로 된 웜이나 바이러스를 변경해 이 장비를 우회하는 기술을 만들어낸다. 또한 공격자는 네트워크보안 관리자보다 훨씬 더 많은 동기가 있다. 이렇듯 직관적인 공격자의 인텔리전스를 방어하는 것은 매우 어렵다. 따라서 보안 분석가는 공격자의 인텔리전스를 체계화하고 분석 범위를 확대하는 등의 노력을 기울여야 한다.

보안 분석가가 조직을 보호하기 위해서는 불투명하고 일시적으로 제한된 영역의 위협을 탐지하는 것 이외에 네트워크와 개별 사용자 시스템, 서버까지 좀 더 적극적으로 조사해 공격자가 표적으로 삼을 수 있는 외부 서비스까지 분석해야 한다. 이런 의미에서 공격자의 첩보를 분석해 미래의 위협에 대처해야 한다. 또한 이런 조치가 공식적인 절차와 정보보호 운영^{information security operation}에서 중요한 부분인 위협 인텔리전스가 돼야 한다.

사고 대응의 일부인 인텔리전스

인텔리전스는 '수집한 데이터를 정제하고 분석해 실행할 수 있도록 만든 첩보'라고 정의할 수 있다. 따라서 인텔리전스를 생산하기 위해서는 첩보가 필요하다. 인텔리전스 기반 사고 대응은 첩보를 다양한 방법으로 수집하고 분석해 만든 인텔리전스로 이뤄져 있다. 이런 과정 속에서 사이버 위협 인텔리전스가 만들어진다. 2장, '인텔리전스의 기본 원리'에서 다룰 전통적인 인텔리전스 주기는 목적, 수집, 처리, 분석, 배포, 의견 제시로 구성된다. 인텔리전스 기반 사고 대응은 이러한 요소를 포함하고 있으며, 위협 인텔리전스의 다른 응용인 네트워크방어와 사용자 인식 교육에서는 목적과 수집 그리고 분석을 쉽게 전달한다. 인텔리전스 기반 사고 대응은 인텔리전스 주기를 반복하기 위한 첩보 생성으로 이어진다.

성공했거나 실패한 침입을 분석하면 다양한 첩보를 생산할 수 있다. 침입의 근본적인 원인과 초기 접근 매개체 등을 분석하면 네트워크방어나 공격자가 악용할 수 있는 정책의 약점을 조직에 알릴 수 있다. 시스템에서 확인한 악성 코드는 백신^{antivirus}이나 호스트[3] 기반 침입탐지시스템^{IDS, intrusion detection system}과 같은 전통적인 보안 조치를 회피하기 위한 공격자의 전술을 파악하는 데 이용한다. 또한 공격자가 네트워크의 측면으로 이동하는 방법을 분석하면 네트워크에서 공격자의 행위를 감시할 수 있는 새로운 방법을 알아낼 수도 있다. 첩보를 훔치거나 시스템의 기능을 변경하는 등 공격자가 수행한 최종 행위는 공격의 성공 여부와 상관없이 분석가가 공격자의 동기와 목표를 이해하는 데 도움이 된다. 조직이 직면하고 있는 위협을 더 잘 이해하기 위해서는 사고 대응이 필요하다. 따라서 전반적인 인텔리전스 운영에는 인텔리전스 기반 사고 대응의 다양한 절차와 주기가 필요하다. 이 책에서는 사이버 위협 인텔리전스를 사고 대응에 활용하기 위한 구체적인 지침을 제공한다. 인텔리전스 기능을 확장하면 더 많은 분야에 응용할 수 있다는 점도 명심하기 바란다.

---

3   인터넷으로 다른 컴퓨터와 쌍방향 통신이 가능한 컴퓨터 – 옮긴이

인텔리전스 기반 사고 대응이란?

사이버 위협 인텔리전스는 공격자를 이해하기 위한 목적으로 체계화된 분석 절차를 적용하는 것을 의미한다. 위협 인텔리전스를 네트워크보안에 적용하기 시작한 것은 아주 최근의 일이지만, 기본적인 내용은 변하지 않았다. 사이버 위협 인텔리전스는 인텔리전스 절차^{intelligence process}와 개념(이미 존재하는 오래된 개념)을 적용해 전반적인 정보보호 절차의 일부로 만드는 작업을 포함한다. 위협 인텔리전스는 많은 분야에 적용할 수 있지만, 가장 기본적인 방법 중 하나는 침입탐지와 사고 대응 절차의 일부로 포함하는 것이다. 우리는 이를 '인텔리전스 기반 사고 대응'이라고 부른다. 도구는 때에 따라 도움이 되긴 하지만, 이보다는 사고 대응 절차에 접근하는 방식의 변화가 더 중요하다. 이런 측면에서 볼 때 인텔리전스 기반 사고 대응은 네트워크상의 위협을 근절하는 데 도움이 될 뿐 아니라 향후 이러한 대응을 개선하기 위해 전체 정보보호 절차를 강화하는 데도 도움이 된다.

왜 인텔리전스 기반 사고 대응인가?

지난 수십 년 동안 세상은 문자 그대로든, 비유적으로든 서로 연결됨에 따라 공격자가 여러 조직에 침입할 수 있게 됐다. 이것이 가능해지면서 침입을 단순한 사고로 여기는 것은 먼 과거의 얘기가 됐다. 우리는 인텔리전스 기반 사고 대응을 이용해 여러 공격의 한 패턴을 빠르게 식별하고, 수집된 인텔리전스 분석 결과를 공유해 침입에 신속하게 대응할 수 있게 됐다.

SMN 작전

인텔리전스 기반 사고 대응의 예로는 2014년 SMN 작전^{SMN Operation}[4]이라는 CME

---

4   https://bit.ly/33GDfqL - 옮긴이

Coordinated Malware Eradication(연합 악성 코드 제거) 작전의 하나로 발표된 Axiom Group의 분석을 들 수 있다.

이름이 의미하는 것은?

'SMN 작전'에서 'SMN'은 '어떤 제품을 마케팅하기 위한 이름'으로는 적절하지 않다. 많은 회사가 자사의 제품이 좋든, 나쁘든 최고의 위협 인텔리전스 제품이라고 홍보한다. 그 이유는 많은 사람이 제품 광고를 통해 위협 인텔리전스를 처음으로 접하기 때문이다.

따라서 공격자를 정확히 이해하고 방어한다는 목표를 세워 인텔리전스 업무를 수행해야 한다. 때로는 마케팅이 이 일을 도와주기도 하지만, 마케팅은 위협 인텔리전스를 올바른 방식으로, 적절한 대상에게 전달하는 역할만 할 뿐이다.

Axiom으로 알려진 해커 그룹[5]은 6년 넘게 「포춘」 지가 선정한 500대 기업과 언론인, 비정부 기구 등 다양한 조직에 은밀하게 침입해 첩보를 탈취했다. 이 그룹은 정교한 도구를 사용했으며, 공격자는 피해자의 네트워크에 머물면서 공격을 확대하기 위해 많은 시간을 보냈다. 피해를 본 조직에서 악성 코드를 탐지하고 사고 대응 절차에 돌입해 이 그룹이 사용하는 악성 코드 제품군 중 하나를 공동으로 연구한 결과, 처음 생각했던 것보다 훨씬 더 복잡하다는 것을 알게 됐다. 더 많은 업계가 참여해 첩보를 교환하면서 악성 코드의 행위뿐 아니라 명확한 지침에 따라 동작하는 위협적인 해커 그룹의 행동을 보여주는 패턴이 드러나기 시작했으며, 이들의 표적이 된 지역과 산업계를 포함한 전략 인텔리전스가 확인됐다.

이는 사고 대응 시나리오에서 동작하는 인텔리전스 주기의 훌륭한 예다. 첩보를 수집하고 분석했을 뿐 아니라 새로운 요구사항 및 의견을 만드는 방식으로 첩보를 나눠줘 분석가가 확실한 결론을 내릴 때까지 절차를 반복했으며, 이렇게 작성한 보고서로 4만 3,000건의 악성 코드를 근절할 수 있었다. 사고 대응자는 배포 과정의 일부로써 작성된

---

5   보안 회사인 Novetta Solutions에 따르면, 중국 정부와 관계가 있는 해커 그룹으로, 2013년 2월 수많은 사이버 공격 혐의로 기소된 중국 인민해방군 61398부대보다 뛰어난 실력을 갖추고 있다고 한다(출처: https://bit.ly/2THkxuy). - 옮긴이

보고서를 이용해 이 해커 그룹의 전술과 동기를 제대로 파악할 수 있었다.

오로라 작전

Axiom 그룹이 밝혀지기 몇 년 전에 이와 다른 (아마도 연관된) 그룹이 SMN 작전과 유사하게 약 30개의 회사를 목표로 한 오로라 작전$^{Operation Aurora}$6을 성공시켰다. 이 작전은 첨단 기술 분야의 회사뿐 아니라 방위산업체, 화학 분야 및 중국의 반체제 인사들에 영향을 미쳤다. 이 작전의 패턴과 동기는 SMN 작전과 유사하다. 치밀하고 광범위한 공격의 두 가지 사례를 살펴보면, 이들이 목표를 달성하기 위해 많은 시간과 노력을 기울였다는 것을 알 수 있다. 이런 상황에서 우리가 문제를 제대로 해결하지도 못하고 시간만 보낸다면 항상 공격자보다 뒤처지게 될 것이다.

Axiom 그룹의 공격과 오로라 작전은 염탐 행위와 관련된 공격이었지만, 국가의 지원을 받는 공격자 외에 금전적인 목적을 가진 범죄 행위 또한 진화하고 있다. 따라서 사고 대응자는 항상 공격자보다 앞서기 위해 노력해야 한다.

결론

컴퓨터 보안 분야에서 많은 발전이 이뤄짐에 따라 공격자도 계속 진화하고 있다. 우리는 공격자가 몇 년 동안 네트워크에서 활동한 곳이나 사고 대응 절차가 완료된 후에도 탐지되지 않고 활동한 곳에서 공격자의 위반 행위를 발견하고 놀라는 경우가 종종 있다. 우리는 인텔리전스 기반 사고 대응으로 공격자의 동기와 절차 및 행위를 파악한다. 공격자를 더 많이 알수록 공격자의 행위를 미리 탐지하거나 대응할 수 있다.

우리는 사고 대응 과정에서 인텔리전스를 생성하기 위해 체계적으로 반복할 수 있는 절차가 필요한 시점에 와 있다. 이 책은 이러한 과정을 이해할 수 있는 통찰력을 제공하

---

6 2010년 3월 24일에 발생한 구글 해킹 사건에 중국 정부 기관이 개입해 구글 몰래 접속함으로써 네트워크를 통제할 수 있는 코드를 심어놓은 사건으로, 중국 인민해방군과 Elderwood 그룹의 소행이라고 알려져 있다(출처: https://bit.ly/1eGcTtl). – 옮긴이

고, 인텔리전스 기반 사고 대응 도구라고 볼 수 있는 다양한 모델과 방법을 제시하는 것 이외에 이런 모델이 사고 대응에 유용한 이유도 제시한다. 모든 경우에 적용할 수 있는 방법은 없으며, 조직 스스로 어떤 모델과 접근 방식이 가장 잘 맞는지를 결정해야 한다. 인텔리전스와 사고 대응의 기본 원칙과 이를 통합하는 구체적인 방법을 이해하면 조직에 적합한 인텔리전스 기반 사고 대응 절차를 개발할 수 있다.

## 2장

인텔리전스의 기본 원리

"전쟁 중에 생산되는 인텔리전스 보고서$^{Intelligence\ report}$에는 모순이 존재한다. 심지어 이 보고서들 대부분은 거짓일 수도 있고, 불확실할 수도 있다."

― 카를 폰 클라우제비츠$^{Carl\ von\ Clausewitz}$

인텔리전스 분석은 인류 역사상 가장 오래되고 일관된 개념이다. 첩보를 수집할 때 가장 중요한 것은 그 첩보를 사용할 대상이 누구냐에 따라 평가가 달라질 수 있다는 점이다. 사람들이 매일 아침 뉴스를 듣거나 휴대전화의 뉴스 기사를 보면서 하루를 계획하는 이유는 자신에게 도움이 되는 첩보를 찾기 위해서다. 일기예보는 그날의 활동에 어떤 영향을 미칠까? 교통 상황이 좋지 않으므로 목적지에 도착하는 시간을 더 여유 있게 잡아야 할까? 등과 같은 외부 첩보는 내부의 경험 및 우선순위와 비교할 수 있으며, 이러한 질문이 개인에 미치는 영향은 외부 첩보의 평가 기준이 될 수 있다.

인텔리전스의 기본 전제는 다음과 같다. 의사결정에 영향을 미칠 평가를 제공하기 위해서는 외부 첩보를 입수해 기존 요구사항과 비교, 분석해야 한다. 이런 작업은 개인뿐 아니라 더 높은 수준에서도 이뤄지며, 이 과정은 단체나 조직 그리고 정부 차원에서 매일 진행된다.

개인은 대부분은 업무와 관련된 정식 교육을 받지 않고 인텔리전스를 독립적으로 분석하고 있으며, 실제로 많은 보안 팀 역시 인텔리전스 분석에 인텔리전스의 융합적 관점이 있는지 인식하지 못한 채 업무를 수행하고 있다. 기업과 정부가 인텔리전스를 운영할 때는 수년간에 걸쳐 구축해온 정형화된 절차와 원칙에 기반을 둔다. 또한 정보보호와 사고 대응에서 인텔리전스를 다루기 위해서는 정형화된 절차가 필요하다. 2장의 일부는 인텔리전스 관점에서, 일부는 보안 관점에서 그리고 일부는 이 둘을 결합한 핵심 개념을 살펴볼 것이다. 먼저 인텔리전스 원칙^{intelligence doctrine}에서 나온 추상적 개념부터 시작해 사고 대응 조사에 직접 사용할 수 있는 좀 더 구체적인 개념을 소개한다.

데이터 대 인텔리전스

좀 더 진행하기에 앞서 2장에서 논의할 특징 중 하나인 데이터와 인텔리전스의 차이를 명확히 해야 한다. 이 두 가지 모두 보안 커뮤니티에서 중요한 용어다. 그러나 이 단어는 종종 서로 바꿔 사용함으로써 많은 실무자가 이 두 단어의 차이점을 명확하게 구분하는 데 어려움을 겪고 있다.

미 국방부의 합동 인텔리전스^{Joint Intelligence} 원칙인 '합동 교범^{joint publication} 2-0'[1]은 현재 사용되고 있는 기본적인 인텔리전스 문서 중 하나다. 이 문서에서는 '첩보 자체는 지휘관에게 유용할 수 있지만, 다른 첩보와 과거의 경험을 고려해볼 때 인텔리전스라고 할 수 있는 새로운 첩보를 만들어낼 수 있다'라고 기록돼 있다.

데이터는 첩보, 사실, 통계 등으로 뭔가를 설명하는 것이다. 앞에서 언급한 기상 예보의 예에서는 온도가 데이터의 일부분이다. 온도는 검증되고 반복 가능한 절차를 사용해 얻은 것이다. 온도를 아는 것은 중요하지만, 의사결정에 사용하기 위해서는 전후 사정 속에서 분석해야만 한다. 정보보호에서 IP 주소나 도메인^{domain}은 데이터일 뿐이다. 전후 사정을 파악하기 위한 추가 분석이 없다면 데이터는 그냥 단순한 사실일 뿐이다. 데이터는 특정 요구사항의 통찰력을 얻기 위해 다양한 데이터를 수집하고 분석할 때만 인텔리전스가 된다.

인텔리전스는 데이터를 수집하고 처리하고 분석하는 과정에서 나온다. 인텔리전스를 분석하고 나면, 이 인텔리전스를 배포해야 한다. 필요한 사람에게 전달되지 않으면 쓸모없는 인텔리전스가 된다. 평화와 분쟁을 연구한 스웨덴의 작가이자 역사가인 빌헬름 아그랠[Wilhelm Agrell]은 "인텔리전스 분석은 언론의 역학과 과학의 문제 해결을 결합한다"라는 유명한 말을 남겼다.

데이터와 올바른 인텔리전스의 차이는 분석이다. 인텔리전스는 일련의 요구사항을 바탕으로 한 분석이 필요하며, 이는 그 요구사항의 질문에 답하기 위한 것이다. 분석이 없다면 보안 업계에서 만들어진 데이터는 무의미하다. 그러나 같은 데이터를 요구사항에 맞도록 분석하면 질문에 답하거나 의사결정을 쉽게 할 수 있으며, 의사결정에 필요한 적절한 전후 사정을 포함할 수도 있다.

침해 지표

많은 사람이 침해 지표(IOC, Indicators of Compromise)[2]를 위협 인텔리전스와 같은 의미로 생각하던 때가 있었다. 우리가 이 책의 뒷부분에서 자세히 다룰 IOC는 시스템이나 네트워크 로그에서 침해가 발생했다는 것을 알려준다. 이에는 명령 및 제어 서버 또는 악성 코드 다운로드와 관련된 IP 주소와 도메인, 악성 파일의 해시 값, 침입을 알 수 있는 다른 네트워크 또는 호스트 기반 아티팩트(artifact)[3]가 포함된다. IOC는 침입의 가장 일반적인 유형의 기술 인텔리전스 중 하나지만, 위협 인텔리전스에는 IOC보다 많은 것이 있다.

출처와 방법

이제 데이터와 인텔리전스의 차이점을 알게 됐으므로 다음 질문은 '인텔리전스를 생산하기 위해 분석해야 할 데이터는 어디서 가져와야만 하는가?'일 것이다.

---

2   compromise라는 단어의 해석은 보안 뉴스의 '[용어로 푸는 보안 이야기] Compromised와 침해' 기사(https://bit.ly/2ZblUWv) 참조 – 옮긴이

3   FORENSIC-PROOF 블로그 글 '아트팩트의 의미는?(https://bit.ly/2KHaSBC)' 참조 – 옮긴이

전통적인 인텔리전스의 출처는 주로 데이터를 인텔리전스 중심으로 수집한다.

사람을 이용한 인텔리전스 수집

사람을 이용한 인텔리전스HUMINT, human-source intelligence 수집은 은밀하거나 비밀스러운 방법 또는 공개적으로 수집하는 방법으로 만든다. 사람에서 유래한 인텔리전스는 가장 오래된 형태의 인텔리전스 수집 방법이다. 사람을 이용한 인텔리전스 수집으로 사이버 위협 인텔리전스를 생산할 수 있는지와 관련된 논쟁이 벌어지고 있다. 사람을 이용한 인텔리전스 수집의 예로는 침입과 관련돼 있거나, 직접 경험한 개인과 인터뷰를 하거나, 회원 전용 온라인 포럼 게시판에서 개인과 연락을 취하면서 얻은 첩보를 들 수 있다. 이런 유형의 인텔리전스는 전자 통신으로 수집하므로 신호 인텔리전스SIGINT, Signals intelligence 수집이라고도 볼 수 있다.

신호 인텔리전스 수집

신호 인텔리전스 수집에는 통신 인텔리전스 수집COMINT, Communications Intelligence, 전자 인텔리전스 수집ELINT, Electronic Intelligence 그리고 외부 계측 신호 인텔리전스 수집FISINT, Foreign Instrumentation Signals Intelligence을 포함한 신호 감청interception을 들 수 있다. 대부분의 인텔리전스 수집은 신호 인텔리전스 수집에 속하는데, 그 이유는 컴퓨터나 다른 네트워크 장비를 이용해 얻은 것을 신호 인텔리전스 수집으로 볼 수 있기 때문이다.

공개 출처 인텔리전스 수집

공개 출처 인텔리전스 수집은 뉴스와 소셜 미디어, 상용 데이터베이스 등 분류되지 않은 출처에서 나온 다양한 첩보를 이용해 공개적으로 수집하는 것이다. 사이버 보안 위협에 관련된 보고서도 공개 출처 인텔리전스 수집의 한 유형이다. 또 다른 유형은 공개적으로 접근할 수 있는 IP 주소나 도메인 이름 등과 같은 기술적인 세부 인텔리전스다. 악성 도메인malicious domain을 등록한 사용자를 자세히 설명하는 WHOIS 질의query가 공개 출처 인텔리전스 수집의 대표적인 유형이라 할 수 있다.

이미지 인텔리전스 수집

이미지 인텔리전스 수집IMINT, Imagery Intelligence은 사진, 레이더 등과 같이 시각적으로 표현할 수 있는 것들부터 수집하는 것이다. 이미지 인텔리전스 수집은 사이버 위협 인텔리전스의 출처가 아니다.

치수 및 시그니처 인텔리전스 수집

치수 및 시그니처 인텔리전스 수집MASINT, Measurement and Signature Intelligence이란, 신호와 이미지를 제외한 기술적인 수단으로 수집하는 것을 말한다. 그 예로는 주로 핵과 광학, 무선 주파수, 음향 또는 지진의 특징에서 얻은 시그니처를 들 수 있다. 치수 및 시그니처 인텔리전스 수집에는 신호 인텔리전스가 포함되지 않기 때문에 이 또한 사이버 위협 인텔리전스의 출처가 아니다.

지형 인텔리전스 수집

지형 인텔리전스 수집GEOINT, Geospatial Intelligence은 위성과 정찰 이미지, 지도, GPS 데이터 및 위치와 관련된 다른 출처의 데이터를 포함하는 지리 데이터를 이용해 수집된 것을 말한다. 이미지 인텔리전스 수집을 지형 인텔리전스 수집의 일부분이라 보는 조직도 있고, 다른 영역이라 보는 조직도 있다. 지형 인텔리전스 수집도 사이버 위협 인텔리전스의 출처는 아니지만, 공격자가 목표를 달성하기 위해 사이버 영역을 사용하는 방법을 파악할 수 있는 첩보를 제공한다.

인텔리전스 수집에는 사이버 인텔리전스 수집CYBINT, Cyber Intelligence, 기술 인텔리전스 수집TECHINT, Technical Intelligence, 금융 인텔리전스 수집FININT, Financial Intelligence 등이 있지만, 이러한 용어는 이미 설명한 인텔리전스 수집 방법으로 설명할 수 있다. 예를 들어 사이버 인텔리전스는 주로 전자 인텔리전스 수집과 기술 인텔리전스 수집을 이용한다. 이미 사용되고 있는 인텔리전스 수집 방법의 개수를 논의하는 것은 중요하지 않다. 중요한 것은 데이터의 출처를 아는 것이다. 결국, 특정 수집 유형을 자체적으로 붙인 이름의 인텔리전스 수집 방법으로 사용한다면 그 이름을 계속 사용하면 된다. 그러나 이 분야에서 앞으로 만들 수 있는 용어와 중복될 수 있는 경우에 대비해야 한다.

일부 수집 방법은 여기에서 나열한 전통적인 인텔리전스 수집 방법 외에도 여전히 사이버 위협 인텔리전스에서 사용되고 있다. 따라서 위협 데이터가 어디에서 나왔는지 확실히 알아야 한다.

사고 및 조사

이 데이터는 데이터 유출exfiltration 사고조사와 사고 대응 활동으로 수집하며, 사이버 위협 인텔리전스에서 사용하는 가장 중요한 데이터다. 왜냐하면 조사관investigator은 사용된 도구와 기술을 비롯해 위협의 여러 요소를 확인할 수 있고, 침입 의도와 동기를 알아낼 수 있기 때문이다.

허니팟

허니팟honeypot은 장치 또는 전체 네트워크를 모방해 이 장치와 상호 작용한 첩보를 수집하기 위한 장치다. 허니팟의 종류에는 낮은 상호 작용과 높은 상호 작용, 내부 허니팟 그리고 공용 인터넷상의 허니팟 등이 있다. 허니팟의 유형과 허니팟의 감시 대상, 허니팟이 상호 작용하는 특성 등을 알고 있는 한, 허니팟 첩보는 유용할 수 있다. 취약점 공격 시도나 시스템에 악성 코드를 설치하려는 시도를 포착하는 허니팟에서 수집한 트래픽은 웹 사이트 스캐닝scanning이나 웹 스크래핑web-scrapping 트래픽보다 유용하다.

포럼 및 웹 사이트

많은 회사가 딥 웹deep web이나 다크 웹dark web[4]에서 데이터를 수집해야 한다고 주장하고 있다. 이렇게 수집된 인텔리전스는 일반적인 방법으로는 접근하기 어려운 포럼이나 채팅방으로 공유된다. 이 데이터 중에서 가치 있는 첩보는 서로 교환이나 공유되고 있다. 이렇듯 첩보를 유통하는 웹 사이트가 너무 많으므로 어느 한 회사에서

---

4   딥 웹과 다크 웹의 차이는 IT WORD 기사(https://bit.ly/2Z1azu0) 참조 - 옮긴이

모든 웹 사이트를 조사할 수는 없다.

이러한 기술조차도 과거 일반적인 기술의 새로운 반복이다. 오래된 것은 기술이 발전함에 따라 새로운 것이 되기 때문에 인텔리전스라고 해서 달라지는 것은 없다. "과거를 잊어버렸다"는 조지 산타야나$^{George\ Santayana}$의 말은 여전히 진실이다.

군사 용어

정보보호에서의 한 가지 공통된 쟁점은 군사 용어를 사용한다는 것이다. 인텔리전스는 미 육군 '합동 교범 2-0: 연합 인텔리전스(Joint Intelligence)'[5]와 영국의 '합동 교리서 2-00 – 합동 작전의 이해와 인텔리전스 지원(Understanding and Intelligence Support to Joint Operations)'[6]과 같은 문서로 정책이 됐다. 대부분의 민간 인텔리전스 애플리케이션(nonmilitary intelligence application)이 여전히 위 문서에 수록된 일반 원칙을 준수하고 있기 때문에 현대 인텔리전스 분석에서도 군사 용어를 사용하고 있다. 이는 사이버 위협 인텔리전스와 같은 분야에서 군사 교리를 가져와 사용하고 있다는 것을 의미한다. 그러나 군사 용어는 어떤 상황에서는 유용하지만, 어떤 상황에서는 그렇지 않다. 군사 용어가 메시지를 전달하는 데 방해가 된다면 다른 용어를 사용하는 것이 좋다.

절차 모델

모델은 주로 첩보를 구조화하는 데 사용한다. 인텔리전스 분석에 사용되는 다양한 모델은 3장, '사고 대응의 기본 원리'와 8장, '분석'에서 자세히 다룬다. 또한 몇몇 모델은 인텔리전스를 만드는 절차^{process}를 구조화하는 데 사용한다. 이 절에서는 인텔리전스를 효과적으로 만드는 데 사용할 수 있는 두 가지 모델을 소개한다. 첫 번째는 OODA 순환 모델로, 신속한 결정을 내리는 데 사용한다. 두 번째는 인텔리전스 주기 모델로, 정책을 알리는 것뿐 아니라 미래의 인텔리전스 요구사항 설정까지 다양한 방법으로 인텔리전스 제품을 생산하는 데 사용한다.

---

5   https://bit.ly/3OO7wCa – 옮긴이
6   https://bit.ly/2P1fxm9 – 옮긴이

OODA 순환 모델

OODA는 보안 분야에서 가장 많이 언급된 군사 개념 중 하나로, 관찰[Observe], 방향 설정[Orient], 결정[Decide] 그리고 실행[Act]의 약자다. 이 모델[8]은 1960년대 한국전쟁 당시 전투기 조종사이자, 군 연구원이자, 전략가인 존 보이드[John Boyd]가 개발했다. 그는 최첨단 장비 또는 역량을 갖춘 상대와 비교했을 때 불리한 입장에 있는 전투기 조종사가 OODA를 사용하면 더 신속하게 반응할 수 있을 뿐 아니라 결정적인 행동으로 적을 효과적으로 공격함으로써 전투에서 이길 수 있다고 믿었다.

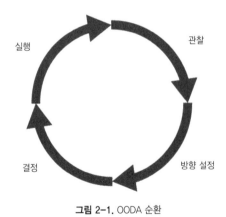

그림 2-1. OODA 순환

---

7   철학에서 복잡하고 높은 단계의 사상이나 개념을 하위 단계의 요소로 세분화하면 좀 더 명확하게 정의할 수 있다고 주장하는 견해 (출처: 위키백과) – 옮긴이

8   OODA 주기 모델이 만들어진 배경을 좀 더 알고 싶다면 'OODA 루프와 F-16 전투기 설계 사상'이라는 블로그 기사(https://bit.ly/2NeF9cu) 참조 – 옮긴이

각 4단계의 설명은 다음과 같다.

관찰

관찰 단계는 첩보 수집을 중심으로 이뤄진다. 이 단계에서는 발생한 사실 외에 모든 첩보를 수집해야 한다. 만약 야구공을 잡으려 한다고 가정했을 때, 이 단계에서는 야구공의 속도와 궤적을 관찰한다. 네트워크 공격자를 잡으려면 로그를 수집하고 시스템을 감시하며 공격자를 확인하는 데 도움이 되는 첩보를 수집해야 한다.

방향 설정

방향 설정 단계에서는 관찰 단계에서 수집한 첩보를 이미 알고 있는 첩보와 연계한다. 이때에는 과거의 경험과 선입견, 기대치 그리고 모델을 고려해야 한다. 앞의 야구공 예에서 이 단계는 관찰자가 야구공의 속도와 궤적을 고려해 야구공이 어디로 갈지, 야구공을 잡는 순간 얼마나 큰 충격이 생기는지를 예측하기 위해 공이 어떤 방향으로 움직이는지를 확인한다. 네트워크 공격자의 예에서는 로그에서 추출한 첩보를 네트워크와 관련 공격 그룹 그리고 기존에 알려진 IP 주소, 프로세스 이름과 같은 아티팩트와 결합한다.

결정

결정 단계에서는 첩보를 수집(관찰)해 전후 사정과 관련 짓고, 방향에 맞춰 그다음에 취할 행동을 결정한다(방향 설정). 따라서 취해야 할 행동을 결정해야 한다. 결정 단계에서는 행동을 취하는 것이 아니라 최종적으로 취할 행동을 결정할 때까지 어떤 행동을 취할 것인지를 논의한다.

야구공의 예에서는 어디로, 얼마나 빨리 뛰고, 야수가 손을 어떻게 움직여야 하는지 그리고 공을 잡으려고 할 때 무엇이 필요한지를 결정한다. 네트워크 공격자의 예에서는 공격자의 행동을 관찰하기 위해 기다리며, 사고 대응을 할 것인지 말 것인지를 결정한다.

두 경우 모두, 목표 달성을 위해 다음 단계를 결정한다.

실행

실행 단계는 비교적 간단하다. 개인은 결정된 방침을 끝까지 따르면 된다. 그렇다고 해서 100% 성공한다는 보장은 없다. 이 결정은 OODA가 순환되면 관찰 단계에서 다시 시작하기 때문에 새로운 순환의 관찰 단계에서 만들어진다.

OODA는 기본적인 의사결정 과정을 일반화한 것이다. 이는 개인뿐 아니라 팀과 조직이 어떻게 결정을 내리는지, 네트워크 관리자나 사고 대응자가 첩보를 수집하고 어떻게 사용하는지 알아내는 과정을 설명한다.

OODA 순환은 다른 분야에서도 사용한다. 방어자가 관찰하고, 방향을 설정하고, 결정하고, 실행하는 동안, 공격자도 그렇게 한다. 공격자는 네트워크에서 방어자가 취하는 행동을 관찰해 방어자의 행동에 대처할 방법을 결정한다. 다른 분야와 마찬가지로 빠르게 적응하는 쪽이 이긴다. 그림 2-2는 공격자와 모두의 대한 OODA 순환을 보여 준다.

그림 2-2. 공격자와 방어자의 OODA 순환 비교

OODA 순환의 다중 방어

공격자–방어자 OODA 순환뿐 아니라 방어자–방어자 OODA 순환을 생각해보는 것도 유용하다. 즉, 방어자로서의 결정이 다른 방어자에게 어떤 영향을 미칠 수 있는지를 고려해야 한다. 방어 팀의 결정은 다른 방어자를 위한 경합 조건(race condition)을 제공한다. 예를 들어 방어자가 사고 대응 이후, 공격의 첩보를 공유한다면 첫 번째 방어자는 다른 방어자가 그 첩보를 받아 사용하기까지의 시간을 측정한다. 공격자가 OODA 순환을 좀 더 빨리 통과해 자신들의 활동에 관련된 공개 인텔리전스를 찾고, 두 번째 방어자가 그 인텔리전스를 사용하기 전에 자신들의 전략을 바꿀 수 있다면, 공격자는 두 번째 방어자보다 이상적인 위치에 도달함으로써 심각한 결과를 피할 수 있게 된다.

따라서 여러분의 행동과 첩보의 공유가 적과 동맹 모두의 다른 조직에 미칠 영향을 고려해야 한다. 컴퓨터 네트워크방어는 적의 OODA 순환을 늦추고, 방어자의 OODA 순환을 빠르게 해준다.

일반화된 결정 모델은 방어자와 공격자 모두의 결정을 이해하기 위한 본보기^{template}를 제공한다. 우리는 앞으로 주기를 살펴보겠지만, 결국 OODA 순환 모델은 관련된 모든 당사자의 의사결정을 파악하는 데 초점을 맞추고 있다.

인텔리전스 주기

인텔리전스 주기는 인텔리전스를 생산하고 평가하기 위한 형식적 절차다(그림 2-3 참조). 인텔리전스는 주기의 마지막 인텔리전스 절차가 끝나고 다시 만들어지는 곳에서 시작된다. 인텔리전스 주기는 그림 2-3을 그대로 따를 필요는 없다. 이 책의 뒷부분에서 살펴볼 인텔리전스는 이런 주기 위에 구축해야 한다. 그러나 중요한 단계를 건너뛰지 않도록 조심해야 한다. 전체 단계를 건너뛰기 시작하면 인텔리전스 대신 더 많은 데이터와 질문이 나올 위험성이 크다.

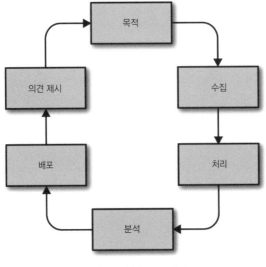

그림 2-3. 인텔리전스 주기

인텔리전스 주기를 제대로 활용하려면 다음 단계로 넘어가야 할 각각의 단계에 무엇이 포함되는지를 알아야 한다.

목적

인텔리전스 주기의 첫 번째 단계는 목적^{Direction}이다. 이 단계에서는 인텔리전스가 답해야 할 질문을 정립한다. 이 질문은 인텔리전스 팀^{intelligence team} 자체에서 만들거나, 이해관계자와 인텔리전스 팀이 함께 만들 수도 있다(이 과정을 인텔리전스 제공 요청^{RFI, Request for Intelligence} 절차라고도 하는데, 이는 4장, '탐지'에서 설명한다). 이 단계에서의 이상적인 결과는 이해당사자가 사용할 수 있는 답을 제공할 수 있는 간결하고 명확한 질문이다.

수집

다음 단계는 질문에 답하는 데 필요한 데이터를 수집^{Collection}한다. 이는 가능한 한 많은 출처로부터 최대한 많은 데이터를 수집하는 데 초점을 맞춰야 하는 광범위한 활동이다. 여기서 중복 첩보는 수집된 첩보의 가치를 더하고, 답의 확증으로써 매우 중요하며 가치가 있다.

수집은 효과적인 인텔리전스 프로그램 개발의 핵심 아이디어인 수집 역량 구축^{building a collection capability}으로 이어진다. 결국, 어떤 데이터가 유용한지 정확히 알기 어려우므로 광범위한 첩보를 수집할 수 있는 역량을 갖춰야 한다. 이에는 기반 시설^{infrastructure}과 악성 코드 및 취약점 공격과 같은 전술 첩보^{tactical information}뿐 아니라 공격자의 목표와 소셜 미디어 감시 및 고급 문서 취약점 공격^{high-level document exploitation}(공급 업체가 그룹에 관해 발표한 보고서를 찾아 첩보를 수집하는 것)과 같은 운영 전략 첩보^{operational strategic information}가 포함된다. 이때에는 반드시 출처를 기록해야 한다. 뉴스는 종종 같은 원본 기사를 다시 게시하거나 참조하기 때문에 어떤 것이 확정적인 사실인지, 같은 기사를 다시 게시한 것인지 알기 어렵다. 특정 데이터의 출처를 확인할 수 없다면 사용하지 않는 것이 좋다.

수집은 일회성 작업이 아니라 과정이다. 첫 번째 단계에서 수집한 첩보(예: IP 주소)를 사용하면, 두 번째 단계에서는 IP 주소와 관련된 도메인을 찾기 위한 역도메인 이름 서비스^{reverse domain name service}를 사용할 수 있으며, 세 번째 단계에서는 이 도메인의 첩보를 수집하기 위한 WHOIS를 사용할 수 있다. 이런 활용이 축적되면 기하급수적으로 늘어난다. 이 시점에서 중점을 둬야 하는 것은 데이터가 어떻게 연관돼 있는지를 파악하는 것이 아니라 가능한 한 많은 첩보를 수집하는 것이다. 수집한 첩보는 결합해야 하고, 사고 관리 시스템과 같은 내부 출처의 데이터도 고려해야 한다. 많은 조직이 이미 익숙한 공격자나 공격을 쉽게 발견하는 것은 바로 이 때문이다.

이름 불일치

작명은 인텔리전스 수집에서 의미 있는 도전 과제다. 옛날에는 별칭(alias)과 위장 용어(cover term)에 초점을 뒀지만, 오늘날에는 자연스러운 인텔리전스 수집 및 작명 규칙에 초점을 두고 있다. 모든 회사, 첩보 공유 그룹 및 정보기관(intelligence agency)[9]은 그들만의 고유한 이름을 갖고 있다. 침입 그룹 APT1이 좋은 예다. Comment Crew라 불리는 이 그룹은 ShadyRat이나 WebC2 및 GIF89a로도 알려져 있다. 맨디언트는

---

9   미국의 중앙정보국(CIA)이나 우리나라의 국가정보원(NIS)과 같이 인텔리전스를 취급하는 취급하는 기관은 정보기관으로 번역돼 통용되고 있어 정보기관으로 번역했다. - 옮긴이

이 그룹을 APT1, CrowdStrike는 Comment Panda라고 불렀다. 조사를 진행 중인 정보기관은 이 그룹의 실제 정체가 중국 인민해방군 육군 부대 61398이라 밝혔다. 특수한 이름을 사용하는 보고를 간과하면 데이터를 놓칠 수 있으므로 이름의 수집은 중요하다.

처리

데이터는 가공되지 않은 형식으로 사용할 수 없다. 더욱이 출처가 다른 데이터는 형식이 다를 수 있으므로 이를 함께 분석하기 위해서는 같은 형식으로 맞춰야 한다. 데이터를 사용하는 데는 처리^{Processing}가 필요하지만, 이런 과정이 없다면 인텔리전스를 만드는 것은 거의 불가능하다. 하지만 데이터는 형식을 다루거나 조직이 사고 대응을 할 때 처리 단계를 별도로 두는 것이 유용할 수 있다. 사이버 위협과 관련된 데이터를 처리하는 방법은 다음과 같다.

정규화

처리는 수집한 데이터를 분석하기 위해 같은 형식으로 정규화^{normalization}하는 작업을 포함한다. 수집 절차를 이용해 거의 모든 종류의 데이터를 수집한다. 인텔리전스 데이터$^{intelligence\ data}$는 JSON과 XML, CSV, 이메일의 평범한 문장 등 다양한 형식으로 제공된다. 공급 업체는 첩보를 블로그 게시물 또는 목록, PDF 기반 보고서, 유튜브 동영상 등으로 공유하고 있다. 이와 동시에 조직은 데이터를 다른 형식으로 저장하는 경향이 있다. 일부 조직은 위협 인텔리전스를 위해 특수 제작한 플랫폼을 사용하는 반면, 다른 조직에서는 위키^{wiki}나 내부 애플리케이션으로 만든 맞춤형 솔루션을 구축해 사용하고 있다.

인덱싱

대용량 데이터는 검색할 수 있어야 한다. 분석가가 네트워크 주소, 뮤텍스^{mutex}[10]와 같

---

10   mutual exclusion(상호 배제)의 약자로, '임계 영역'이라고도 한다. 서로 다른 두 프로세스 또는 스레드 등의 처리 단위가 같이 접근해서는 안 되는 공유 영역을 의미한다(출처: https://bit.ly/2ZbEgYt). – 옮긴이

은 관측 가능한 데이터나 포럼의 게시 글, 소셜 미디어와 같은 운영 데이터를 처리할 때는 데이터를 빠르고 효율적으로 검색할 수 있어야 한다.

번역

지역 분석가regional analyst는 때에 따라 사람이 번역한 문서를 제공하는 데, 이는 전 세계의 첩보를 다루는 조직에 적합하지 않다. 자동 번역machine translation은 완전하지 못하기 때문에 정확한 번역을 위해 전문가에게 맡길 수 있다. 이는 분석가가 관심 항목을 빠르게 찾는 데 유용하다.

강화

첩보의 메타데이터metadata[11]를 제공해야 한다. 예를 들어 도메인 주소는 IP 주소로 확인한 후 WHOIS 등록 데이터를 가져와야 한다. 같은 코드를 사용하는 다른 사이트를 찾으려면 Google Analytics의 추적 코드를 상호 참조해야 한다. 분석가가 관련 데이터를 즉시 사용할 수 있도록 하기 위해서는 이러한 강화 절차enrichment process를 자동으로 수행해야 한다.

필터링

모든 데이터가 똑같은 가치를 갖고 있지 않으므로 엄청나게 많은 데이터가 분석가를 압도할 수 있다. 따라서 필터링 알고리즘을 사용해 (여전히 검색 가능할지라도) 쓸모없는 것으로 알려진 첩보를 필터링filtering해 가장 유용한 데이터만 걸러내야 한다.

우선순위

수집된 데이터는 분석가가 가장 중요한 항목에 자원을 할당할 수 있도록 순위를 매겨야 한다. 분석 시간은 중요하며 인텔리전스 보고서의 이점을 극대화하기 위해서는 초점을 정확히 맞춰야 한다.

---

11 데이터를 구조화한 데이터로, 다른 데이터를 설명해준다(출처: https://bit.ly/31KhPaD). – 옮긴이

시각화

데이터 시각화data visualization 기술은 크게 발전했다. 많은 분석가가 공급 업체 대시보드의 난잡함 때문에 대시보드를 두려워하지만, 분석가가 필요한 것들을 기반으로 시각화하면 인지 부하cognitive load12를 줄일 수 있다.

데이터를 효과적으로 처리하면 이 다음 인텔리전스 작업을 개선할 수 있다.

분석

분석Analysis은 과학일 뿐 아니라 특수한 기술로, 목적 단계에서 정한 질문의 답을 찾는 단계다. 인텔리전스 분석에서 수집된 데이터는 다른 데이터와 비교, 분석함으로써 데이터가 어떤 영향을 미치는지 평가한다. 종종 미래에 미칠 영향을 예측하기도 한다. 분석 방법은 다양하지만, 가장 일반적인 방법은 분석 모델을 사용해 첩보를 평가하고 구조화하는 것이다. 일반적으로 2장의 뒷부분에서 다룰 기존 모델 외에 분석가가 보유하고 있는 특정 데이터나 첩보 해석 방법을 사용해 자체 모델을 개발한다.

분석 단계의 목표는 인텔리전스 주기의 목적 단계에서 나온 질문에 답하는 것이다. 답의 유형은 질문의 성격에 따라 결정된다. 분석은 보고서 형태의 새로운 인텔리전스를 생성하거나 예/아니요처럼 간단할 수 있으며, 대부분은 신뢰도값confidence value을 사용해 백업된다. 분석을 시작하기 전에 결과를 이해해야 한다.

분석은 종종 불완전한 첩보를 생산하기도 한다. 따라서 분석가는 첩보의 차이를 명확히 밝혀야 한다. 이로써 의사결정자는 분석의 잠재적인 사각지대를 파악할 수 있으며, 새로운 출처를 확인하기 위한 수집 절차를 수행할 수 있다. 차이가 너무 커서 분석가가 현재 첩보를 사용해 분석을 완료할 수 없다면 추가 데이터 수집을 위해 수집 단계로 되돌아가야만 한다. 분석가가 오류가 있다고 판단한 평가를 제공하는 것보다 최종 분석을 연기하는 것이 낫다.

---

12   학습이나 과제 해결 과정에서의 인지적 요구량을 말한다(출처: https://bit.ly/2Neb0KA). - 옮긴이

모든 인텔리전스는 사람이 분석한다는 것을 명심해야 한다. 인텔리전스 분석이 자동화됐더라도 이는 사람을 대신해 처리하는 것에 불과하다. 분석은 인텔리전스 주기의 중요한 단계지만, 분석은 아니다.

배포

분석 절차로 목적 단계에서 제기된 질문의 상황별 답인 실제 인텔리전스를 만들었다. 답이 적힌 보고서는 인텔리전스를 사용할 이해관계자들에게 공유될 때까지 쓸모가 없다. 문서로 만들어진 인텔리전스가 실패하는 이유는 분석 결과가 배포되지 않았기 때문이다. 인텔리전스는 가장 유용한 상태로 이해관계자들과 공유해야 한다. 이런 이유로 배포Dissemination는 보고서를 읽을 독자에게 의존할 수밖에 없으며, 독자가 임원이라면 보고서의 길이, 표현 등과 같은 보고 양식까지도 고려해야 한다. 침입탐지 시스템이나 방화벽과 같은 기술적인 시스템에서 구현하는 것이 목표라면 공급 업체별 프로그래밍 형식이 필요할 수도 있다. 어쨌든 인텔리전스는 이해관계자들이 사용할 수 있어야 한다.

의견 제시

의견 제시Feedback 단계는 지속적인 인텔리전스 작업의 핵심이다. 의견 제시 단계에서는 생성된 인텔리전스가 목적에 맞는 답을 했는지 물어본다. 결과는 다음 두 가지 중 하나다.

성공

인텔리전스 절차가 질문에 답을 했다면 주기가 끝날 수 있다. 그러나 많은 경우에 성공적인 인텔리전스 절차는 새로운 질문에 따라 더 많은 인텔리전스를 요청하거나 주어진 답에 따라 취할 조치로 이어진다.

실패

종종 인텔리전스 절차가 실패하기도 한다. 이 경우, 의견 제시 단계는 적절하게 답하지 못한 원래 목적의 모든 측면을 파악하는 데 중점을 둬야 한다. 다음의 목적 단계에서는 이 실패 원인을 다루는 데 특별한 주의를 기울여야 한다. 이는 엉성하게 구조화된 목적 단계나 질문에 답하기 위한 데이터를 충분히 수집할 수 없었던 불완전한 수집 단계 또는 활용 가능한 데이터로부터 정확한 (또는 적어도 유용한) 답을 얻지 못한 잘못된 분석 단계에서 유래한다.

인텔리전스 주기 사용

새로운 적을 알고자 할 때 인텔리전스 주기를 어떻게 사용해야 하는지 생각해보자.

정보보호최고책임자CISO, Chief Information Security Officer 13의 가장 일반적인 질문 중 하나는 "우리가 위협 그룹에 관해 알 수 있는 사실은 무엇인가?"다. 정보보호최고책임자는 주어진 그룹과의 연관성 평가뿐 아니라 그룹의 능력과 의도의 기본적인 이해를 원한다. 이런 상황에서 인텔리전스는 어떤 절차를 거쳐야 할까? 다음은 정보보호최고책임자의 요구 사항을 충족시키기 위한 인텔리전스 주기의 각 단계에 포함되는 작업의 예다.

목적

목적은 핵심 이해관계자인 정보보호최고책임자가 만든다. "위협 그룹 X에 관해 무엇을 알고 있는가?" 이 질문의 답은 뒤에서 자세히 다룰 표적 패키지target package다.

수집

해당 첩보의 원본 출처(아마도 뉴스 기사나 보고서)에서 시작한다. 이 원본 출처는 보통 첩보 수집을 시작할 수 있도록 최소한의 전후 사정을 제공한다. 지표(IP 주소, URL 등)가 있다면 이를 가능한 한 자세히 살펴보고 내용을 강화한다. 출처 자체가 IOC, 전술, 기술 및 절차TTP, Tactics, Techniques and Procedure 또는 다른 분석을 사용한 추가 보고가 될 수 있다.

---

13   기업에서 정보보호를 위한 기술적 대책과 법률 대응을 총괄하는 최고 임원을 말한다. – 옮긴이

처리

이 단계는 조직에 의존적인 작업 흐름^{workflow}이다. 수집된 모든 첩보를 가장 효과적으로 사용할 수 있는 장소로 가져오는 것은 모든 첩보를 단일 텍스트 문서에 넣는 것처럼 간단할 수도 있지만, 모든 첩보를 분석 프레임워크에 넣어야 할 수도 있다.

분석

분석가는 수집한 첩보를 사용해 핵심 질문의 답을 찾기 시작한다.

- 공격자의 관심은 무엇인가?
- 공격자가 주로 사용하는 전술과 도구는 무엇인가?
- 방어자는 도구나 전술을 어떻게 탐지할 수 있는가?
- 공격자는 누구인가?(항상 나오는 질문이지만, 답할 가치가 있는 질문은 아니다.)

배포

특정 요청자(정보보호최고책임자)가 있는 경우, 간단히 이메일을 보내는 것만으로도 충분하다. 때에 따라 특정한 사람에게만 배포를 제한하는 것이 타당하겠지만, 다른 사람이 사전 대책을 마련할 수 있도록 실제 보고서로 나눠주는 것이 더 가치 있다.

의견 제시

'정보보호최고책임자가 결과에 만족하는가?', '다른 질문으로 이어지는가?'와 같은 의견 제시는 과정의 반복을 끝내거나 새로운 수집을 시작하는 데 도움이 된다.

인텔리전스 주기는 크고 작은 질문에 답하는 데 사용할 수 있는 일반화된 모델이다. 하지만 다음 단계로 넘어가더라도 항상 좋은 인텔리전스를 만들 수 없다는 것을 유념해야 한다. 다음에는 인텔리전스의 품질을 논의한다.

좋은 인텔리전스의 품질

인텔리전스의 품질은 수집 출처와 분석이라는 두 가지 요소에 달려 있다. 사이버 위협 인텔리전스에서는 직접 수집하지 않은 데이터로 작업하기 때문에 첩보를 가능한 한 많이 이해해야 한다. 인텔리전스를 생산할 때는 수집 출처를 이해하고 분석 과정에서 발생하는 편향bias에 대처해야 한다. 다음은 인텔리전스의 품질을 보장하기 위해 고려해야 할 사항이다.

수집 방법

첩보를 주로 사고 또는 조사로 수집하는지, 허니팟이나 네트워크 센터와 같은 수집 시스템을 사용해 수집하는지를 파악하는 것이 중요하다. 수집의 정확한 세부 인텔리전스를 아는 것이 필요하지는 않지만(일부 공급 업체는 출처를 기밀로 유지하는 것을 선호한다), 수집 출처에 영향을 미치지 않으면서 데이터가 어디서 나왔는지 파악할 수 있다면, 수집 이후 첩보를 분석하는 과정에 많은 도움이 될 것이다. 첩보를 수집하는 방법을 자세히 알수록 첩보를 더 잘 분석할 수 있다. 예를 들어 데이터가 허니팟에서 나온다는 것을 알게 되면, 원격 웹 관리 도구가 무차별 대입brute-force 공격을 확인하기 위해 구성된 허니팟에서 나온다는 사실도 알게 될 것이다.

수집 날짜

수집된 사이버 위협 데이터의 대부분은 시간이 지나면 사용할 수 없다. 이 데이터의 수명은 짧게는 몇 분, 길게는 수개월 또는 수년까지 다양하지만, 항상 첩보가 만들어진 기간이 존재한다. 데이터를 수집한 시점을 알면 방어자가 데이터에 따라 어떻게 행동할 수 있는지 이해할 수 있다. 데이터가 언제 수집됐는지 모르고서는 데이터를 제대로 분석하거나 활용하기 어렵다.

전후 사정

수집 방법과 날짜는 모두 데이터 주변의 전후 사정을 제공하지만, 사용 가능한 전후 사정이 많을수록 분석하기가 더 쉬워진다. 전후 사정은 첩보와 관련된 특정 활동 및 첩보 조각 간의 관계와 같은 추가 세부 인텔리전스를 포함할 수 있다.

분석의 편향에 대처하기

모든 분석가에게는 편견이 있으며, 이러한 편향을 확인하고 대응해 분석에 영향을 미치지 않도록 하는 것이 품질 인텔리전스quality intelligence의 핵심 구성 요소다. 분석가가 피해야 할 몇 가지 편견에는 앞에서 결정한 결론을 뒷받침하는 첩보를 확인하려는 확증 편향confirmation bias과 첩보의 단일 부분에 너무 집중해 다른 잠재적으로 더 가치 있는 첩보를 무시하게 만드는 기준점 편향anchoring bias이 포함된다.

인텔리전스의 수준

지금까지 살펴본 인텔리전스 모델은 일종의 분석 경로analysis pipeline를 활용한 첩보의 논리적 흐름에 중점을 두고 있다. 그러나 이 접근 방식은 사고 분석incident analysis과 마찬가지로 첩보를 모델링하는 유일한 방법이 아니다. 우리는 매우 구체적인 수준(전술)뿐 아니라 병참 수준(작전) 그리고 매우 일반적인 수준(전략)에 이르기까지 다양한 추상적 수준의 인텔리전스를 생각해볼 수 있다. 이런 수준의 인텔리전스를 조사할 때에는 이 모델의 각 수준이 불연속적인 것이 아니라 연속적이라는 것을 명심해야 한다.

전술 인텔리전스

전술 인텔리전스tactical intelligence는 보안운영 및 사고 대응을 지원하며 유효 기간이 있는 낮은 수준의 첩보다. 전술 인텔리전스의 고객으로는 보안운영센터SOC, Security Operations Center 분석가와 컴퓨터 사고대응 팀CIRT, Computer Incident-Response Team 조사관을 들 수 있다. 이 수준의 인텔리전스는 군대에서 소규모의 단위 행동을 지원한다. 사이버 위협 인텔리전스에는 주로 IOC와 관찰 가능 항목뿐 아니라 적이 특정 기능을 배치하는 방법을 정확히 설명하는, 고도로 세분화된 전술과 기술 및 절차가 있다. 방어자는 전술 인텔리전스로 위협에 직접 대응할 수 있다.

전술 인텔리전스의 한 예는 새롭게 발견된 취약점과 관련된 IOC다. 이러한 전술적 수준의 IOC에는 취약점 검색을 위한 IP 주소, 공격이 성공하면 호스트로 다운로드되는 악성 코드가 있는 도메인, 악성 코드를 이용해 설치하는 동안에 생성되는 다양한 호스트 기반 아티팩트가 있다.

작전 인텔리전스

군대에서 작전 인텔리전스^{operational intelligence}는 전술에서 한 단계 발전한 것이다. 이 첩보는 병참을 지원하고 지형과 날씨의 영향을 분석한다. 사이버 위협 인텔리전스에서는 일반적으로 '공격 활동^{campaign}[14] 및 상위 전술'과 '기술 및 절차'의 첩보가 있다. 또한 특정 공격자의 능력 및 의도에 관련된 첩보도 있다. 작전 인텔리전스는 많은 분석가가 이해하기 힘든 인텔리전스 중 하나다. 전술 인텔리전스가 때로는, 전술적으로는 너무 일반적이고, 전략적으로는 너무 구체적인 첩보로 정의하기 때문이다. 작전 인텔리전스의 고객은 고위급 디지털 포렌식 및 사고 대응 분석가와 다른 사이버 위협 인텔리전스 팀이다.

전술적 수준의 활성화된 취약점 공격 지표의 예에서 작전 수준의 인텔리전스는 표적이 얼마나 널리 퍼져 있는지, 공격 목표가 있는지, 기회를 노리는 것인지 아닌지, 다른 표적 대상은 누구이며, 설치되고 있는 악성 코드의 목적 및 공격을 수행하는 공격자는 누구인지가 세부 인텔리전스가 될 수 있다. 이러한 세부 사항을 이해하면, 후속 인텔리전스를 생산할 수 있고 대응을 계획하는 데 도움이 되는 위협의 심각성에 관련된 첩보도 포함시킬 수 있다.

전략 인텔리전스

전략 인텔리전스^{strategic intelligence}는 국가 및 정책 수준의 첩보를 다룬다. 사이버 위협

---

14 특정 목표군을 대상으로 일정 기간 동안에 발생하는 악의적 활동 또는 공격(일명 웨이브라 함)을 설명하는 동작의 집합을 말한다. – 옮긴이

인텔리전스는 위험 평가와 자원 할당 및 조직의 전략에서 중요한 결정을 내릴 때 C-레벨[15] 임원과 이사회를 지원한다. 이 첩보에는 동향과 공격자의 동기 및 분류가 있다.

전략 인텔리전스에는 공격자의 활동이 새롭거나 이전에 확인되지 않았던 위협을 나타낼 때 공격자의 동기와 새로운 정책이나 시스템 구성의 변경과 같은 고수준의 대응이 요구되는 새로운 전술이나 공격자의 목표를 나타내는 첩보가 있다.

신뢰 수준

앞서 언급했듯이 인텔리전스는 일반적으로 신뢰 수준confidence level이 서로 다르다. 이런 신뢰 수준은 첩보가 올바르고 정확하다는 분석가의 신뢰를 반영한다. 일부 데이터의 경우, 신뢰도는 수치(예를 들면 0에서 100까지)로 나타낼 수 있고 기존의 통계 방법을 이용해 계산할 수도 있다. 수치로 표현할 수 없는 경우, 신뢰도 평가는 분석가의 정성적 평가를 근거로 이뤄진다. 첩보 출처에 관련된 확신과 분석가의 결론에 관련된 신뢰라는 두 가지 영역 내에서 신뢰도를 확인해야 한다.

출처의 신뢰도를 나타내는 일반적인 방법은 FM 2-22.3[16]에 있는 해군 코드Admiralty Code 또는 NATO 시스템이다. 이 방법은 2개의 척도로 구성돼 있다. 첫 번째는 이전 첩보previous information를 바탕으로 출처의 신뢰도를 A(신뢰할 수 있음)부터 E(신뢰할 수 없음)까지 평가한다. 두 번째 척도는 첩보 내용 자체의 신뢰도를 1(확인됐음)부터 5(가능성 없음)까지 평가한다. 이 두 점수는 출처와 특정 내용을 기반으로 하는 특정 첩보를 조합해 사용하기 때문에 유효한 첩보의 기록을 가진 출처에서 사실로 알려진 첩보의 점수는 B1이 되지만, 유효하지 않은 첩보의 기록을 가진 출처에서 사실로 알려지지 않은 첩보의 점수는 E5가 된다.

---

15 최고경영책임자(CEO), 재무담당최고책임자(CFO), 최고정보책임자(CIO), 정보보호최고책임자(CISO)와 같은 기업의 최고 책임자 – 옮긴이

16 https://bit.ly/2TNliBu – 옮긴이

첩보 분석의 아버지라 불리는 셔먼 켄트^{Sherman Kent}는 1964년에 분석가의 다양한 정성적 평가 방법을 설명하는 '단어의 예상 확률^{Words of Estimative Probability}'[17]이라는 논문을 발표했다. 이 글에서 켄트는 자신과 팀을 (그림 2-4와 같이) 묘사하는 데 사용하는 도표 중 하나를 공유하면서 "의미를 이해할 수 있고 일관성이 유지된다면 다른 용어를 사용할 수 있다"라고 말했다.

100%로 확실

가능성의 일반적인 영역

93%(약 ±6% 오차)로 거의 확실

75%(약 ±12% 오차)로 어느 정도 가능

50%(약 ±10% 오차)로 50:50의 확률

30%(약 ±10% 오차)로 일어날 것 같지 않음

7%(약 ±5% 오차)로 일어날 확률이 거의 없음

0%로 불가능

그림 2-4. 셔먼 켄트의 예상 확률 도표

결론

인텔리전스는 사고 대응에서 중요한 구성 요소이며, 인텔리전스 원칙을 사고 대응에 통합할 때 많은 절차를 사용할 수 있다. 따라서 인텔리전스의 출처를 이해해야 한다. 여러분의 이전 사고 대응 조사에서 나온 인텔리전스를 다루는 방법과 허니팟에서 나오는 첩보를 다루는 방법에는 큰 차이가 있다. 인텔리전스 분석과 대응을 구조화하기 위한 일반적인 모델은 OODA 순환과 인텔리전스 주기다. 3장, '사고 대응의 기본 원리'에서는 사고 대응의 세부 사항과 분석가가 인텔리전스 기반 사고 대응을 구현하는 데 도움이 되는 모델을 자세히 살펴본다.

---

17   https://bit.ly/1cVke1T – 옮긴이

3장
사고 대응의 기본 원리

"이제 우리는 전 세계에서 외국 정부와 개인이 해킹하는 것을 목격하고 있다."

– 마이크 폼페이오^{Mike Pompeo}

인텔리전스는 인텔리전스 기반 사고 대응 퍼즐^{intelligent-driven incident-response puzzle}의 절반에 불과하다. 컴퓨터 사고 대응은 첩보 기술처럼 오래되지는 않았지만, 지난 40년간 빠르게 발전했다. 사고 대응은 (단일 시스템이나 전체 네트워크의) 침입을 확인하고 침입에 관해 완전히 아는 데 필요한 첩보를 만든 후, 침입자를 제거하는 계획을 세우고 실행하는 모든 과정을 포함한다.

침입탐지와 사고 대응은 많은 특징을 공유한다. 침입탐지와 사고 대응은 모두 추상적이다. 이 두 가지는 모두 복잡한 주제이며, 사람들은 이를 주기나 모델로 추상화해 단순하게 만들고자 했다. 이런 모델은 공격자와 방어자 사이의 복잡한 상호 작용을 이해하고 이러한 사고에 대응하는 방법을 계획하기 위한 기반을 마련하는 데 사용된다. 이 모델 또한 인텔리전스 모델^{intelligence model}과 마찬가지로 완벽하지 않기 때문에 항상 명시적으로 따를 수는 없지만, 공격자의 침입과 방어자의 대응 절차^{response process}를 이해하기 위한 프레임워크를 제공한다.

3장은 가장 중요한 모델에서 시작해, 모델을 좀 더 구체화하는 단계로 나아간다. 그런 다음 일반적인 방어 기술을 살펴보고, 이 책의 나머지 부분에서 사용할 인텔리전스와 작전 모델로 마무리한다.

사고 대응 주기

인텔리전스 개념을 다루기 위해 표준 용어가 필요했던 것처럼 용어도 필요하다. 이 절차는 방어자와 공격자의 관점에서 살펴볼 수 있다. 먼저 방어자의 관점에서 시작한다.

사고 대응 주기[incident-response cycle]는 침입탐지와 사고 대응에서 취하는 주요 단계로 구성된다. 이 모델의 목적은 (피싱[phishing]과 전략적 웹 침해[strategic web compromise], SQL 주입[injection] 등과 같은) 공격의 유형과 관계없이 모든 공격의 포괄 단계를 일반화하는 것이다. 그림 3-1은 이 주기를 보여준다.

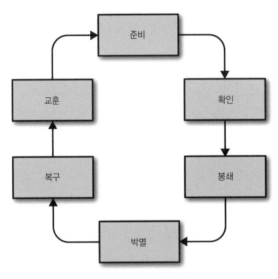

그림 3-1. 사고 대응 주기

사고 대응 주기의 개념이 어디서 시작됐는지는 여러 문헌에 나타나 있다. 첫 번째 참고 문헌은 미국 국립표준기술연구소[NIST, National Institute of Standards and Technology]가 사고 대응에 관해 작성한 'NIST 800-61 컴퓨터 보안 사고 처리 가이드[Computer Incident Handling Guide]'[1] 문서다. 이 문서의 두 번째 개정판은 사고를 처리하는 정부 기관의 기준이 됐다. 이 가이

---

1   https://bit.ly/2NvQ4MI – 옮긴이

드에는 수많은 핵심 개념이 소개됐지만, 가장 중요한 개념 중 하나는 사고 대응 절차를 방어자의 관점에서 보는 사고 대응 주기다.

준비

방어자의 사고 첫 단계는 공격이 시작되기 전, 즉 준비 단계Preparation phase다. 준비는 새로운 시스템을 설치하고, 시그니처[2]를 작성하고, 업데이트하며, 기본 시스템 및 네트워크 활동을 이해함으로써 공격자보다 앞서 나갈 수 있는 기회다. 준비는 보안 아키텍처security architecture와 보안운영security operation의 조합이다. 이러한 단계는 보안 팀을 넘어 일반적인 네트워크 운영과 네트워크 아키텍처, 시스템 관리, 심지어 기술 지원에 이르기까지 영향을 주고받는다.

준비는 네 가지 핵심 요소(각 두 가지 기술적인 요소와 비기술적 요소)에 초점을 맞춰야 한다.

원격 측정(Telemetry)

보이지 않는 것을 찾을 수는 없다. 사고 대응자가 침입을 확인하고 조사하기 위해서는 특별한 시스템이 필요하다. 이러한 시스템의 범위는 네트워크에서 호스트까지 걸쳐 있으며, 다양한 수준의 활동을 조사할 수 있는 능력을 갖춰야 한다.

경화(Hardening)

침입을 신속하게 파악하는 것보다 우선적인 것은 애초에 침입이 일어나지 않도록 하는 것이다. 경화는 패치가 됐는지, 설정이 잘됐는지 그리고 가상 사설망VPN, Virtual Private Network[3], 방화벽과 같이 공격을 제한하는 도구가 설치돼 있는지 확인하는 단계다.

---

2   악성 코드를 진단 및 치료하기 위해 사용되는 진단값 또는 패턴(출처: 안랩 보안 용어 사전(https://bit.ly/2N5TOXy)) – 옮긴이
3   공중 인터넷 회선을 이용해 한 회사나 몇몇 단체가 내용을 외부인에게 드러내지 않고 통신할 목적으로 사설 전용망처럼 사용하는 기술 또는 서비스(출처: https://bit.ly/2Hbzq3I). – 옮긴이

절차 및 문서(Process and Documentation)

절차는 비기술적인 면에서 미리 준비할 수 있는 첫 번째 방어선이다. 사고가 발생했을 때 자신이 무엇을 하고 있는지 알아내려고 노력하는 것보다 나쁜 것은 없다(사고 대응 계획과 통보 계획 및 통신 계획과 같은). 절차와 네트워크 구성, 시스템 구성 및 시스템 소유자와 관련된 문서를 갖고 있다면 대응 속도를 높일 수 있다.

연습(Practice)

마지막으로 준비할 수 있는 것은 계획을 연습할 기회를 얻는 것이다. 연습을 하면 미래의 사고에 신속히 대응하고 잘못된 것을 바로잡을 수 있는 문제를 확인할 수 있다(이와 관련해서는 77쪽의 '교훈'에서 다룬다). 최상의 사고대응 팀은 사고를 함께 처리해본 경험이 있으며, 이를 위한 가장 좋은 방법은 연습이다. 컴퓨터 네트워크방어에 관해 얘기할 때, 많은 (대부분 비관적인) 사람은 공격자가 가진 모든 이점을 재빨리 지적한다. 이러한 이점은 뜻밖의 것들로 귀결된다.

공격자는 공격할 시간과 위치를 선택할 수 있다. 사람들은 대부분 방어자의 핵심 이점, 즉 공격을 준비할 수 있는 능력을 고려하지 않는다. 공격자는 정찰을 할 수 있지만, 대부분은 목표를 완전히 알지 못한 채 블랙박스를 공격한다. 방어자는 이를 활용해 적절하게 준비할 수 있다.

확인

확인 단계Identification phase는 방어자가 환경에 영향력을 행사하는 공격자의 존재를 확인하는 순간이다. 이는 다양한 방법으로 확인할 수 있다.

- 서버 공격이나 피싱 메일과 같이 네트워크로 들어오는 공격자 확인

- 감염된 호스트로부터의 명령 및 제어 트래픽 인식

- 공격자가 데이터를 추출하기 시작할 때 대규모 트래픽 발생 확인

- 지역 내 FBI 특별 수사관의 방문(대한민국의 경우, 경찰청 사이버안전국이 담당)

- 브라이언 크렙스$^{Brian\ Krebs}$의 블로그에 너무 자주 기사로 나오는 것

확인 단계는 자원 공격을 처음 인식했을 때 시작된다. 이 모델에서 확인은 침입탐지 단계로, 사고 대응의 끝에서 끝까지의 절차에 초점을 맞춘다. 이 단계에서는 일반적으로 직접 대응하기 전에 좀 더 많은 첩보를 조사하고 확인한다. 위협 인텔리전스의 주된 목표 중 하나는 확인 단계를 강화해 공격자를 빨리 확인할 방법의 정확성과 양을 늘리는 것이다.

확인은 사고 대응 관점에서 발생한 공격이 어떤 것인지를 단순히 듣거나 새로운 공격자에게 배우는 것이 아니다. 확인은 사용자나 시스템 또는 자원에 직접적인 영향이 있을 때 시작된다. 사고가 시작되려면 서로 영향을 미쳐야 한다.

반면, 공격자가 능력과 의도 그리고 기회를 얻고 있다면 위협이 된다. 이는 사고 주기의 시작이 아니라 인텔리전스 주기의 시작이다. 여러분의 환경에서 공격자를 확인한 후에야 사고가 시작된다.

봉쇄

주기에서 처음 두 단계는 주로 수동적인 것으로 생각할 수 있으며, 첩보 수집에 초점을 맞추고 있다. 실제 대응의 첫 번째 단계는 특정 공격에 특별한 조치를 하고 있다는 것을 의미한다. 봉쇄는 공격자의 행동을 누그러뜨리기 위한 초기 시도로, 장기적인 대응을 준비하면서 단기간에 공격을 막는다. 이런 단기적인 대응으로 공격을 막는 것은 불가능하지만, 공격자가 목표를 달성할 수 있는 능력을 크게 줄일 수는 있다. 봉쇄는 공격자의 대응 기회를 제한하기 위해, 신속하지만 통제된 방법을 사용해야 한다.

일반적인 봉쇄 옵션은 다음과 같다.

- 특정 시스템이 연결된 네트워크 스위치 포트 비활성화

- (방화벽에서) IP 주소와 도메인 또는 (네트워크 프록시proxy4를 활용한) 특정 URL과 같은 악성 네트워크 자원의 접근 차단

- 침입자가 제어하는 사용자 계정을 임시로 잠그기

- 공격자가 공격하고 있는 시스템 서비스 또는 소프트웨어 비활성화

방어자는 봉쇄 단계Containment phase를 아예 건너뛸 수 있다. 봉쇄는 환경이 바뀌었다는 것을 공격자에게 알리는 위험을 각오하는 것이지만, 공격자는 여전히 통제권을 갖고 있을 수 있다.

봉쇄 건너뛰기

봉쇄는 범용 악성 코드 위협과 같이 자신의 접근 방식을 제한적으로 변경하는, 수준 낮은 공격자에게 가장 효과적이다. 그렇다면 수준 높은 공격자는 어떨까? 대부분의 봉쇄 단계는 공격자에게 경고를 할 수 있다. 공격자는 새로운 도구를 설치하거나, 보조 백도어를 심어놓거나, 파괴할 수 있다. 따라서 대부분의 사건 대응은 곧바로 박멸 단계로 넘어갈 수 있다. 이는 6장, '종결'에서 설명한다.

박멸

박멸eradication phase은 (봉쇄 단계의 임시 조치와 달리) 공격자가 영원히 접근하지 못하도록 하는 장기적인 완화 대책으로 구성된다. 이런 조치는 충분히 고려해야 하며, 조치하는 데 상당한 시간과 자원이 필요할 수 있다. 이 조치는 공격자가 계획하고 있는 많은 부분을 미래에 실행할 수 없도록 완전히 제거하는 데 중점을 두고 있다.

일반적인 박멸 작업은 다음과 같다.

- 공격자가 설치한 모든 악성 코드와 도구 제거(75쪽의 '초기화하고 재설치하기 대 제거하기' 참조)

---

4   시스템의 일부 기능을 다른 것이 임시로 대행하는 것을 의미한다. - 옮긴이

- 영향을 받은 모든 사용자의 서비스 계정 재설정 및 개선

- 공유 비밀번호와 인증서 및 토큰과 같이 공격자가 접근할 수 있었던 비밀 인텔리전스 재작성

종종 사고 대응자는 박멸을 위해 초토화scorched-earth 접근 방식을 사용한다. 이때 사고 대응자는 IOC가 없는 자원에도 개선 조치를 취한다. 예를 들어 공격자가 하나의 VPN 서버에 접근했다면 모든 VPN 인증서를 재발행한다. 초토화 접근 방식은 알려지지 않은 상황을 완화하는 데 효과적이다. 공격자가 한 일을 전부 알 수는 없지만, 침해를 개선하기 위해서는 많은 노력이 필요할 수 있다.

이때 필요한 노력은 관련된 서비스나 첩보에 따라 다르다. 액티브 디렉터리AD, Active Directory[5]로 관리하는 윈도우 환경에서 전체 패스워드를 재설정하는 것은 상대적으로 쉽지만, 주요 웹 브라우저의 도메인에 관련된 확장된 검증EV, Extended Validation TLS[6] 인증서를 다시 만들어 배포하는 것은 어렵다. 사고대응 팀은 이런 상황에서 어디까지 조치할 것인지를 결정하기 위해 기업의 위험 관리 또는 시스템/서비스를 소유하고 있는 팀과 협력해야 한다.

초기화하고 재설치하기 대 제거하기

정보기술(IT, information technology) 팀[7]과 보안 팀 간의 가장 일반적인 논쟁거리 중 하나는 악성 코드에 감염된 시스템을 처리하는 방법이다. 많은 사람이 백신 시스템으로 악성 코드를 제거할 수 있다고 주장하지만, 경험이 많은 사고 대응자는 시스템 전체를 초기화(wipe)하고 운영 체제를 다시 설치하는 것을 선호한다. 증거 기반 접근 방식(evidence-based approach)이 중요하기 때문에 스스로 이 논쟁에 관한 해결책을 찾아야만 한다.

---

5   마이크로소프트가 윈도우 환경에서 사용하기 위해 개발한 디렉터리 서비스로, 윈도우 기반 컴퓨터를 인증하기 위한 서비스다. – 옮긴이

6   'Transport Layer Security'의 약자로, 인터넷에서 데이터를 암호화해 송·수신하는 프로토콜이다. Netscape Communications가 개발한 SSL(Secure Socket Layer)에 기반을 둔 기술로, 국제 인터넷 표준화 기구에서 표준으로 인정받았다. 표준에 명시된 정식 명칭은 TLS이지만, 아직도 SSL이라는 용어를 많이 사용하고 있다(출처: https://bit.ly/2HkjxHN). – 옮긴이

7   용어 사용 사례에 따라 information을 '첩보'로 번역해야 하지만 IT가 정보기술로 널리 사용되고 있기에 IT를 의미하는 경우에 '정보기술'로 번역했다. – 옮긴이

2015년 봄, 펜실베이니아주립대학교$^{Pennsylvania\ State\ University}$는 침해에 관련된 대응[8]으로 학교 전체 네트워크를 3일 동안 오프라인 상태로 전환했다. 이후 네트워크를 다시 온라인 상태로 되돌려 정상적인 서비스를 제공했다. 이와 같은 복구 작업을 수행하려면 시스템에서 악성 코드를 제거하고, 패스워드나 인증서와 같은 자격 증명^{credential}을 재설정하고, 소프트웨어의 결함을 수정하고, 공격자의 존재를 완전히 제거하는 등 많은 설정을 바꿔야만 한다. 이때에는 (시스템을 복원하는 동안 공격자가 시스템을 변경할 가능성을 제한하기 위해) 전체 네트워크를 오프라인으로 전환하는 완화 조치를 취한 후, 시스템 복원을 진행해야 한다. 이것이 지속적인 공격자에게 대응할 때 사용하는 일반적인 패턴이다.

복구

봉쇄와 박멸에는 종종 과감한 조치가 필요하다. 복구는 사고가 없던 상태로 되돌리는 절차다. 어떤 면에서 볼 때 복구는 공격 자체로는 해야 할 일이 거의 없지만, 사고 대응자가 취해야 할 조치는 많다.

예를 들어 공격받은 사용자의 시스템을 포렌식 분석$^{forensic\ analysis}$하는 경우, 복구 단계$^{Recovery\ phase}$에서 사용자의 시스템을 반환하거나 교체해 사용자가 이전 작업을 계속할 수 있도록 해야 한다. 전체 네트워크가 공격을 받았다면, 복구 단계에서 전체 네트워크에서 공격자가 수행한 모든 작업을 원상태로 돌려놓아야 하므로 일이 복잡해질 수 있다.

이 단계는 앞의 두 단계에서 수행한 조치와 공격 방법 및 자원에 따라 달라진다. 일반적으로 데스크톱 관리자, 네트워크 기술자와 같은 다른 팀과의 조정이 필요하다.

사고 대응은 보안 팀과 비보안 팀의 조치가 필요하지만, 복구만큼 분명한 것은 없다. 보안은 시스템 복구를 위해 특정 요구사항을 설정할 수 있지만(요구사항의 대부분은 박멸 과정에서 나온다), 복구는 주로 사고대응 팀의 경보 해제 후 IT 부서와 시스템 소유자가 수행한다. 따라서 함께 일하고, 효과적으로 협력하는 방법을 찾아야 한다. 사고대응 팀

---

8   https://bit.ly/2ZbgnAq – 옮긴이

이 위협을 완전히 박멸하기 전에 정보기술부서에서 복구를 시작하면 박멸되지 않은 위협이 대응을 망칠 수 있다.

교훈

다른 보안 주기나 인텔리전스 주기와 마찬가지로 사고 대응 주기의 마지막 단계에는 과거의 결정을 평가하고 향후 개선 방법을 배우는 시간이 있다.

이 교훈 단계Lessons Learned phase에서는 팀의 성과를 측정한다. 기본적으로 사건 보고서에서 몇 가지 질문에 답해야 한다.

1. 무슨 일이 일어났는가?

2. 잘한 것은 무엇인가?

3. 더 잘할 수 있었던 것은 무엇인가?

4. 다음 번에 다르게 조치할 것은 무엇인가?

연습으로 하기엔 다소 부담스러울 수 있다. 많은 팀이 교훈을 검토하거나 사후 검토를 하지 않는다. 이렇게 하지 못하는 이유는 실수를 강조하는 것에 관련된 우려(사고대응팀을 비난하는 것)뿐 아니라 단순히 충분한 시간을 갖지 못하는 것 등 매우 다양하다. 이유가 무엇이든 사고대응 팀은 교훈에서 배우지 않고서는 발전할 수 없다. 교훈 단계의 목표는 다음 사고 대응을 더 빠르고 원활하게 수행하는 방법을 발견하거나 아예 사고가 발생하지 않도록 하는 방법을 발견하는 것이다. 이 단계가 없으면 똑같은 실수를 반복하고, 똑같은 방어법으로 고생하며, 개선 사항도 파악하지 못할 것이다.

교훈에서 배우는 것은 중요하지만, 이 단계를 힘들게 수행할 필요는 없다. 사실 이는 정반대가 돼야 한다. 충분한 사후 조치는 몇 시간이 걸리거나 사고 대응과 관련된 모든 사람에게 필요하지 않다. 교훈 절차에서 각 단계를 평가할 때 필요한 질문은 다음과 같다.

준비

- 사고를 완전히 피할 방법은 있었을까? 여기에는 네트워크 아키텍처나 시스템 구성, 사용자 교육 또는 정책의 변경이 포함된다.

- 전체 절차를 개선할 수 있는 정책이나 도구는 무엇인가?

확인

- 공격자를 쉽게 또는 빠르게 탐지할 수 있는 원격 측정(침입탐지 시스템이나 네트워크 흐름, DNS 등) 데이터는 무엇인가?

- 도움이 된 시그니처나 위협 인텔리전스는 무엇인가?

봉쇄

- 어떤 봉쇄 방법이 효과적이었는가?

- 효과적이지 못했던 방법은 무엇인가?

- 다른 봉쇄 조치가 효과적이었다면 그 조치는 더 쉬웠는가?

박멸

- 어떤 박멸 작업이 잘됐는가?

- 더 좋아진 것은 무엇인가?

복구

- 복구를 느리게 만든 것은 무엇인가?(힌트: 의사소통에 집중해야 한다. 이는 복구를 잘하기 위한 과정에서 가장 힘든 부분이다)

- 복구의 대응으로 알게 된 것은 무엇인가?

교훈

교훈 절차를 어떻게 더 효과적으로 수행할 수 있는지 평가하는 것(예를 들이 조치하는 동안 메모를 한다면 도움이 될까? 너무 오래 기다리다가 뭔가를 잃어버리거나 잊어버리지는 않았는가?)이다.

(사고 대응 절차의 다른 부분과 마찬가지로) 교훈 단계도 연습할 수 있다. 실제 사고의 교훈 단계를 수행하는 데가 아니라 레드 팀red team[9]이나 모의 훈련으로 교훈을 배우는 과정을 구축하는 데 시간을 투자해야 한다.

교훈 단계의 핵심은 초기에 습득한 교훈이 성가실 수도 있지만, 결국 개선된다는 사실을 깨닫는 것이다. 조기 교훈 연습으로 결함, 빠진 기술, 빠진 팀 구성원, 잘못된 절차, 잘못된 가정을 알 수 있다. 이 과정에서는 일반적으로 성장통을 겪지만, 시간을 투자해 경험해보는 것이 좋다. 사고대응 팀의 능력을 빠르게 향상시키는 방법은 교훈에서 배우는 것뿐이다. 또한 이러한 교훈을 조직의 지휘부 및 관련 팀과 공유해야 한다. 이는 팀의 결점을 지적하는 것처럼 보이지만, 이런 보고서는 대부분 사고 대응 능력을 향상시킬 수 있는 정당성을 제공한다.

사고 대응 주기는 사고 대응자가 정당한 사유로 배우는 첫 번째 모델 중 하나다. 여기서는 조사의 생명 주기life cycle를 간략하게 설명한다. 여기서의 핵심은 준비 단계부터 교훈 단계까지 각 단계에서 실행할 능력을 평가하는 데 시간을 투자하는 것이다.

킬 체인

사이버 위협 인텔리전스에서 사용하는 또 다른 군사적인 개념은 킬 체인kill chain[10]이다. 정보보호 사용 사례use case와 마케팅은 킬 체인의 첩보를 찾는 데 도움이 된다. 이 개념은 지난 몇 년 동안 비주류였지만, 록히드 마틴Lockheed Martin의 에릭 허친스Eric Hutchins 연구진들은 'Intelligence-Driven Computer Network Defense Informed by Analysis

---

9　적의 관점(레드 팀)에서 아군(블루 팀)을 공격하게 하고, 여기서 드러난 취약점을 개선하는 데서 비롯된 단어다(출처: 기업의 위기 대응을 위한 레드 팀(https://bit.ly/30haCi9)). – 옮긴이

10　'타격 순환 체계'라고 번역할 수도 있지만 '킬 체인'이 더 널리 사용되고 있어 '킬 체인'으로 번역했다. – 옮긴이

of Adversary Campaigns and Intrusion Kill Chains'[11]라는 논문에서 가장 일반적인 침입 패턴을 정형화한 킬 체인으로 연결해 정보보호의 주된 개념으로 만들었다.

킬 체인은 이 논문이 발표된 다음부터 거의 모든 공급 업체가 참조하는 사이버 위협 인텔리전스의 참조 모델이 됐고, 방어 팀의 주요 지침이 됐다. 킬 체인은 공격자가 목표를 공격할 때 이동하는 단계와 관련된 추상적인 개념$^{ideal\ abstraction}$을 제공한다.

그림 3-2. 사이버 킬 체인

11   https://lmt.co/2I1tHfH – 옮긴이

킬 체인은 공격자가 목적을 달성하기 위해 수행해야 하는 일련의 단계다(그림 3-2 참조). 우리는 컴퓨터 네트워크 공격자를 논의하고 있지만, 킬 체인은 많은 공격자의 활동에도 적용할 수 있다. 이는 사고 과정을 추상화하는 것을 의미한다. 사고 주기는 방어자의 행동, 킬 체인은 공격자의 행동에 초점을 맞춘다.

킬 체인은 공격자의 전술과 기술 및 절차를 추상화하기에 좋은 방법이다. 킬 체인은 공격의 추상적 행동을 이해할 수 있는 구조를 제공한다. 킬 체인의 초기 단계, 특히 표적 선정과 정찰은 탐지하기 어려우며, 정황에 따르지만 이해할 만한 가치가 있다. 방어자는 공격자가 매번 아무런 노력 없이 성공한다고 생각하는 경향이 있다. 이는 전혀 사실이 아니다. 사실, 침입하기 전 단계를 방해할 수 있는 능력은 방어자의 가장 큰 장점 중 하나일 수 있다.

일반적인 킬 체인

킬 체인은 (베트남전의 공습[12]으로 돌아가) 군사 목표를 달성하는 데 필요하며 서로 밀접하게 연관된 단계의 그룹으로, 록히드 마틴의 사이버 킬 체인 이전부터 존재했다. 현재 미군 버전의 킬 체인은 'JP 3-60 Joint Targeting(합동 표적 선정)'[13] 문서에 설명돼 있다. 록히드 마틴의 킬 체인 논문은 컴퓨터 네트워크 운영을 설명하는 하나의 사이버 킬 체인 모델일 뿐이며, '올바른' 킬 체인은 없다. 공격에 따라 특정 측면을 생략하거나 필요에 따라 결합할 수 있다. 다른 모든 모델과 마찬가지로 킬 체인 또한 침입을 단순하게 생각하는 방법 중 하나다.

우리는 킬 체인을 설명하면서 단계(예를 들어, 표적 선정과 지속성 해제)를 추가하는 것을 포함해 킬 체인에 변화를 줄 것이다. 이는 허친스 연구진의 위대한 업적을 따르지 않는다는 것이 아니라 여러분 자신만의 모델을 만들고 개선하기 위한 것이다.

---

12   https://bit.ly/2uDjZvj – 옮긴이
13   https://bit.ly/1F87id9 – 옮긴이

표적 선정

공격자는 적절한 킬 체인이 시작되기 전에 공격할 대상(예를 들어 잠재적인 대상)을 결정해야 한다. 표적 선정은 공격자의 인텔리전스나 운영 요구사항의 일부로, 후원자나 이해관계자와의 협의로 이뤄진다. 우리는 방어자로서의 표적을 중요하게 생각하지만, 이보다는 표적이 된 첩보나 능력이 더 중요하다.

표적 선정은 공격자의 동기와 일반적인 범주(반드시 구체적인 확인이나 속성은 아니지만)를 말하는 것이기 때문에 킬 체인의 흥미로운 측면이다. 예를 들어 돈을 훔치려는 공격자는 돈이 있는 곳으로 가야 한다. 공격 목표를 이해하면 공격자가 추구하는 목표(공격자의 궁극적인 목표)의 통찰력을 얻을 수 있기 때문에(102쪽의 '능동적 방어' 절에서 논의할) 더 나은 방어 기법을 사용할 수 있다.

정찰

공격자는 무엇을 그리고 누구를 목표로 할지 결정하고 나면 정찰을 하기 시작한다. 정찰 단계^{Reconnaissance phase}에서 공격자는 표적으로 선정한 피해자와 관련된 첩보를 가능한 한 많이 찾는다. 정찰은 찾아낸 데이터의 유형(경성 지표와 연성 지표)과 수집 방법(수동 대 능동)에 따라 여러 범주로 나눌 수 있다.

경성 지표 대 연성 지표

2장, '인텔리전스의 기본 원리'에서 논의한 것처럼 인텔리전스 세계에는 주체(신호 인텔리전스 수집과 기술 인텔리전스 수집 등)를 기반으로 여러 가지 첩보를 나누는 방법이 있지만, 컴퓨터 네트워크 운영에서는 좀 더 간단하게 생각할 수 있다.

경성 지표^{hard data}에는 네트워크의 기술적인 측면과 네트워크에 연결된 시스템의 첩보가 있다. 일반적으로 경성 지표는 공격자(그리고 공격자를 조사하는 방어자)와 공개 출처 인텔리전스를 포함한다.

- 표적 네트워크의 범위 또는 나열

- 역DNS와 같은 DNS 첩보

- 운영 체제 및 애플리케이션 버전

- 시스템 구성 첩보

- 보안 시스템 첩보

연성 지표soft data에는 네크워크 뒤에 있는 조직과 조직의 시스템 첩보가 있다.

- 조직도와 공공 관계public relationship 및 기타 위계位階 제도 문서

- 사업 계획 및 목표

- 사용 중인 기술과 같은 첩보를 유출할 수 있는 고용 첩보hiring information

- 사회공학적 공격social engineering attack에 사용하기 위한 전문가와 개인 모두 직원과 관련된 첩보

능동 수집 방법 대 수동 수집 방법

공격자는 다양한 첩보 수집 방법을 사용할 수 있다. 첩보를 수집하는 방법에 따라 능동적 방법active method과 수동적 방법passive method으로 분류할 수 있다.

능동적 방법은 표적과 직접 상호 작용해야 한다. 능동적 경성 인텔리전스 수집은 시스템의 직접 포트 스캐닝port scanning, 능동적 연성 인텔리전스 수집은 내부 계층 및 연락처 인텔리전스의 첩보를 수집하는 사회공학적 공격일 수 있다.

수동적 방법은 주로 DNS나 WHOIS와 같은 타사의 인텔리전스 서비스로 첩보를 표적과 직접 상호 작용하지 않고 첩보를 수집하는 데 기반을 둔다. 수동적 경성 수집은 공공 서비스의 도메인 인텔리전스, 수동적 연성 수집은 링크드인Linkedin과 같은 사이트에서 조직의 인텔리전스를 수집한다. 링크드인에서는 사람들이 종종 상당한 인텔리전스를 공유한다(실제로 공유해서는 안 된다).

이런 정찰 행동을 탐지할 수 있는 방어자의 능력은 엄청나게 다르다. 능동적인 방법은 수동적인 방법보다 훨씬 쉽게 탐지할 수 있다. 예를 들어 대부분의 네트워크방어자는 연성 첩보^{soft information}보다 경성 첩보^{hard information}를 더 잘 제어할 수 있다. 포트 스캔 형식의 능동적 경성 수집을 탐지하는 것이 조직에서 사용하는 특정 기술을 설명하는 게시물을 읽는 것을 확인하는 수동적 연성 수집 탐지보다 쉽다.

환영 좇기

첩보 수집을 위한 정찰 단계를 킬 체인에 추가하면 유용하겠지만, 대부분의 킬 체인을 시작하기에는 위치가 불확실하다. 공격자의 의도 수준을 단순히 포트 스캔에만 근거해 측정하는 것은 사실상 불가능하다. 인터넷상의 모든 것을 공격적으로 스캔할 수는 있지만, 그 주체가 반드시 악의적인 사람(예를 들어 프로젝트 소나(Project Sonar)[14]와 센시스(Censys)[15], 쇼단(Shodan)[16] 등)일 필요가 없으므로 정찰을 낮은 신호 또는 높은 잡음으로 생각할 수 있다. 반면, 정찰 활동과 관련된 킬 체인에서 나중에 확인된 지표를 사용하는 것은 표적 선정과 방법 그리고 기타 손상된 자원에 놀라운 통찰력을 제공할 수 있다.

무기화

일반적으로 모든 보안 통제나 소프트웨어가 의도한 대로 동작한다면(즉, 설계자가 생각한 것처럼 구현됐다면), 공격자는 거의 항상 실패한다. 따라서 공격자의 목표는 설계자의 의도와 구현이 일치하지 않는 곳(즉, 취약점)을 찾은 후, 이 취약점을 반드시 표적이 신뢰할 수 있는 형태(예를 들어 악성 문서^{malicious document} 또는 취약점 공격 도구^{exploit kit})로 전달할 준비를 해야 한다. 이 취약점을 찾아 취약점 공격용 프로그램을 만들고, 페이로드^{payload}[17]와 결합하는 과정이 무기화^{Weaponization}다.

---

[14] https://bit.ly/2Z4L4Dq – 옮긴이

[15] https://censys.io/ – 옮긴이

[16] https://www.shodan.io/ – 옮긴이

[17] 취약점 공격이 발생한 후, 생성되거나 추가로 다운되는 악성 코드나 공격자의 의도에 따라 발생하는 추가 행위 또는 피해(출처: https://bit.ly/2KNcA3b) – 옮긴이

취약점 사냥

공격자는 무기화의 취약점 하위 단계^{vulnerability subphase}가 공격할 표적에 미치는 영향에 따라 의사결정을 한다. 어도비의 아크로뱃^{Acrobat} 및 어크로뱃 리더^{Acrobat Reader} 또는 마이크로소프트의 윈도우 및 오피스와 같이 널리 사용하고 있는 소프트웨어에서도 취약점이 발견될 수 있다. 이는 소프트웨어를 대상으로 하는 취약점 공격에도 널리 사용할 수 있다는 것을 의미한다. 그러나 이런 소프트웨어들은 수년간에 걸쳐 공격을 받았고, 각 회사는 취약점을 보완하기 위한 노력을 기울여왔다. 취약점이 보안된 소프트웨어를 공격하는 대안으로는 방어 능력이 떨어지고, 널리 사용되지 않아 소수만이 아는 소프트웨어를 공격하는 것이다. 그러나 이는 공격자가 이용할 수 있는 취약점의 범위를 제한한다. 이 단계는 사이버 킬 체인의 정찰 단계와 결부시킬 수 있다. 공격자가 기울이고 있는 노력은 공격자의 목적과 인텔리전스 요구사항에도 영향을 받을 수 있다.

이런 절충안의 예로, 확인되지 않은 공격자가 이란 나탄즈^{Natanz}의 핵 시설 원심 분리기를 파괴한 스턱스넷^{Stuxnet} 사건을 살펴보자. 스턱스넷에는 지멘스^{Siemens} 장비에서 프로그래밍 가능한 논리 컨트롤러^{PLC, Programable Logic Controller}의 취약점을 공격하는 계획이 포함돼 있었다. 이 장비는 많은 조직에서 널리 사용하지 않았지만, 표적 환경에서는 사용하고 있었다. 따라서 프로그래밍 가능한 논리 컨트롤러에 있는 취약점은 공격자가 임무 수행의 매개체로 사용할 수 있었다.

우리는 개발 중심의 보안 접근 방식^{developing-centric security approach}을 사용해 이 과정을 계속 방해해야만 한다. 마이크로소프트의 보안 개발 생명 주기^{SDL, Security Development Lifecycle}[18]와 같은 우수한 개발 방식을 이용하면 취약점을 줄일 수 있다. 애플리케이션보안 팀과의 협업으로 소스 코드에서 이러한 취약점을 끊임없이 찾는다. 강력한 패치 관리를 이용해 환경 내의 오래된 취약점을 제거할 수도 있다.

---

18 https://bit.ly/2OVMO1L – 옮긴이

패치된 모든 취약점은 공격자를 다소 제한할 수 있으므로 새로운 취약점을 찾아야만 한다. 이는 시간이 오래 걸리고 비용도 많이 소요되는 과정이다. 취약점이 패치되지 않고 방치될수록 유효 수명이 길어지기 때문에 공격자는 해당 취약점에 더 큰 가치를 부여할 수 있다. 결국, 취약성의 투자 이익^{ROI, Return on Investment}은 방어적 가치를 의미한다.

공격자가 윈도우 95에서 권한 상승^{privilege escalation}을 할 수 있다고 가정해보자. 공격자는 몇 년 동안 이 취약점을 사용했고, 결국 이 취약점은 윈도우 7에서 해결됐다. 이는 공격자가 여러 버전에 걸쳐 취약점을 공격할 수 있었다는 것을 의미한다. 취약점이 수정되지 않은 상태가 오래갈수록 공격자는 취약점 사냥^{vulnerability hunting}[19]과 취약점 공격을 바탕으로 더 많은 ROI를 얻는다.

같은 공격자는 나중에 인터넷 익스플로러 11에서 코드 실행 취약점을 발견해 일련의 공격에 사용한다. 그러나 3개월 후, 방어자는 취약점을 찾아내 패치한다. 공격자는 해당 취약점을 이용해 ROI를 얻을 시간이 부족하므로 처음부터 다시 시작해 새로운 취약점을 찾아야 한다. 이런 효율성을 높이기 위해서는 추가 자원을 할당해야 한다.

취약점 공격 능력

취약점은 갑옷에 틈이 생긴 것과 같다. 이 틈을 이용하려면 좀더 효과적인 취약점 공격이 필요하다. 취약점 공격 능력 절차^{exploitability process}는 취약점을 유발하고 프로그램 실행을 실제 제어로 전환하는 방법을 찾는 것을 의미한다. 이 단계는 취약점 사냥과 마찬가지로 다른 취약점 공격 단계와 연계해 만들 수 있다. 이는 존 에릭슨^{Jon Erickson}의 책, 『The Art of Exploitation』(No Starch Press, 2008)[20]에서 자세히 다루고 있다.

---

19 사냥이라는 의미는 어떤 이론을 만들고, 그 이론이 맞는지 확인하기 위해 테스트하고 검증하는 것을 의미하며 5장, '위치 결정'에서 자세히 설명한다. – 옮긴이

20 국내에서는 『해킹: 공격의 예술』(에이콘, 2010)로 번역돼 출간됐다. – 옮긴이

취약점 공격이 만들어지면 공격자는 표적이 취약점 공격을 신뢰하게 만들어야 한다. 언어 팩과 마이크로소프트의 향상된 완화 경험 도구EMET, Enhanced Mitigation Experience Toolkit[21], 주소 공간 배치 무작위화ASLR, Address Space Layout Randomization[22]와 같은 특정 방어 수단을 고려할 때 취약점 공격이 항상 효과가 있는 것은 아니므로 취약점 공격을 신뢰하게 만드는 것은 복잡할 수 있다. 또한 표적 코드나 시스템을 멈추게 만드는 취약점 공격은 주목을 받게 된다.

그러나 취약점 공격은 공격자가 표적(또는 적어도 중간 표적)에 접근할 수 있는 방법을 제공한다. 공격자는 다음 단계에서 악성 코드를 설치해야 한다.

삽입 프로그램 개발

일반적인 취약점 공격 목표는 데이터 유출과 같은 목표를 달성하기 위해 공격자가 사용할 수 있는 일종의 페이로드를 제공하는 것이다. 삽입 프로그램implant은 소음이 발생할 수 있으며 시스템이 패치되면 취약점 공격이 발생할 가능성을 완전히 제거할 수 있는 장치를 공격자가 지속적으로 공격하지 않고도 취약점 공격을 받은 시스템에 접속을 유지할 수 있도록 해준다. 결과적으로 삽입 프로그램 개발implant development은 (탐지되지 않는) 스텔스 및 (공격자가 목적을 달성할 수 있도록) 전통적인 소프트웨어 개발과 같은 절차를 많이 따른다. 따라서 공격자가 침해당한 시스템compromised system의 범위 안에서 대화를 듣고자 한다면, 삽입 프로그램은 사용자나 보안 소프트웨어의 의심을 받지 않아야 하며, 마이크를 활성화해 들은 것을 오디오 파일로 녹음해 전송할 수 있는 능력도 있어야 한다.

---

21 2018년 7월 32일 자로 EMET 서비스는 종료됐다(좀 더 자세한 내용은 마이크로소프트 홈페이지(https://bit.ly/2P09GNT) 참조). – 옮긴이

22 윈도우 비스타부터 제공한 서비스로, 코드 재사용을 막는 역할을 했지만, 윈도우 8 이후부터는 제역할을 하지 못하는 것으로 밝혀져 ASLR로 보호할 수 없는 애플리케이션을 보호하기 위해 EMET을 배포한 것으로 볼 수 있다(좀 더 자세한 내용은 보안 뉴스 기사 '마이크로소프트의 ASLR, 새 시스템서 작동 안 한다(https://bit.ly/2Z7I7D9)' 참조). – 옮긴이

삽입 프로그램에는 두 가지 유형이 있다. 첫 번째는 명령 및 제어 서버^{Command-and-Control}를 호출하고 표적 시스템에서 명령을 수신할 수 있는 비컨^{beacon} 기능이 있는 삽입 프로그램, 두 번째는 명령을 받을 때까지 기다린 후, 명령 및 제어 서버와 통신을 시작하도록 하는 삽입 프로그램이다. 삽입 프로그램 개발은 종종 네트워크 구성 방식^{network topology}[23]과 장치 유형에 따라 결정된다. 때로는 이전에 개발된 삽입 프로그램을 사용할 수 있지만, 공격자가 표적 네트워크를 위해 특별히 뭔가를 개발해야 할 필요도 있다.

 많은 컴퓨터 네트워크 공격 활동은 공격자가 삽입 프로그램을 이용해 지속성을 유지하기 위한 기능을 설치해야 하므로 점점 더 많은 공격자는 삽입 프로그램을 사용하지 않고도 목적을 달성하려고 한다. 힐러리 클린턴(Hillary Clinton)의 선거 운동 본부장인 존 포데스타(John Podesta)의 이메일 해킹은 삽입 프로그램을 사용하지 않고 패스워드만을 훔친 것이다. 이런 유형의 공격은 여러 가지 면에서 조사관을 더 어렵게 만드는데, 그 이유는 삽입 프로그램을 사용하지 않아서 분석할 아티팩트가 거의 없기 때문이다. 삽입 프로그램을 사용하지 않는 공격은 공격자의 목표를 파악하는 것이 기술을 상황에 맞게 만드는 데 도움이 되는 또 다른 사례다.

테스트하기

취약점 공격과 삽입 프로그램은 모두 무기화 단계의 일부로, 광범위한 테스트를 거친다. 테스트는 소프트웨어 개발과 마찬가지로 별도의 품질보증 팀이 진행하는 광범위한 테스트를 의미하기도 한다. 악성 코드의 경우, 테스트 단계는 기능과 탐지 가능성^{detectability}의 두 가지 측면에 중점을 둔다.

기능은 다른 소프트웨어 개발 프로젝트와 매우 유사하다. 테스트 팀은 소프트웨어가 의도한 대로 동작하는지 확인해야 한다. 만약 파일을 훔치는 기능이라면 삽입 프로그램은 표적 호스트의 파일 시스템에서 파일을 읽을 수 있어야 하고, 정확한 파일 그룹을 찾은 후 한묶음으로 모아 암호화하고 압축해 공격자가 제어하는 시스템으로 전송할 수 있어

---

23 네트워크 구성 방식은 컴퓨터 네트워크의 요소(링크나 노드 등)를 물리적으로 연결해놓은 것 또는 연결 방식을 말한다(출처: 위키백과(https://bit.ly/311i8OL)). - 옮긴이

야 한다. 이런 작업이 쉬워 보일 수 있지만, 개발 팀이 항상 제어할 수 없는 변수가 많으므로 테스트를 해야만 한다.

탐지 가능성은 정상적인 소프트웨어 개발과 다르다. 테스트 팀은 표적 환경에서 볼 수 있는 백신이나 다른 엔드포인트endpoint24 소프트웨어와 같은 보안 도구로 탐지할 수 없다는 것을 확인해야 하기 때문이다. 이는 기능과 직접 연관돼 있는데, 많은 경험 기반heuristic-based 보안 시스템은 악성 코드가 목적 달성에 필요한 지속성을 유지하기 위해 레지스트리 키를 설정하는 등과 같은 특정 행위를 찾기 때문이다. 이러한 탐지 가능성의 요구사항은 가정에 기반을 두고 있고, 특히 어려운 표적은 정찰로 수집한 첩보에 기반을 두고 있다.

기반 시설 개발

기반 시설 개발infrastructure development은 공격자가 공격하기 전에 마쳐야 할 또 다른 주요 준비 작업이다. 대부분의 공격은 피해자의 컴퓨터에 설치된 악성 코드를 지원하기 위해 기반 시설의 일부가 필요하다. 명령 및 제어 서버는 공격 작전을 지시할 때 필요하다. 또한 훔친 데이터를 업로드하거나 가져오기 위해 데이터를 유출할 수 있는 유출 지점exfiltration point도 필요하다. 공격자가 다른 기반 시설을 공격했다면 실제 위치를 숨겨야 한다. 공격자는 작전의 여러 단계를 실행하기 위해 다음과 같은 다양한 기반 시설이 필요하다.

인증서
　　프로그램 인증과 TLS 연결을 위해 필요하다.

24　사용자와 관련된 장비로, 주로 데스크톱 PC나 노트북을 의미한다. 보안 관점에서는 사용자가 자주 액세스하는 파일 서버나 웹 서버와 같은 서버 시스템도 포함될 수 있다. 공격자의 입장에서 보면 내부망 침투를 위해 교두보로 만들어야 할 필수 요소다. − 옮긴이

서버

잘못된 속성과 명령 및 제어, (2단계 도구와 같은) 도구 제공 그리고 유출 지점을 위해 필요하다. 때로는 호스팅 공급자와 같은 사람에게 직접 사들인다.

도메인

대부분의 공격자가 도메인 이름^{domain name}을 사용하기 때문에 네트워크 연결이 IP 주소로 직접 연결되는 경우는 거의 없다.

공격자가 한 시스템이 침해되거나 멈췄을 때 사용해야 할 백업 서버와 도메인을 보유하고 있는 이유는 악성 기반 시설을 추적하거나 멈추게 하는 것이 어렵지 않다는 것을 알고 있기 때문이다.

비디지털 기반 시설 요구사항

모든 기반 시설이 디지털일 필요는 없다. 공격자는 종종 악의적인 기반 시설을 구축하기 위해 신원(identity)과 돈이라는 두 가지 큰 요구사항이 필요하다. 기반 시설을 구축하는 데 필요한 자원을 구매하기 위해서는 두 가지가 모두 필요하다. 이 두 가지는 대부분 실존 인물과 직접 연결되므로 공격자는 이를 원하지 않는다. 따라서 공격자에게는 두 가지 모두 도전적인 문제다.

몇 년에 걸쳐 공격자는 이러한 위험을 피하고자 다양한 접근 방식을 취했다. 가명(pseudonym)과 가짜 신원이 일반적이지만, 공격자가 도메인 이름과 인증서를 구매할 때 사용하던 가짜 이름과 가짜 주소 또는 등록된 이메일을 사용하기 때문에 가명과 가짜 신원도 추적할 수 있다. 어떤 공격자는 보안이 덜된 시스템을 완전히 장악한 후, 해당 시스템을 사용해 구매를 회피하기도 한다. 다른 공격자는 비트코인과 같은 반익명(semi-pseudonym) 지불 시스템을 사용하기도 한다. 마지막으로 다른 공격자는 HammerToss 보고서[25]에서 알 수 있듯이 깃허브, 트위터(Twitter)와 같은 온라인 서비스를 무료 온라인 기반 시설로 사용한다.

---

25 파이어아이의 보고서(https://bit.ly/31GrzCF) 참조 – 옮긴이

배달

공격자가 공격하기에 충분한 첩보를 수집했다면, 다음의 킬 체인 단계는 배달이다. 일반적인 배달 시나리오는 다음과 같다.

스피어 피싱

공격자가 특정 표적과 직접 통신(주로 이메일)해 첨부 파일이나 인터넷 주소 링크로 무기화된 자원을 보낸다. 통신은 주로 표적 사용자에게 합법적으로 보이고, 의심을 사지 않도록 만들어진다.

SQL 삽입

공격자는 웹 애플리케이션에 명령을 보내 데이터베이스 서버로 전달하게 만들거나 서버가 직접 해석하게 한다. 이후 공격자는 자격 증명을 수정하거나, 첩보를 유출하거나, (많은 경우) 호스트 운영 체제에서 명령을 실행하는 것을 포함해 데이터베이스의 어떤 명령이든 실행할 수 있다.

전략적 웹 침해[26]

공격자는 먼저 보조 자원, 일반적으로 웹 사이트를 공격하고 해당 웹 사이트에 웹 브라우저 취약점 공격 도구를 설치한다. 이 공격의 가정은 '전체 그룹에 집중된 표적자가 웹 사이트를 방문하면 감염된다'는 것이다.

배달의 핵심은 '얼마나 단순한가?'다. 즉, 배달은 피해자에게 페이로드를 주기 때문이다. 이 단순함은 이 단계의 중요성을 믿지 않게 만든다. 배달은 공격자가 피해자에게 취하는 첫 번째 능동적 활동 단계다. 이전 단계에서도 (표적 선정과 정찰의 경우) 능동적으로 활동할 수 있지만, 배달은 공격자가 반드시 능동적으로 활동해야 하는 첫 번째 경우다. 이는 배달 단계^{Delivery phase}에서 피해자가 처음으로 IOC를 확보할 수 있는 때라는 것

---

26 '사막의 물웅덩이'라는 뜻으로, 사막에서 물웅덩이를 만나기 어려운 야생 동물이 위치를 기억해뒀다가 반드시 다시 찾는 습성에 빗대어 공격 대상이 자주 방문하는 웹 사이트를 파악하고 해당 웹 사이트의 취약점을 이용해 공격 대상을 공격하는 방법을 말한다 (출처: https://bit.ly/2KDoOYk). - 옮긴이

을 의미한다. 스피어 피싱^{Spear Phishing}의 경우, IOC는 이메일 헤더, 이메일 주소와 같은 이메일 아티팩트가 될 수 있지만, SQL 삽입^{SQL Injection}에서는 웹 서버/데이터베이스 연결을 시작한 IP 주소가 될 수도 있다.

취약점 공격

배달과 취약점 공격의 차이를 파악하는 것은 어려울 수도 있다. 공격자는 배달 단계에서 표적과 직접 접하지 않기 때문에 표적 시스템을 제어할 수 없다. 스피어 피싱 이메일도 보안 조치가 성공적인 이메일의 전달을 막을 수 있으므로 배달됐더라도 실제 취약점 공격은 이뤄지지 않는다. 취약점 공격은 공격자가 프로그램 실행을 제어하고 자신의 프로그램 실행을 시작하는 지점에서 이뤄진다.

취약점 공격은 두 번째 피해자가 감염된 페이지를 방문할 때, 스피어 피싱 공격은 피해자가 악성 첨부 파일이나 링크를 클릭할 때 발생한다. 이때부터 공격자는 적어도 표적 시스템의 프로세스 중 하나를 제어할 수 있다. 이것이 공격자가 네트워크로 진입하는 출발점이 된다.

설치

공격자가 프로그램을 실행했을 때, 공격자의 첫 번째 움직임은 일반적으로 발판을 확고히 다지는 것이다. 록히드 마틴의 킬 체인 논문에서는 이 단계를 다음과 같이 설명한다. "피해자 시스템에 원격 접속 트로이 목마^{RAT, Remote Access Trojan} 프로그램이나 백도어를 설치하면 공격자는 피해자의 환경에서 지속성을 유지할 수 있다."

공격자는 이 단계에서 보통 이런 행동을 하지만, 우리는 이런 행동을 시스템이나 네트워크 지속성을 확립하는 것으로 보는 것이 유용하다는 것을 알게 된다. 대부분의 공격자는 두 가지 일을 모두 한 번에 하겠지만, 이 둘은 별도로 생각하는 것이 좋다.

시스템 지속성

이 시점에서 공격자는 단일 시스템의 코드를 실행하는데, 해당 프로세스는 아마도 단일 프로세스일 것이다. 이는 유용한 시작이지만, 재부팅 후에는 지속성이 유지되지 않는다. 공격받은 애플리케이션을 종료하면 공격자의 접근을 차단할 수도 있다.

대부분의 공격자는 루트킷rootkit이나 원격 접속 트로이 목마 형태의 삽입 프로그램을 설치해 소수 호스트의 보장을 강화하는 것으로 시작한다. 루트킷은 시스템의 커널 수준에서 접근할 수 있도록 만들고, 일단 설치되면 기본 운영 체제의 많은 탐지 방법을 피할 수 있다. 원격 접속 트로이 목마는 원격 제어 소프트웨어의 일부분으로, 특정 취약점에 의존하지 않고도 재부팅 후에 지속성을 유지할 수 있다. 공격자는 지속성을 사용해 개별 호스트에 계속 접속할 수 있다.

네트워크 지속성

대부분의 공격자는 단일 시스템을 발판으로 삼는 것에 만족하지 않고 더 깊은 지속성을 유지하길 원한다. 이를 위해 공격자는 두 가지 기술 중 하나(또는 둘 다)를 사용해 더 넓은 발판을 마련한다.

여러 시스템의 지속성 확립

확보한 자격 증명을 사용해 다른 시스템에 원격 접속 트로이 목마나 유사한 접속 방법을 설치하는 것을 의미한다. 공격자는 지속성을 확립하기 위해 사용자 정의 소프트웨어custom software뿐 아니라 윈도우의 PsExec나 *nix 환경의 SSH와 같은 기본 도구 등 다양한 옵션을 사용할 수 있다.

네트워크의 시스템에 접속하지 않고 광범위하게 사용하는 네트워크 자원에 접속할 수 있는 자격 증명 수집

VPN이나 클라우드 서비스 또는 웹 메일과 같은 인터넷에 노출된 시스템을 의미한다. 자격 증명을 사용해 탐지 위험을 낮추기 때문에 악성 코드가 필요하지 않다.

이러한 기술은 개별적으로 사용할 수도 있고, 함께 사용할 수도 있다.

명령 및 제어

공격자가 지속성을 확보하는 경우, 특히 공격자가 원격 접속 트로이 목마 경로를 선택했을 때 공격자는 명령을 보낼 방법이 필요하다. 통신은 다양한 방법으로 이뤄질 수 있으며, 여러 가지 유형의 채널을 사용할 수도 있다. 과거 많은 악성 코드, 특히 분산 서비스 거부^{DDoS, Distributed Denial-of-Service} 도구는 인터넷 채팅^{IRC, Internet Relay Chat} 채널이나 HTTP 호출을 공격자가 제어하는 서버에 연결해 통신했다. 코멘트 크루^{Comment Crew27}는 평범해 보이는 웹 페이지의 HTML 명령어로 명령 및 제어를 수행해 얻은 이름이다. 일부 공격자는 DNS 조회나 소셜 미디어 또는 널리 사용되는 클라우드 애플리케이션을 비롯한 여러 가지 방법을 사용한다.

자기 학습식 악성 코드

상대적으로 적은 수의 악성 코드 부류가 통신을 하지 않고도 동작한다. 이러한 드론(drone)이나 자기 학습식 악성 코드 패밀리(self-guided malware family)는 흔하지 않지만, 에어 갭 네트워크(air-gapped network)[28]를 공격하는 데는 적합하다. 자기 학습식 악성 코드(Self-Guided Malware)의 유명한 예는 네트워크 통신이 불가능한 이란의 핵 연구 시설을 겨냥한 스턱스넷 악성 코드 패밀리다. 이 패밀리와 유사한 다른 패밀리의 성공을 고려하면, 더 많은 패밀리가 나타날 가능성이 있다. 방어자가 명령 및 제어 또는 유출에 사용되는 네트워크 트래픽을 확인하는 데 집중할 수 없으므로 자기 학습식 악성 코드에 대응하려면 이와 다른 접근 방식이 필요하다. 방어자는 악성 코드가 퍼지기 전에 시스템에서 동작하고 있는 악성 코드를 확인하고 퇴치해야 한다.

공격자는 통신 채널이 눈에 띄지 않도록 하거나 공격자의 필요에 맞게 충분한 대역폭을 확보하는 데 초점을 맞춘다. 악성 코드는 경우에 따라 하루에 몇 줄의 텍스트만 사용해 통신할 수 있고, 전체 가상 데스크톱 기능을 사용할 수도 있다.

---

27 'APT1' 또는 '상하이 그룹'으로도 알려져 있으며, 2009년 오로라 작전에 참여한 것으로 추정하고 있다(좀 더 자세한 내용은 원서의 링크인 시만텍 홈페이지(https://symc.ly/2N8o4RG) 또는 파이어아이 홈페이지(https://bit.ly/2OZdbEe) 참조). - 옮긴이

28 인터넷에 연결되지 않은 네트워크를 의미한다. 인터넷과 연결되지 않아 공격이 매우 어렵다는 것이 통상적인 개념이지만, 최근에는 에어 갭 네트워크를 공격할 방법이 속속 개발되고 있다(관련 사례는 안랩 자료(https://bit.ly/33BSvVT) 참조). - 옮긴이

표적에 관련된 활동

이 모든 것은 궁극적인 목표라기보다는 설정이라고 할 수 있다. 공격자는 이전에 없었던 방식으로 표적에 영향을 미칠 수 있는 능력을 갖추기 위해 접근 설정 과정을 거쳐야 한다. 우리는 이 새로운 능력을 '표적 활동'이라고 한다. 미 공군은 표적의 가장 일반적인 행동을 다음과 같이 분류했다.

파괴하기

공격자는 물리적 또는 가상 항목을 파괴한다. 파괴^{Destroy}는 데이터를 파괴하거나, 파일을 삭제 또는 덮어쓰거나, 시스템을 완전히 재구성할 때까지 사용할 수 없게 만드는 것을 의미한다. 파괴는 물리적 대상을 파괴하는 것을 의미하기도 한다. 이란 원심 분리기의 스턱스넷 파괴가 이런 사례 중 하나다.

거부하기

공격자는 웹 사이트에 접근하지 못하도록 하는 DoS 공격의 경우처럼 (시스템이나 첩보와 같은) 표적의 자원 서비스를 거부^{Deny}한다. 최근 몇 년 동안 통용된 또 다른 예는 랜섬웨어^{ransomeware}로, 사용자의 데이터를 암호화한 후 사용자가 데이터를 다시 사용하기 위해 공격자에게 돈을 낼 때까지 암호 해독용 키를 제공하지 않는 방법이다.

저하하기

공격자는 표적의 자원이나 기능의 유용성을 저하^{Degrade}시킨다. 여기서 유용성은 자원을 제어하는 표적의 능력을 말한다.

방해하기

공격자는 인텔리전스의 흐름을 방해함으로써 정상적인 작업을 수행하는 표적을 방해^{Disrupt}할 수 있다.

기만하기

공격자는 표적이 사실이 아니라고 믿게^{Deceive} 하려고 한다. 이런 맥락에서 공격자는 잘못된 인텔리전스를 작업 흐름에 삽입해 자산이나 인텔리전스를 다른 곳으로 빼돌리거나 표적이 공격자의 이익을 위한 행동을 하도록 할 수 있다.

대부분의 표적 활동은 간단하다. 그러나 공격자가 이런 실행 방법을 조합하는 것이 핵심이며, 종종 공격자의 정체성과 목표에 영향을 미친다. 공격자는 악성 코드를 숨기거나 명령 및 제어를 알아볼 수 없도록 하지만, 표적 활동은 코드를 읽을 수 없도록 하거나 인코딩 또는 보호 조치를 할 수 없게 하는 것이다. 공격자가 첩보를 훔치기 위해서는 파일이 필요하다. 공격자는 DoS 공격을 하기 위해 침해한 호스트를 사용해 대량의 네트워크 트래픽을 전송해야 한다. 간단히 말해, 표적의 활동 단계$^{Actions on Objective phase}$는 조작할 수 없다.

또한 공격자는 여러 실행 방법과 물리적/비사이버 실행 방법을 포함하는 요소를 조합할 수 있어야 한다. 이에는 동적 행동$^{kinetic action}$(예를 들면 지리적 장소의 폭격)을 위한 전략 첩보$^{strategic information}$를 유출할 수 있는 내부자를 포섭하는 등과 같은 모든 것이 포함될 수 있다.

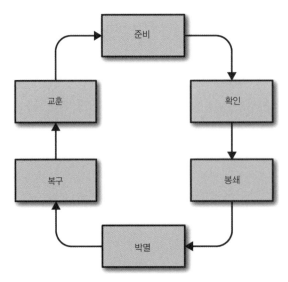

그림 3-3. 킬 체인과 사고 주기

그림 3-3에서 볼 수 있듯이, 공격자의 킬 체인은 확인 단계에서 시작하는 사고 주기가 킬 체인에 반응하는 동안 엄격하게 정의된 상태로 유지된다. 확인은 킬 체인과 표적 활동 단계 사이의 어느 곳에서든 일어날 수 있으며, 다른 사고 대응이 극적으로 이뤄진다. 배달 단계에서 확인된 사고가 이상적이다. 방어자는 이메일이나 웹 프록시에서의 공격을 차단해 공격이 실행되는 것을 막을 수 있다. 명령 및 제어 또는 대상의 실행 단계와 같이 후반의 단계에서 공격을 탐지하는 것은 많은 자원이 침해를 당할 뿐 아니라 많은 자원과 비용이 많이 들고 시간이 걸리는 사고 대응 조사를 수반하기 때문에 고된 일이 될 것이다.

킬 체인의 예

킬 체인을 설명하기 위해 코드명 Grey Spike라는 가상 공격 그룹의 공격을 상상해보자. Grey Spike는 여러 나라에서 이뤄지는 선거 운동에 대비해 정치 인텔리전스를 수집한다. 이들은 경제, 외교 및 군사 문제와 관련해 후보자의 견해와 관련된 첩보를 얻으려고 한다. 이들의 전략이 수반하는 것은 다음과 같다.

표적 선정

Grey Spike는 자신의 표적을 선택하지 않고 국가 정책 입안자로부터 과업[task](표적에 관해 지시받은 것을 의미하는 인텔리전스 관련 전문 용어)을 부여받는다. 이 과업은 특정 표적 국가와 후보자뿐 아니라 관심사의 핵심 단어를 포함한다.

정찰

Grey Spike는 도메인 이름과 메일 서버, 핵심 기술 및 웹과 모바일 애플리케이션을 포함한 표적의 네트워크 범위를 파악하는 것부터 시작한다. 또한 선거 운동 관리와 소셜 미디어 관리자 그리고 선거 운동에 동원된 기술 컨설팅 회사 등과 같은 주요 인사의 첩보도 수집한다.

무기화

Grey Spike는 제로데이 취약점zero-day vulnerability[29]를 포함하는 자원을 분기별로 할당받지만, 일반적으로 사용할 수 있는 요소가 없을 때는 제로데이 취약점 사용을 선호한다. 이 경우, Grey Spike는 정보기관 내부의 다른 부서에서 차출된 지역 및 문화 전문가가 표적 국가의 언어로 작성한 문서에 페이로드로 삽입되는 다운로드 매크로를 갖고 있다. 또한 명령, 제어, 배달에 사용할 사설 서버 형태의 기반 시설은 전 세계의 공급자로부터 유령 회사shell company[30]의 이름으로 임대한다.

배달

작전 수행자는 선거 운동의 주요 관리자에게 무기화된 문서를 보낸다. 각 문서는 재무적 기부와 보증 제안을 포함해 해당 관리자에게 호소하도록 작성됐다. 표적이 이 문서를 열어볼 수 있게 됨으로써 공격자의 삽입 프로그램이 관리자의 노트북에서 실행된다.

취약점 공격

삽입 프로그램은 선거 운동에서 사용하는 PDF 뷰어의 오래된 취약점 공격을 실행하는 문서 매크로의 형태로 실행된다. 이 취약점의 패치는 한동안 사용할 수 있었지만, 선거 운동 직원은 부적절한 시기에 정전을 일으킬 수 있다는 고위 직원의 믿음 때문에 업데이트를 하지 못했다.

배달

취약점 공격 프로그램은 인기 있는 인터넷 서비스 제공자ISP, Internet Service Provider의 공유 호스팅 환경에 있는 악성 코드 배포 서버에 연결해 원격 접속 트로이 목마를 표적 시스템에 설치하는 다운로드 프로그램이다. 원격 접속 트로이 목마는 다른 나라의 인터넷 서비스 제공자가 갖고 있는 명령 및 제어 서버에 연결한다.

---

29 취약점이 발견되고 보안 패치가 나오기 전까지의 취약점을 말한다. 그리고 이 기간에 시차를 이용해 공격하는 기법을 제로데이 공격이라고 한다(출처: https://bit.ly/2TEpJPP). – 옮긴이

30 서류상으로만 존재하는 회사를 말한다. – 옮긴이

명령 및 제어

Grey Spike는 인코딩된 DNS 조회를 거친 명령 및 제어 채널을 사용해 RAT에 명령을 내리고 은닉 채널covert channel을 사용해 표적의 이메일과 관련 문서를 검색한다. Grey Spike는 부여받은 첩보 외에 패스워드가 포함된 계정 공유와 관련 문서가 담긴 이메일을 발견하고 네트워크를 이용해 접근 영역을 확장할 수 있다.

표적 활동

Grey Spike는 이 시나리오에서 첩보를 검색하는 일을 부여받았다. 정책 입안자는 후보자의 데이터와 온라인 기반 시설의 대부분을 파괴할 기술적 능력이 있는데도 정치적 영향의 우려 때문에 선거 운동에 직접 간섭하지 않으려고 한다.

킬 체인은 공격이 발생한 모양을 시각화하고 공격 활동의 패턴을 확인하는 데 도움이 되는 방식으로 사고 대응 데이터를 구성할 수 있다. 이를 위한 또 다른 방법은 다음에 설명할 다이아몬드 모델이다.

다이아몬드 모델

침입 분석intrusion analysis을 위한 다이아몬드 모델diamond model(그림 3-4 참조)은 킬 체인과 많은 면에서 다르다. 이 절의 뒷부분에서 두 모델이 서로를 어떻게 보완하는지 설명한다. 크리스토퍼 베츠Cristopher Betz 연구진은 자신들의 논문에서 이 모델을 다음과 같이 요약했다.

"공격자는 피해자를 대상으로 일부 기반 시설에 자신의 역량을 배포한다."

이러한 활동을 '이벤트'라고 한다. 이벤트는 공격자와 피해자 쌍의 순서로 공격자의 작업 흐름을 나타내는 일련의 활동 스레드activity threads를 단계별로 정렬한 것이다. 다이아몬드 모델은 궁극적으로 다양한 행위자(공격자와 피해자)와 공격자 도구(기반 시설과 역량) 간의 상호 작용을 파악하는 패러다임이다.

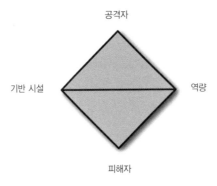

그림 3-4. 다이아몬드 모델

기본 모델

공격자는 첩보를 수집하거나 첩보 시스템^{information system}에 해를 끼치려는 의도가 있는 인텔리전스 단체(행위자)다. 공격자는 행동을 실천하는 운영자와 행동으로부터 이익을 얻을 고객으로 나눌 수 있다(작은 규모의 용병이나 재정적인 동기 부여를 받은 공격자 그룹에서는). 같은 사람이 두 사람의 역할을 할 수도 있지만, 항상 그런 것은 아니다(국가 신호 인텔리전스 수집 기관의 경우, 고객과 운영자가 다른 기관에서 파견돼 각각의 팀으로 운영될 수 있다). 공격자는 '신용카드 사기를 이용해 돈 벌기'와 같은 일반적인 의도나 '특정 관심 주제와 관련된 특정인과의 통신 수단 만들기'와 같이 특별한 의도를 가질 수 있다.

공격자는 역량이라는 취약점과 기술을 갖고 있으며, 목표 달성을 위해 배포할 수 있다. 역량에는 킬 체인에서 설명한 무기화된 소프트웨어와 삽입 프로그램이 포함되지만, 사회공학적 공격, 첩보를 수집하거나 시스템을 중단하기 위한 물리적인 능력을 배치하는 것도 포함될 수 있다.

공격자는 기반 시설이라는 통신 시스템과 프로토콜³¹을 사용해 역량을 배달 또는 제어하거나 어떤 결과를 초래한다. 기반 시설에는 공격자가 직접 소유한 시스템(예를 들어

---

31 컴퓨터나 원거리 통신 장비 간에 서로 메시지를 주고받는 양식과 규칙의 체계(출처: https://bit.ly/2DI7Qip). – 옮긴이

물리적으로 보유한 데스크톱과 네트워크 장비)과 재사용하기 위해 침해한 시스템(예를 들어 봇넷botnet32 안에 있는 최종 사용자 시스템)을 포함할 수 있다. 특정 의도를 달성하기 위한 시도로 배포한 역량은 피해자를 대상으로 한다. 피해자는 사람과 자산이 될 수 있으며, 둘 다 표적이 될 수 있다. 그리고 앞서 지적했듯이 피해자의 시스템은 다른 피해자를 대상으로 하는 기반 시설로 사용될 수 있다.

(공격자가 피해자를 대상으로 기반 시설을 이용해 역량을 사용하는) 네 가지 모든 요소가 존재하는 각각의 단계는 하나의 이벤트를 나타낸다. 서로 전달되는 이벤트는 일련의 활동 스레드로 분석해 활동 그룹activity group으로 엮을 수 있다(이와 관련된 스레드는 병렬로 실행할 수 있으며, 반드시 연속적일 필요는 없다).

모델 확장

모델의 능력을 판단하는 방법 중 하나는 다이아몬드를 가로지르는 축을 살펴보는 것이다. 공격자와 피해자를 연결하는 세로축은 사회·정치적 관계social-political relationship를 보여준다. 공격자는 (신용카드 부류나 사기로 송금을 하게 만들 수 있는 스피어 피싱의 대상인 최고경영책임자와 같은) 피해자에게 많은 관심이 있다. 이 축을 분석하면 공격자의 동기를 밝힐 수 있고, 침입탐지 및 사고 대응을 위한 속성이나 운영 및 전략적 계획을 수립할 수 있다.

이 절의 서두에서 언급한 바와 같이 다이아몬드 모델은 킬 체인을 보완하기 때문에 사실상 서로 잘 통합될 수 있다. 다이아몬드 모델에서는 이벤트를 킬 체인의 각 단계에 따라 분류할 수 있다. 분석가는 이벤트 간의 관계를 더 잘 이해할 수 있게 됨으로써 이전의 단계를 조사하고 문서로 만드는 것을 고려할 수 있게 된다(모든 사고에 킬 체인의 모든 단계가 들어 있다는 의미는 아니다).

---

32 봇(bot)은 '로봇(robot)'의 줄임말이다. 공격자는 악성 코드를 유포해 피해자의 컴퓨터를 좀비 상태로 만들 수 있고, 사용자 몰래 봇이 인터넷상에서 자동으로 작업할 수 있게 지시할 수도 있다. 이렇게 감염된 컴퓨터는 네트워크, 즉 봇넷을 형성하며, 스팸 메일 전송이나 바이러스 유포, 컴퓨터와 서버 공격, 그 외 범죄 및 사기 행각을 벌일 수 있다. - 옮긴이

능동적 방어

인텔리전스 기반 사고 대응 주기$^{\text{intelligence-driven incident-response cycle}}$는 가장 많이 언급되지만, 잘 이해되지 않는 개념은 능동적 방어$^{\text{active defense}}$다.

능동적 방어는 악성 행위자$^{\text{malicious actor}}$를 직접 공격하려고 시도하는 해킹 대응$^{\text{hack back}}$의 개념과 자주 동일시된다. 해킹 대응이 능동적 방어의 한 측면으로 여겨지긴 하지만 능동적 방어의 다른 유용한 부분이 훨씬 더 일반적이다. 이러한 혼동은 능동적 방어의 목적을 오해하기 때문에 발생한다.

어떤 형태의 해킹 대응을 시도하거나 요청하는 사람은 '학창 시절의 복수'와 같은 유치한 마음을 갖고 있다. 이는 자연스러운 것이다. 여러분이 누군가에게 맞았다면, 다시 누군가를 때려주고 싶을 것이다. 우리가 이런 어린애와 같은 전술을 사용하지 않는 이유는 다음과 같다. 첫째, 우리는 네트워크 침입에서 종종 공격자의 신분을 알기 어렵기 때문에 잘못된 공격을 할 수 있다. 둘째, 방어지향적인 조직에서는 비례적 대응$^{\text{proportionate response}}$을 하는 것이 어렵다. 셋째, 해킹 대응은 복수심과는 별개로 제한된 목적을 수행한다. 넷째, 법집행기관이나 군사 조직에 부여된 적절한 법적 권한 없이 다른 조직을 공격하려는 시도는 불법이다.

그러나 해킹 대응과는 별도로 능동적 방어에는 유효하면서 유용한 몇 가지 다른 요소가 있다. 웬디 라 퍼티$^{\text{Wendi Rafferty}}$는 2015년 SANS DFIR Summit에서 "능동적 방어의 목표는 공격자의 활동 속도$^{\text{attacker's temp}}$를 방해하는 시도"라고 말했다. 사고 대응자의 목표는 공격자의 실수로 사고 대응자에게 노출되는 기회를 만드는 것이다. 능동적 방어는 공격자가 사고대응 팀이 설치한 장애물에 대응하는 동안, 실수를 하게 함으로써 방어자가 속도를 낼 수 있는 수단을 제공한다.

방어자는 거부하거나^{deny}, 방해하거나^{disrupt}, 저하하거나^{degrade}, 기만하거나^{deceive}, 파괴할^{destroy} 수 있는 옵션을 갖고 있다. 이 모델을 각 옵션의 머리글자를 따 '방어의 D5 모델'이라고 한다. 이 모델은 컴퓨터 네트워크 공격$^{\text{CNA, Computer Network Attack}}$에 필요한 기능으로 개발됐으며, 능동적 방어에 필요한 기능 목록을 제공하는 것으로 밝혀졌다.

거부하기

공격자를 거부한다는 아이디어는 평범하기 때문에 대부분의 조직은 거부가 능동적인 방어의 한 유형이라는 점을 상상조차 하지 못할 것이다. 공격자의 명령 및 제어를 차단하거나 침해당한 이메일 계정에의 공격자 접근을 종료하는 새로운 방화벽 규칙을 구현하는 것과 같은 거부는 의외로 간단할 수 있다.

거부의 핵심은 악성 행위자를 사전에 차단하는 것이다. 거부는 공격자가 원래의 계획과는 다른 방법을 찾게 만든다. 공격자가 모든 IOC를 바꾸지 않을 경우, 여러분은 공격자가 전술과 기술 및 절차를 공개하도록 만들 수 있고, 공격자의 새로운 활동에 집중할 수 있다. 또한 많은 거부 조치는 사고대응 팀의 지시가 아니라 사용자가 패스워드를 재설정하는 데 필요한 화면이 표시되는 것처럼 단순한 우연의 일치로 해석될 수도 있다.

방해하기

거부 조치가 공격자를 사전에 차단하는 것이라면, 방해는 악성 행위자를 적극적으로 차단하는 것이다. 공격자를 실시간으로 방해하려면 적극적으로 관찰해야 한다. 이는 명령 또는 제어 채널을 중단하거나 보관돼 있는 파일의 유출을 차단하는 것을 의미한다.

저하하기

공격자를 방해하고 거부하는 것과 밀접한 관련이 있는 저하는 공격자의 자원이 활발히 사용되고 있는 동안 공격자의 자원을 최대한으로 줄이는 데 초점을 맞춘다. 쉬운 예로는 데이터가 유출되고 있는 동안, 공격자의 대역폭을 제한해 대용량 파일이 매우 느린 속도로 업로드되게 하는 것을 들 수 있다. 이런 접근 저하는 공격자를 좌절하게 만들어(공격자가 다른 방법으로 데이터에 접근하게 만들어) 다른 기반 시설이나 도구 또는 전술과 기술 및 절차를 추가로 노출하도록 한다. 방해와 저하는 네트워크방어 팀에게는 흥미롭지만, 위험한 기회가 될 수 있다. 거부는 수동적인 방어 작전이지만, 방해나 저하는 능동적인 방어 작전이다. 방해와 저하는 공격자와 대화를 시작하는 것으로, 공격자에게 방어자가 의도적으로 대응하고 있다는 것을 알려준다. 이러한 상황에 처한 공격자는 다양한 행동을 취할 수 있다. 공격자는 공격 속도를 조절하고 고급 기능을 사용해 대응이 잦아들 때까지 작전을 중단할 수도 있다. 이런 공격자의 활동은 능동적 방어 유형으로, 저하와 방해는 주의와 준비가 필요하다.

속이기

고급 기술 중에서 가장 쉬운 기술인 속임수는 공격자에게 잘못된 첩보를 제공해 이를 바탕으로 의사결정을 하길 바라는 방첩counter intelligence 개념에 기반을 두고 있다. 속이기 조치에는 잘못된 값으로 문서를 위조하는 것뿐 아니라 허니팟 시스템, 심지어 네트워크 호스팅을 들 수 있다.

속임수 작전은 공격자의 목표와 방법 심지어 심리학뿐 아니라 자원의 깊은 이해가 필요하다. 숙련된 공격자는 발견한 것들을 입증하려 할 것이므로 공격자가 받아들일 수 있는 속임수 자료를 만드는 것은 매우 어려운 일이다.

파괴하기

파괴 조치는 물리적이든 가상적이든 공격자의 도구나 기반 시설 또는 작전에 피해를 준다. 이 조치는 파괴 행위를 수행할 수 있는 법집행기관이나 정보기관 또는 군사 운영자 (소위 미국 연방 법전의 10편과 50편에 나와 있는 조직)의 권한이다. 영리 단체나 민간 단체가 파괴하는 것은 불법이다. 이런 단체에 컴퓨터 네트워크 공격을 성공적으로 수행할 도구나 방법론 및 운영자가 있을 가능성은 낮으며, 뜻하지 않은 결과를 불러올 수 있다. 이런 자원은 개선된 방어 작전에 더 잘 할당된다.

"능동적 방어가 여러분을 위한 것인가?", "조직을 능동적 방어를 보안 프로그램의 일부로 만들어야 하는가?"라는 질문의 답은 "상황에 따라 다르다"이다. 능동적 방어는 완전한 형태로 구현할 필요가 없다. 공격자를 거부하는 것은 조직의 영역 안에 있으며, 실제로 대부분의 조직이 거부 조치를 수행하고 있다. 방해와 저하는 능숙함이 필요하다. 속임수는 높은 보상이 뒤따르지만, 높은 위험도 수반하기 때문에 최고의 보안 팀 외에는 신중하게 실행해야 한다. 방금 언급했듯이, 파괴는 비정부 조직에서 활용할 수 없는 특별한 법적 지위가 필요하다.

F3EAD

마지막으로 살펴볼 주요 주기는 인텔리전스 주기의 인텔리전스 생성 측면을 사고와 킬 체인 주기의 작전 중심 측면operation-centric aspect과 결합하는 것이다. 특수운영 팀special operations team을 대상으로 하는 방법론으로 만들어진 F3EAD[33]는 앞의 인텔리전스 및 작전 주기에서 두 가지 주요 문제를 해결한다.

- 인텔리전스 주기는 더 많은 인텔리전스가 아니라 의미 있는 작전을 만들어내야 한다. 위협 인텔리전스는 더 많은 인텔리전스를 생산하는 것이 아니라 적극적인 사고 대응 행동으로 이어지는 것을 의미한다.

- 작전 주기operation cycle는 목표가 완료된 후에도 끝나서는 안 된다. 새로운 인텔리전스 주기는 작전 중에 얻은 첩보에서 시작돼야 한다. 사고 대응이 끝나면 첩보는 반드시 새로운 인텔리전스를 생산하기 위해 시작하는 인텔리전스조직으로 전달됨으로써 과거의 사고로부터 배우고, 미래의 침입 시도에 대비하는 데 사용돼야 한다.

따라서 작전과 인텔리전스의 두 가지 주기는 상호간에 영향을 미친다(그림 3-5 참조). 각 사고 대응 작전은 인텔리전스 작전으로 이어지고, 인텔리전스 작전은 사고 대응 작전으로 이어져 주기가 반복된다.

33　원문의 링크는 https://bit.ly/2Z5trTX다. 좀 더 자세한 것은 한국군사문제연구원에서 발간한 2016-3차 정책 포럼 결과 보고서 '대테러작전 대비태세 발전 방안(https://bit.ly/2Hatojx)'의 F3EAD 관련 글(40~42쪽)을 읽어보길 권한다. 여기서는 이 보고서의 용어를 준용한다. - 옮긴이

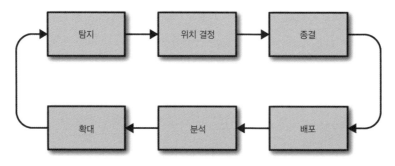

그림 3-5. F3EAD 작전/인텔리전스 주기

F3EAD는 이 절차가 가능하도록 인텔리전스와 작전 주기를 결합한, 탐지와 위치 결정, 종결, 확대, 분석 그리고 배포를 사용한다. 이는 사고 대응 주기를 거쳐 결과를 인텔리전스 주기로 전달하고, 결과를 다시 새로운 사고 대응 주기로 전달하는 것을 의미한다.

탐지

탐지 단계[Find phase]는 킬 체인 작전의 표적 선정 단계를 포함하며, 이 단계에서 해결해야 할 위협을 결정한다. 위협은 공급 업체나 공개 출처[open source]에서 얻은 인텔리전스와 같이 여러 출처에서 나올 수 있다. 이전 인텔리전스 주기[previous intelligence cycle]는 이 절차를 잘 지원해야 한다. 작전이나 투자에 따라 사고대응 팀 자체나 인텔리전스 팀과 함께 이 단계를 결정할 수 있으며, 보안운영센터나 경영진과 같은 외부 팀과 연합해 이 단계를 결정할 수도 있다. 이는 사고 대응 주기의 준비 단계와 유사하다.

위치 결정

위치 결정 단계[Fix phase]는 탐지 단계의 첩보를 기반으로 원격 측정을 설정하고 공격자가 네트워크에서 위치한 곳과 탐지할 수 있는 외부의 존재 여부를 결정한다. 위치 결정의 영어 단어 Fix는 수리를 의미하는 것이 아니다(우리도 혼란스러웠다!). 위치 결정은 네트워크 안에서 공격자의 작전 여부를 확인하는 것을 의미한다. 위치 결정은 첩보를 사용해 공격자가 침해했을 만한 시스템과 서비스 또는 자원, 공격자가 통신에 사용한 채널 및 네트워크를 이동한 방법 등을 파악하는 것을 포함한다. 위치 결정을 사고 대응 주기의 확인 단계[Identification phase]라고 생각할 수 있다.

종결

종결 단계[Finish phase]는 실제 사고 대응 조치를 포함한다. 이 절차의 원래 군용 버전에서 의도하는 것보다 더 치명적인 조치[34]와는 반대로 종결 단계를 절대 실행해서는 안 된다. 종결 단계에서는 사고 대응 주기에서 봉쇄[Containment], 완화[Mitigation], 박멸 단계[Eradication phase]를 수행하는 것처럼 공격자에게 단호한 행동을 취해야 한다.

F3EAD에서의 주요 전환점은 사고 대응 작전의 결론이 주기를 끝내지 않는다는 것이다. 조직이 팀 간의 자원과 책임을 전가하든, 같은 팀이 활동의 초점을 바꾸든 종결 단계의 끝에서 확대 단계가 시작된다. 그런 다음, F3EAD 절차의 인텔리전스 주기 절반이 시작된다.

확대

확대 단계[Exploit phase]는 인텔리전스 주기의 수집 단계[Collection phase]와 직접 대응된다. 목표는 다음과 같이 F3EAD의 인텔리전스 중심 단계에서 유용한 첩보를 수집하는 것이다.

- IP 주소와 URL, 해시 값 그리고 이메일 주소를 포함하는 IOC

- (특정 IP 주소의 역DNS를 가져오거나 WHOIS 데이터를 수집하는 등) 자동화된 IOC 강화

- 취약점 배달 사례

---

34 군용 버전에서 종결의 목적은 공격자의 기반 시설을 탈취하거나 공격자를 살상 또는 다른 방법으로 무력화시켜 공격자가 제역할을 하지 못하게 만드는 것을 말한다. – 옮긴이

- 악성 코드 샘플

- 정보보안 취약점 표준 코드^{CVE, Common Vulnerabilities and Exposures 35} 및 취약점

- 사용자와 사고 보고서

- 공격자의 통신

- 이전에 확인된 전술과 기술 및 절차

- 공격자의 목적과 목표 및 동기

유용한 것을 모두 열거하는 것은 불가능하지만, 분석가는 최대한 많은 첩보를 수집해야
만 한다. 킬 체인을 이용해 생각하고, 가능하면 각 단계의 첩보를 수집해야 한다.

분석

분석 단계^{Analyze phase}는 (놀랍게도) 인텔리전스 주기의 분석 단계에 대응된다. 이 단계에
서의 아이디어는 수집된 첩보를 다음 몇 가지 방법을 사용해 개발하는 것이다.

- 전술과 기술 및 절차 요약하기

- 타임라인과 킬 체인 개발하기

- 면밀한 악성 코드 분석 수행하기

분석 단계 자체도 일반적인 인텔리전스 단계와 마찬가지로 순환적이다. 악성 코드 분석
은 더 많은 IOC를 만들어낼 수 있으므로 IOC를 강화할 수 있고, 더 많은 악성 코드를
찾아낼 수 있다. 전체적인 목표는 공격자의 행위를 탐지하고, 완화하고, 개선하는 것에
중점을 두고 공격자의 전술과 기술 및 절차의 그림을 그리는 것이다.

---

35   https://bit.ly/2YToK4t 참조 – 옮긴이

배포

이런 유형의 인텔리전스 배포는 주로 배포 대상에 초점을 맞춘다.

전술적

인텔리전스의 가장 직접적인 대상은 사고대응 팀으로, 다음 F3EAD 주기의 시작으로 이어진다. 사고대응 팀은 IOC, 요약된 전술과 기술, 절차를 원할 것이다.

전략적

단 한 건의 사고만으로도 경영진은 사고대응 팀과 위협 인텔리전스 팀threat intelligence team에 많은 관심이 생긴다. 경영진의 관심은 (개별 사고보다 홍보에 더 집중된) 고도로 일반화된 전술과 기술, 절차, 표적 활동이다. 이 인텔리전스는 미래의 자원 할당과 대규모 사업 계획(예를 들어 위험 평가의 인텔리전스 제공)에서 의사결정자에게 유용해야 한다.

다른 사람

많은 조직이 몇 가지 형태의 위협정보 공유 그룹에 참여한다. 각 조직은 자체 참여 규칙을 결정해야 한다. 이를 위한 최선의 방법을 결정하기 위해서는 지휘부 및 법률 팀과 협력해야 한다. 여기에는 목표와 협력 욕구에 따라 모든 추상적인 수준의 인텔리전스를 포함할 수 있다.

인텔리전스나 배포 대상의 수준과는 상관없이 여러분이 배포하려는 첩보는 명확하고, 간결하고, 정확하고, 실행할 수 있어야 한다.

F3EAD 사용하기

F3EAD는 보안운영에서 위협 인텔리전스와 사고 대응 측면 모두를 구현할 수 있는 가장 강력한 개념 중 하나다. 또한 F3EAD는 가장 어려운 것 중 하나다. 대부분의 사람이 어떻게 읽어야 하는지 모르는 난해한 특수 부대의 용어가 왜 IT 부서의 한 부분이 돼야 하는지는 설명하기 어렵다.

세부 사항에 초점을 맞추기보다는 전체적인 아이디어에 초점을 맞춰야 한다. 보안운영과 사고 대응은 위협 인텔리전스의 입력이 되며, 위협 인텔리전스는 보안운영과 사고대응의 입력이 된다. 보안운영 팀(보안운영센터나 컴퓨터 사고대응 팀 또는 개별 엔지니어가될 수 있음)이 사고 대응을 끝낼 때마다 모든 결과물과 문서, 메모, 포렌식 아티팩트, 악성 코드 그리고 연구 결과를 인텔리전스 팀에 전달해야 한다. 인텔리전스 팀은 이 첩보를 이용해 분석한다. 해당 사고를 기반으로 한 인텔리전스 팀의 산출물은 운영 팀으로다시 전달돼야 한다. 이로써 일종의 보안운영/위협 인텔리전스 OODA 순환이 만들어진다. 보안운영 팀이 이 인텔리전스를 더 빨리 이용할수록 더 많은 인텔리전스가 만들어진다.

이처럼 운영과 인텔리전스가 합쳐진 모델은 보안운영센터와 인텔리전스 팀에게만 국한될 필요는 없다. 이와 같은 절차는 취약점관리 팀과 애플리케이션보안 팀도 사용할 수있다. 예를 들어 애플리케이션보안 팀이 새로운 취약점을 발견하면, 해당 취약점을 인텔리전스의 일부로 취급할 수 있다. 애플리케이션보안 엔지니어가 이 취약점을 처음 발견했다고 보장할 수는 없다. 따라서 애플리케이션보안 팀이 가능한 한 많은 첩보를 보안운영센터에 제공하면, 취약점의 이전 공격 지표를 찾기 시작한다.

적합한 모델 선택하기

모델의 목적은 첩보를 해석하고 인텔리전스를 생성하는 데 사용할 수 있는 프레임워크를 만드는 것이다. 인텔리전스를 분석하는 데는 수백 개의 모델이 사용될 수 있다. 이런모델 중 일부는 범용으로 사용되며, 일부는 개인 또는 특정 사례use-case를 위해 사용된다. 사용할 모델을 결정할 때 유의해야 할 사항은 다음과 같다.

분석에 사용할 수 있는 시간은 어느 모델이 적합한지를 결정하는 데 도움이 될 수 있다.면밀한 분석이나 사고 대응을 수행할 시간이 있다면 침입 분석을 위한 다이아몬드 모델이 잘 맞을 것이다. 시간에 제약이 있다면 OODA 순환과 같은 모델을 사용해 의사결정을 이끌어낼 수 있다. 어떤 모델은 넷플로^{netflow}[36]나 엔드포인트 데이터와 같은 특정 데이터 출처와 함께 사용하도록 설계돼 있으므로 인텔리전스의 종류 또한 어느 모델이 적합한지를 결정하는 데 도움이 될 수 있다. 마지막으로 모델의 선택은 분석가의 선호에 달려 있다. 분석가가 특정 모델이 자신들의 절차에 잘 맞는다는 것을 발견했다면 그 모델을 계속 사용해야 한다. 새로운 모델을 개발하는 것도 좋은 선택이 될 수 있다.

시나리오: GLASS WIZARD

인텔리전스 기반 사고 대응을 파악하는 데 필요한 핵심 모델을 살펴봤으므로 이제 사고 대응과 사이버 위협 인텔리전스 그리고 이들이 어떻게 협력해 조직을 보호할 수 있는지 알아보자.

이 책의 나머지 부분은 공동 운영/인텔리전스 모델인 F3EAD를 사용해 정리한다. 우리는 공격자를 알아내기 위해 GLASS WIZARD라는 이름을 조사할 것이다. F3EAD 모델은 다음과 같이 나눌 수 있다.

탐지

　　4장, '탐지'에서 우리가 공격자를 어떻게 표적으로 삼는지 소개한다.

위치 결정

　　면밀한 사고 대응의 전반부는 조사 단계를 거치며, 피해자 환경에서 공격자를 추적하는 방법을 다룬다.

종결

　　사고 대응의 후반부는 환경에서 공격자를 제거한다.

36　관련 내용은 블로그 게시물 'netflow, sflow, jflow, cflow 비교'(https://bit.ly/31NUkO5) 참고 – 옮긴이

확대

사고 대응 절차가 끝나면, 사고 대응을 이용해 얻은 데이터를 개발하기 시작할 것이다.

분석

데이터를 조직을 보호하고 다른 사람을 돕는 데 유용한 인텔리전스로 만들 것이다.

배포

인텔리전스가 만들어지면, 고객에게 다양하고 유용한 형식으로 인텔리전스를 제공할 것이다.

결국, 우리는 GLASS WIZARD라는 공격자를 무너뜨리는 일련의 모든 제품을 개발할 것이다.

결론

사고 대응과 같이 복잡한 절차는 절차의 구조를 제공하고 작업 완수에 필요한 단계를 정의할 수 있는 모델을 사용해야만 혜택을 얻을 수 있다. 어떤 모델을 사용할 것인지 결정하는 것은 주어진 상황과 사용 가능한 데이터 그리고 분석가의 선호도에 따라 달라진다. 이러한 모델의 응용에 익숙해질수록 다양한 사고에 대응하기 위해 사용해야 할 모델을 쉽게 결정할 수 있게 될 것이다.

자, 이제 탐지로 들어가보자!

## 2부

실제 적용

기초를 다졌다면 이제 본격적으로 실무로 들어갈 때가 됐다. 2부에서는 F3EAD 절차(탐지, 위치 결정, 종결, 확대, 분석, 배포)를 사용해 인텔리전스 기반 사고 대응 절차를 단계별로 살펴본다.

이러한 단계들은 인텔리전스 기반 사고 대응 절차에서 가능한 한 많은 것을 얻기 위해 올바른 첩보를 수집하고 적절한 방식으로 행동하는 데 도움을 준다.

"조용! 조용히 해. 우리는 지금 버니를 사냥하는 중이야."[1]

— 엘머 퍼드Elmer Fudd

F3EAD 주기의 전반부(탐지와 위치 결정 그리고 종결)는 사고 대응 운영incident-response operation을 의미하는 주요 운영 요소다. 이 첫 세 단계에서는 공격자를 표적으로 삼고, 확인하고, 제거한다. 우리는 이러한 운영 조치를 알리기 위해 인텔리전스를 활용하지만, 그렇다고 해서 인텔리전스를 이용하는 것이 끝은 아니다. 나중에 이 절차에서 인텔리전스 단계(확대, 분석 및 배포)의 운영에서 나온 데이터를 사용할 것이다.

4장에서는 인텔리전스와 운영 활동 모두의 시작점을 확인하는 탐지 단계에 초점을 맞춘다. 탐지 단계는 전통적인 F3EAD 주기에서 종종 특수운영 팀이 표적으로 삼을 만한 표적을 확인하고 인텔리전스 기반 사고 대응에서 탐지 단계는 사고 대응과 관련된 공격자를 확인한다.

진행 중인 사고의 경우, 초기 지표를 확인하거나 몇 개의 초기 지표를 받았을 수 있으며, 더 많은 지표를 얻어야 할 필요가 있을 수도 있다. 또한 위협 사냥threat hunting의 경우, 여러분은 네트워크에서 비정상적인 활동을 찾고 있을 수 있다. 이런 상황에도 여러

---

1   워너 브러더스의 만화영화 '루니 툰'에 나오는, 토끼 버니 벅스를 잡으러 다니는 사냥꾼 엘머 퍼드의 대사다. – 옮긴이

분이 어떤 것을 찾기 전에, 찾고 있는 것이 무엇인지 알아야 한다.

탐지 단계에서는 다양한 접근 방식을 사용할 수 있다. 이 방법은 상황이나 사고의 성격뿐 아니라 조사의 목표에 따라 결정해야 한다. 모든 첩보를 확인하기 위해서는 다른 방법을 결합할 수도 있다.

행위자 중심 표적 선정

공격의 배후에 있는 행위자를 신뢰할 수 있는 첩보가 있거나 특정 공격 그룹의 첩보 제공을 요청받았을 때 행위자 중심 표적 선정actor-centric targeting을 할 수 있다.

행위자 중심 조사actor-centric investigation는 스웨터의 실타래를 푸는 것과 같다. 여러분은 약간의 첩보를 찾아 각각의 인텔리전스를 얻기 시작한다. 이를 이용해 행위자가 여러분에게 사용한 전술과 기술의 통찰을 얻을 수 있으며, 더 찾아야 할 것과 관련된 더 좋은 아이디어를 얻을 수도 있다. 결과는 강력하지만 실망스러울 수 있다. 어떤 가닥이 전체를 풀어내는 열쇠가 될지 결코 알 수 없기 때문이다. 그러나 계속 시도해야 한다. 계속 시도하다 보면 갑자기 조사 전체를 시작하게 만드는 한 측면을 파헤치고 있을지도 모른다. 지속성과 행운이 행위자 중심 조사의 핵심이다.

행위자 대 사람

신원은 우리가 그들(they 또는 them)이라고 말하거나 공격자를 언급할 때, 공격의 배후에 있는 사람을 지칭하는 것으로 생각하기 쉽다. 매우 드문 경우지만, 우리는 실제로 개인에 관해 얘기하는 것이다(이는 뒤에서 좀 더 자세히 논의한다). 그러나 행위자를 언급할 때는 목표를 달성하기 위해 사용하는 전술과 기술 및 절차에 중점을 둔 인물을 지칭한다. 우리는 이런 인물들을 내면적으로 함께 분류하고 의인화하는데, 그 이유는 사람들이 이런 방식으로 얘기한 것을 쉽게 이해할 수 있기 때문이다. 우리는 대개 행위자가 한 사람인지 큰 그룹인지 모르기 때문에 행위자는 추상화돼 있다. 우리는 관련된 사람들의 수에 상관없이 이를 연계된 전술과 기술 및 절차의 추상화라고 부르며, 목표를 행위자라고 한다.

사고 대응자는 '사고의 배후에 있는 행위자가 누구일까?'라는 생각을 하면서 조사를 시작한다. 이 첩보는 다양한 출처에서 얻을 수 있다. 예를 들어 유출된 첩보가 언더그라운드 포럼에서 판매되는 때나 다른 사람이 공격자에게 일부 첩보를 제공하는 때다. 공격자의 세부 사항을 파악하면 탐지 단계에서 행위자 중심 표적 선정을 수행할 수 있다.

행위자 중심 표적 선정의 첫 번째 단계는 공격자의 첩보를 검증하는 것이다. 문제의 공격자가 조직을 표적으로 삼았는지와 그 이유를 알아야 한다. 공격자의 관점에서 표적을 바라보면서 잠재적 위협을 확인하는 절차인 위협 모델threat model을 개발하면 이 절차의 속도를 높일 수 있고, 표적이 될 수 있는 데이터나 접근의 유형을 확인하는 데도 도움이 될 수 있다. 또한 이 첩보는 사고 대응자가 공격자의 활동 징후를 찾는 표적 선정 단계의 입력이 될 수 있다.

위협 모델은 잠재적인 공격자나 공격 가능성이 있는 공격자를 결정함으로써 행위자의 구체적인 첩보가 없더라도 행위자 중심 표적 선정을 사용할 수 있다. 수백 명의 범죄자와 활동가 및 간첩 단체 중 소수만이 여러분의 조직에 관심이 있다. 이 그룹 중 어느 그룹이 진짜로 여러분에게 해가 되는지 추측해야 한다. 또한 여러분이 생각하는 목록이 시작하기에 좋은 곳이라는 것을 명심해야 한다. 이런 경험은 여러분이 신경 써야 할 대상의 좋은 지침이 될 것이다.

초기 첩보를 검증했다면, 다음 단계는 행위자의 첩보를 확인하는 것이다. 이 첩보는 공격자의 표적 패키지를 만들 수 있다. 행위자의 첩보는 내·외부의 세부 인텔리전스를 포함할 수 있다.

알려진 첩보로 시작하기

여러분의 환경 안에서는 이전 사고, 공격 시도(내부 첩보), 연구자나 공급자 그리고 타사에서 만든 인텔리전스 보고서intelligence report(외부 첩보)에서 비롯된 모든 첩보를 위협 행위자에게 사용할 수 있다. 두 가지 유형의 첩보 조합을 사용하면 위협과 관련된 최상의 그림을 그릴 수 있다.

전략 인텔리전스와 전술 인텔리전스는 이 단계에서 유용하다. 행위자의 전략 인텔리전스는 잠재적인 동기나 목표, 즉 행위자가 궁극적으로 가고 싶어 하는 곳과 그곳에 도달했을 때 궁극적으로 하고 싶어 하는 첩보를 제공한다. 전술 인텔리전스는 전형적인 공격자의 전술과 방법, 선호하는 도구, 이전에 사용한 기반 시설 그리고 위치 결정 단계에서 검색할 수 있는 다른 첩보를 포함한 세부 인텔리전스를 제공할 수 있으며, 발견된 첩보를 전후 사정과 관련 지을 수도 있다.

행위자가 혼자서 활동하는지, 다른 행위자 그룹과 함께 작업하는지를 아는 것도 유용하다. 일부 그룹은 초기 접근에 초점을 맞추고, 다른 그룹은 공격 목표를 달성하는 데 초점을 맞춘다. 또 다른 그룹은 미래 활동을 위해 접근을 유지하는 등 작업을 몇몇 그룹으로 나누는 것으로 알려져 있다. 이 경우, 네트워크에 여러 행위자와 여러 활동의 징후가 있을 수 있지만, 활동이 여러 행위자 그룹이 함께 일하는 패턴인지, 몇몇 행위자가 독립적으로 활동하는 패턴인지를 확인하기 위해서는 추가로 분석해야 한다.

악성 코드를 사용해 위협 행위자 확인하기

몇 년 전만 하더라도 공격에 사용된 악성 코드나 다른 도구를 기반으로 공격 그룹을 특정하는 것이 일반적이었다. 그 예로 PlugX는 원래 NCPH 그룹[2]이 독점적으로 제작해 사용한 것으로 여겨지고 있다. 그 이후로 PlugX가 판매되거나 공유돼 다양한 위협 행위자가 널리 사용하고 있다. 다양한 위협 행위자 그룹이 많은 공격 도구와 원격 접속 트로이 목마를 발표하고, 판매하고, 재생산함에 따라 악성 코드를 기반으로 속성을 부여하던 시대는 지나갔다. 악성 코드의 속성에만 기반을 두기보다는 목표와 동기뿐 아니라 행위와 다른 전술을 포함한 다양한 요소를 고려해야 한다. 그러나 이전에 사용된 악성 코드를 확인하는 것은 탐지 단계에서 유용하며, 조사에 유용한 추가 첩보를 확인하는 데도 도움이 된다.

---

2   https://bit.ly/2HbloyB – 옮긴이

유용한 탐지 첩보

탐지 단계에서의 가장 큰 목표는 F3EAD 주기의 위치 결정 단계에서 유용한 첩보를 개발하는 것이다. 가장 유용한 것은 행위자가 바꾸기 어려운 첩보다. 사고 대응자인 데이비드 비앙코[David J. Bianco]는 이 개념을 고통의 피라미드[Pyramid of Pain]에서 공격자에게 미치는 영향으로 설명했다(그림 4-1 참조).

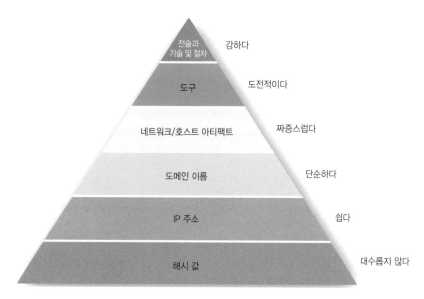

그림 4-1. 고통의 피라미드

고통의 피라미드는 다양한 유형의 첩보가 행위자의 도구 체인[tool chain]과 목표에 얼마나 가까운지를 묘사하는 모델로, 공격자의 도구와 목표가 얼마나 바꾸기 어려운지를 보여준다. 맨 아래에는 (새로운 해시 값을 갖도록) 악성 코드를 다시 컴파일하거나, 명령하거나, 제어하기 위해 새로운 IP 주소에 도메인 이름을 지정하는 것과 같이 악성 코드나 네트워크 구성의 세부 사항을 정기적으로 수정할 수 있는 기본적인 특성이 있고, 맨 위에는 핵심 기술, 방법론과 같이 행위자가 누구인지 등 중요한 핵심 역량이 있다.

그러면 이 모델을 어떻게 사용해야 할까? 고통의 피라미드는 서로 다른 유형의 IOC(IOC는 다음 절에서 자세히 설명한다), 행위자 첩보의 상대적인 가치, 시간적인 특성을 파악하는 것이다. 해시 값은 쓸모가 없을까? 전혀 아니다. 해시 값은 믿을 수 없을 만큼 유용하며, 조사를 시작할 수 있는 훌륭한 지점을 제공하지만, 자주 그리고 (악성 코드 일부를 다시 컴파일해도) 쉽게 변한다. 이와는 반대로 SQL 삽입으로 웹 사이트를 침해하는 전문 행위자는 제로데이 취약점 공격zero-day exploit으로 스피어 피싱을 위한 전술을 전환하는 데 상대적으로 어려움을 겪을 것이다. 따라서 우리는 해시 값이 위협 첩보가 될 경우, 피라미드의 꼭대기를 향한 첩보가 되는 것을 선호하며, 오래 사용할 수 있길 바란다. 우리의 목표는 사고 대응과 인텔리전스 분석 모두에서 피라미드를 높이 올리는 것이기 때문에 공격자가 우리를 회피하기 어렵게 만들어야 한다.

IOC

가장 간단하게 수집할 수 있는 (즉, 고통의 피라미드에서 낮은 쪽에 있는) 데이터를 주로 IOC라고 한다. IOC의 초기 정의는 맨디언트의 OpenIOC 웹 사이트(OpenIOC는 맨디언트 사고 대응Mandiant Incident Response 제품과 호환되는 IOC와 관련된 맨디언트의 독점적 정의)에서 비롯됐다. IOC(5장, '위치 결정'에서 좀 더 자세히 다룬다)는 다양한 형식으로 제공될 수 있지만, 모두 '알려진 위협이나 공격자의 방법론 또는 침해의 다른 증거를 확인하는 기술적 특성의 설명'으로 정의한다.

IOC는 일반적으로 고통의 피라미드 아래쪽에 있는 첩보의 구성 단위에 초점을 맞춘다. IOC는 첩보가 발견된 곳에 따라 다음과 같이 나눌 수 있다.

파일 시스템 지표

파일 해시 값, 파일 이름, 문자열, 경로,[3] 크기, 유형, 서명 인증서

메모리 지표

문자열 및 메모리 구조

네트워크 지표

IP 주소, 호스트 이름, 도메인 이름, HTML 경로 포트, SSL 인증서

고유한 용도로 사용되는 지표의 유형은 (단일 시스템이나 모니터링 여부에 따라) 다른 위치에서 볼 수 있으며, 지표가 들어 있는 형식에 따라 다른 도구를 사용할 때 유용하다.

행위

공격자가 바꾸기 어려운 것은 고통의 피라미드 가장 위쪽에 있는 전술과 기술 및 절차에서 포착된 행위다. 이는 공격자가 목표를 달성하기 위해 도구를 사용하는 방법에 중점을 두는 느슨한 그룹에 해당한다. 행위는 전술과 기술 및 절차보다 훨씬 더 추상적이며 IOC가 할 수 있는 방식으로도 쉽게 설명할 수 없다.

---

3   윈도우에서는 '위치' 속성이다. – 옮긴이

행위는 종종 공격자가 목표의 각 부분을 달성하는 방법을 설명한 3장, '사고 대응의 기본 원리'의 킬 체인을 사용하면 쉽게 이해할 수 있다. 다음은 몇 가지 가상의 예다.

정찰

(일반적으로 추론을 바탕으로 한다) 공격자는 일반적으로 온라인에서 발견한 회의 진행 문서를 바탕으로 잠재적 피해자를 프로파일링한다.

무기화

공격자는 마이크로소프트 워드 문서 안에 포함된, 애플리케이션을 위한 비주얼 베이직^{VBA, Visual Basic for Applications} 매크로를 사용한다.

배달

공격자는 정찰 단계에서 확인한 회의 진행 과정의 첩보를 기반으로 가짜 산업 그룹 명의의 피싱 이메일을 보낸다.

취약점 공격

피해자가 첨부된 워드 문서를 열면, 공격자의 애플리케이션을 위한 비주얼 베이직 매크로가 실행되면서 두 번째 단계의 페이로드를 다운로드한다.

설치

공격자는 두 번째 단계의 페이로드인 원격 접속 트로이 목마를 설치하기 위해 권한 상승 취약점을 이용해 로그인을 시작하고, 지속성을 유지한다.

명령 및 제어

원격 접속 트로이 목마는 명령 및 제어의 인코딩된 통신을 하기 위해 마이크로 블로깅 사이트를 연결한다.

표적 활동

공격자는 파일을 압축하고, 파일 공유 서비스를 이용해 기술 자료와 이메일을 탈취하려고 시도한다.

발견된 모든 첩보는 인텔리전스 기반 사고 대응 절차 이후의 단계에서 사용하기 위해 문서로 만들어야 한다.

킬 체인 이용하기

행위자 중심 표적 선정은 종종 탐지를 시작하기에 좋은 곳인데, 그 이유는 부분적으로 킬 체인과 결합했을 때 가장 간단한 모델이기 때문이다. 조사 초반에 전달받거나 수집된 첩보는 킬 체인의 한 단계 또는 두 단계에서 얻은 것일 가능성이 크다. 가장 좋은 전략은 킬 체인의 주변 단계를 이용해 찾아야 할 다른 첩보를 결정하는 것이다. 따라서 기존 첩보가 킬 체인 내에 어디에 있는지 파악하면 다른 첩보를 찾아야 할 위치를 결정할 수 있다. 앞의 예에서 공격에 관해 알고 있는 유일한 첩보는 사이버 킬 체인의 취약점 공격 단계에서 워드 문서의 매크로를 사용했다는 것이다. 따라서 행위를 조사해 취약점 공격이 성공했는지 확인하기 위해서는 권한 상승과 관련된 아티팩트를 찾아야만 한다. 다른 선택은 킬 체인의 다른 방향으로 이동한 후 원래 첩보와 관련된 이메일 송신자나 제목 등을 검색해 전달 방법을 찾는 것이다. 공격자가 이전과 똑같이 공격하지 않았더라도 여러분이 무엇을 찾아야 할지 알고 있을 때는 유사성을 확인할 수 있다.

시나리오: 킬 체인 구축하기 새로운 공격자의 킬 체인을 구축하는 것은 처음에 채워야 할 것이 많지 않더라도 공격자를 잘 분석하기 위한 좋은 출발점이다. 킬 체인의 가장 큰 장점 중 하나는 물음표로 가득 차 있더라도 다음에 무엇을 찾아야 하는지 알기 위한 구조를 제공한다는 것이다.

우리는 다양한 조직이 돌려본 비공개 보고서로 시작한다. 실제로 이는 2014년에 Operations SNM 보고서[4]로 발표됐다. 다른 보안 팀은 이 보고서가 유용하다고 생각했다. 우리는 이 보고서를 이용해 GLASS WIZARD라는 행위자의 킬 체인을 구축할 것이고, 알고 있는 것과 갖고 있는 것과의 차이를 기록할 것이다.

---

4   https://bit.ly/33GDfqL – 옮긴이

GLASS WIZARD 킬 체인

- 목표
  - 행위자는 경제와 환경 및 에너지 정책 조직뿐 아니라 첨단 기술 제조업체와 서비스 제공 업체를 포함한 다양한 피해자를 표적으로 한다.
  - 행위자는 다양한 국내 표적을 대상으로 삼으며, 국내 보안에 초점을 맞춘다.

- 정찰
  - 알 수 없다.

- 무기화
  - 운영 체제 수준의 코드 서명 보호를 회피하기 위해 훔친 인증서를 사용한다.

- 배달
  - 스피어 피싱
  - 전략적 웹 사이트 침해
  - 공개 서비스에 직접 공격

- 취약점 공격: 알 수 없다.

- 설치: 호스트
  - Posion Ivy, Gh0st Rat, PlugX, ZXShell, Hydraq, DeputyDog, Derusbi, Hikit, ZoxFamily(ZoxPNG, ZoxSMB)와 같은 다양한 종류의 악성 코드 사용
  - 로컬 취약점 공격과 (예를 들어 ZoxRPC 도구를 사용하는) 원격 취약점 공격 및 다른 시스템의 침해당한 자격 증명compromised credential을 이용해 권한을 상승

- 설치: 네트워크
  - 침해당한 자격 증명으로 원격 데스크톱 프로토콜RDP과 같은 표준 네트워크 관리자 도구를 사용해 네트워크로 이동
  - 다른 호스트에 2차 악성 코드 설치

- 통신
  - 각각의 표적과 공격 활동의 고도로 분리된 (최소한으로 재사용된) 기반 시설을 이용한다.
  - DNSPOS, DtDNS와 같은 DNS 공급자의 기본 설정
  - ⟨target⟩과 ⟨holderdomain⟩, ⟨tld⟩ 도메인 이름 패턴
  - 합법적인 트래픽으로 위장하기 위해 침해당한 기반 시설을 사용
- 표적 활동
  - 사용 가능한 것을 기반으로 동적 목표를 달성하기 위해 대규모의 컴퓨터를 침해하고, 유용한 자료를 신속하게 확인
  - 대상 행위를 하기 위한 사용자 정의 스크립트 작성
  - 데이터 유출

 때로는 개별 항목이 여러 범주로 분류될 수 있다. 킬 체인에서 공개 서비스의 직접 공격 요소는 배달 단계에 속해 있지만, 취약점 공격 단계로도 설명할 수 있다. 어떤 경우에는 이런 것이 중요하지만 진짜 중요한 것은 첩보를 포착하는 것이다. 따라서 킬 체인을 만들 때 이런 것들은 항상 수정할 수 있으므로 특정 요소를 어느 단계에 넣을 것인지 등의 논쟁을 하는 데 너무 얽매일 필요가 없다. 다시 한번 말하지만 킬 체인은 단지 모델이기 때문에 완벽하지 않다. 모델은 유용하기만 하면 된다.

킬 체인의 일부는 아니지만, 이 보고서가 말하고자 하는 또 다른 사항은 다음 요소가 포함된 행위자와 공격 활동 및 작전에 관련된 것이다.

- APT1
- DeputyDog
- Elderwood
- Ephemeral Hydra
- Aurora 작전

- Snowman 작전

- 중국 인민해방군 제3 총 참모부 61486 및 61398부대

- Shell Crew

- VOHO 공격 활동

행위자가 우리의 조사에 얼마나 관련이 있는지는 알 수 없지만, 지금 우리는 이 행위자를 주변에 두고 싶을 뿐이다. 더욱이 다양한 링크는 보고서의 출처를 구성하며, 우리는 이 링크들을 참고해 나중에 분석하길 원한다.

이제 우리는 GLASS WIZARD의 첫 번째 첩보를 기반으로 초기 킬 체인 모델을 만들었다. 우리가 킬 체인을 이해하기 위한 구조에는 큰 차이가 있는 것이 분명하지만, 이 행위자는 우리와 함께하기 시작했다. 우리는 이 행위자가 조직에 침입하기 위해 사용할 수 있는 몇 가지 기술을 알고 있으며, 조직에 침투하면 어떤 일을 할 수 있는지도 알 수 있다. 우리는 나머지 F3 운영 단계에서 공격자를 추적하고 대응하는 데 필요한 첩보를 사용할 것이며, 단계를 진행하면서 빈칸을 채워 나갈 것이다.

목표

공격자의 목표는 탐지 단계에서 수집할 모든 첩보 중에서 가장 추상적이다. 그 이유는 공격자의 목표를 설명할 수 없으며 공격자의 행위에서 추론해야 하기 때문이다. 그러나 공격자의 목표는 방어자가 공격자를 확인하더라도 공격자가 바꾸기 어려운 것 중 하나다. 특정 목표에 초점을 맞춘 공격자는 공격자가 전술, 기술, 절차, 도구 또는 지표를 바꾸더라도 탐지를 회피하기 위해 목표를 쉽게 바꿀 수는 없다. 공격자가 어떤 기술을 어떻게 사용하기로 하든, 공격자는 표적이 있는 곳으로 가야만 한다. 결과적으로 목표는 공격자의 행위 중에서 가장 바꾸기 어려운 것이며, 공격자를 추적하기 위한 공격자의 핵심 속성이어야 한다.

공격자의 목표 변경을 보는 것이 중요한 데이터의 요소이며, 항상 주의 깊게 관찰해야 한다. 목표 변경은 공격자의 관심사가 바뀌었다는 것을 암시하는 것일 수도 있으며, 새로운 유형의 공격을 위한 설정일 수도 있다. 공격자의 목표 변경은 속성과 전략적 관심사에 상당한 통찰력을 제공한다.

GLASS WIZARD의 목표는 추상적이다.

- GLASS WIZARD는 경제와 환경 및 에너지 정책 조직뿐 아니라 첨단 기술 제조업체와 서비스 제공업체를 포함한 다양한 피해자를 표적으로 한다.

- GLASS WIZARD는 다양한 국내 대상을 표적으로 하며, 국내 보안에 초점을 맞춘다.

이러한 내용을 더 잘 이해하고 킬 체인을 업데이트하기 위해서는 원래 보고서를 다시 참조할 필요가 있다.

자산 중심 표적 선정

자산 중심 표적 선정asset-centric targeting은 운영을 가능하게 하는 특정 기술에 중점을 둔다. 자산 중심 표적 선정은 네트워크 공격의 구체적인 첩보가 없는 경우나 공격이나 침입의 징후를 찾을 방법을 이해하려는 경우에 유용하다.

이런 형태의 표적 선정으로 가장 주목할 만한 사례 중 하나는 산업 제어 시스템[ICS, Industrial Control Systems]이다. 댐과 공장 및 전력 생산 시설 등을 제어하는 산업 제어 시스템은 특정 영역의 지식을 사용해 공격해야 하는 특수한 시스템이다. 위협 인텔리전스 팀은 산업 제어 시스템 공격을 이해하고, 접근하고, 테스트할 수 있는 능력을 바탕으로 전체 공격자의 등급을 한정할 수 있다.

우리는 엄청나게 복잡한 시스템뿐 아니라 비싼 시스템도 얘기하고 있다. 공격자는 킬체인 이전 단계에서 취약점을 찾아 취약점 공격을 테스트할 환경을 마련하기 위한 소프트웨어를 개발하는 데 많은 시간과 노력을 투자해야 한다.

여러분이 보호하고 있는 유형의 시스템을 공격할 수 있는 사람을 아는 것은 자산 중심 표적 선정의 핵심이다. 그 이유는 공격에 유용한 지표와 도구에 집중할 수 있기 때문이다. 공격자가 추가로 공격할 수 있는 모든 시스템은 기회비용, 즉 같은 수준의 자원이 필요한 다른 유형의 기술에 같은 시간과 자원을 사용할 수 없다는 것을 의미한다. 예를 들어 산업 제어 시스템 공격에 주력하고 있는 팀은 자동차 기술 공격에 투자할 자원이 없을 것이다.

다른 사람의 연구는 공격자가 기본적인 연구를 하는 데 (시간과 자원을 절약할 수 있도록) 도움을 주거나 방어자가 공격자의 접근 방식을 이해하고 방어하는 데 도움이 되기 때문에 기술 중심 공격[technology-centric attack]을 도와줄 수도 있고, 망가뜨릴 수도 있다. 대부분의 방어자는 이러한 주제별 문제를 조사할 필요가 없지만, 이런 문제는 공격자/방어자 패러다임에 초점을 맞춘 시각을 제공한다.

자산 중심 표적 선정 사용하기

자산 중심 표적 선정은 공격자가 표적으로 삼을 만한 자산에 초점을 맞추기 때문에 이 방법을 활용하고 있는 대부분의 조직은 산업 제어와 발전, 자율주행 자동차, 드론 비행 또는 사물 인터넷 장치와 같은 고유한 기술 분야를 기반으로 한다. 각 분야는 특유의 고려 사항이 있지만, 맞춤형 킬 체인 방식으로 접근해야 한다. 산업 제어 시스템 전문가인 로버트 리^{Robert Lee}는 자신의 논문 'The Industrial Control System Cyber Kill Chain^{산업} ^{제어 시스템 사이버 킬 체인}'[5]에서 맞춤형 자산 중심 킬 체인 구축 방법을 소개했다.

GLASS WIZARD 팀은 어떨까? GLASS WIZARD 팀은 지금까지 자산 중심 표적 선정에 도움이 될 만한 첩보는 갖고 있지 않았다. GLASS WIZARD 팀은 대부분의 행위자와 마찬가지로 가장 광범위한 시스템을 표적으로 삼고 있는데, 이는 AD로 관리하는 일련의 상호 연결된 네트워크에 있는 마이크로소프트 윈도우 기반 시스템을 의미한다. 이런 시스템은 공격자에게 광범위한 공격 기회를 만들어준다. 자산 중심 표적 선정은 좁은 범위의 세부 사항이다. 대부분의 행위자가 찾기 어려운 시스템을 표적으로 삼기 때문에 행위자 스스로 집중하는 것으로 알려져 있다.

뉴스 중심 표적 선정 사용하기

약간 과장된 말 같지만, 제대로 훈련받지 않은 조직에서 일어나는 가장 일반적인 표적 선정 방법 중 하나는 CNN 중심 표적 선정 또는 뉴스 중심 표적 선정^{news-centric targeting}이다. 뉴스 중심 표적 선정은 보통 일반 뉴스에서 무엇인가를 보거나 현재 위협의 의미를 분석하는 위협 인텔리전스 팀으로 흘러들어가는 다른 사람의 즉석 논평을 듣는 임원에서 시작된다.

한 가지 분명한 점은 이런 종류의 조사가 전적으로 나쁘지는 않다는 것이다. 가장 큰 인텔리전스 제공업체가 뉴스를 지켜보는 이유는 언론과 인텔리전스가 매우 밀접하게 연관돼 있기 때문이다. 현재의 사건은 종종 조직의 인텔리전스 요구에 많은 영향을 미칠 수 있다. 여기서의 핵심은 더 설득력이 있고 자세하게 정의된 뭔가에 집중되지 않은 질문으로 보일 수 있는 것을 골라내는 것이다.

---

5   https://bit.ly/1NGAJBp - 옮긴이

예를 들어 '미국 법무부, 미국 기업을 해킹한 혐의로 중국인 해커를 기소하다^{Chinese hackers infiltrated U.S. companies, attorney general says}'라는 뉴스 기사[6]를 본 이해관계자가 여러분에게 조직과 관련이 있는지를 묻는 경우에 고려해야 할 사항은 다음과 같다.

- 먼저 시간을 들여 기사를 읽고, 영상과 관련된 기사를 살펴봐야 한다. 언급된 그룹과 사람들은 누구인가? 공격자에게만 초점을 맞추지 말고, 피해자와 다른 사람에게도 초점을 맞춰야 한다.

- 이 기사는 특정 공격자 그룹을 논의하고 있다. 그 공격자가 누구인지 아는가?

- 질문은 무엇인가? 크게 시작해서 작게 만들어야 한다. 먼저 기사나 영상에서 언급하고 있는 이름을 살펴보고, 여러분의 회사가 뉴스에 나온 회사가 아니고, 심지어 관련된 회사도 아니라고 말한 후, 좀 더 자세히 알아보는 것이 좋다. 진짜 질문은 '우리가 국가가 지원하는 행위자들의 지적 재산 도용 위험에 처해 있는가?'일 수 있다.

- 침해 여부를 판단하거나 유사한 공격 시도를 확인할 수 있는 방어 수단을 제공하는 데 도움이 될 만한 첩보를 확인해야 한다. 이것이 탐지 단계의 장점이다. 요청한 내용과는 상관없이 탐지 단계를 공식 절차의 일부분으로 만들어야만 단계를 진행하는 데 도움이 되는 첩보를 확인할 수 있다.

이런 유형의 표적 선정은 즉흥적인 (그리고 어떤 경우에는 성가신) 요청이라기보다 첩보를 위한 비공식적인 인텔리전스 제공 요청으로 보는 것이 좋다. 인텔리전스 제공 요청은 외부로부터 조사 주기^{investigation cycle}의 방향을 취하는 절차다. 이 개념은 4장의 뒷부분에서 자세히 다룬다.

---

6   https://cnn.it/2YT5lep, 한국어 관련 기사는 https://bit.ly/31LbfRk 참조 - 옮긴이

다른 사람의 통보를 기반으로 한 표적 선정

팀이 겪을 수 있는 최악의 경험 중 하나는 동료 회사나 법집행기관 또는 브라이언 크렙스[Brian Krebs][7]의 블로그가 여러분 조직의 사고를 신고하는 것이다. 다른 사람[third-party]이 사고를 여러분에게 통보하면, 대부분은 표적으로 선정된 것이다. 이러한 통보는 여러분에게 행위자(또는 적어도 행위자의 몇 가지 조언)와 (바라건대) 몇몇 지표를 제공한다. 여기서부터 (5장, '위치 결정'에서 자세히 설명할) 주어진 첩보를 가장 잘 사용할 수 있는 방법을 파악하는 사고 대응 단계가 시작된다. 통지의 능동적인 표적 선정 부분은 주로 통보에서 얻을 수 있는 다른 항목에 초점을 맞춘다. 많은 첩보를 얻을수록 여러분과 조직이 다음과 같은 몇 가지 특징을 갖고 있다는 것을 보여준다.

- 행동 가능성[Actionability]

- 기밀성[Confidentiality]

- 운영 보안[Operational security]

다른 사람의 통보로 인텔리전스를 공유하는 것은 공유 당사자의 위험을 수반한다. 출처와 방법을 보호하는 것을 알지 못하는 사람에게 첩보를 주는 것과 같이 통제할 수 없는 상황에서는 더욱 어렵다. 결과적으로 첩보를 보호하고(운영 보안과 기밀성) 사용하는 데(행동 가능성) 적절하게 처리한다는 것을 입증하는 일은 첩보를 받는 사람에게 달려 있다.

그 결과, 다른 사람이 처음으로 첩보를 공유할 때, 공격자의 기반 시설 IP 주소와 시간 외에 다른 첩보의 공유를 꺼릴 수 있다. 공유된 첩보를 효과적으로 사용할 만큼 신뢰할 수 있는 사용자라는 것을 알게 되면 더 많은 첩보를 공유할 수 있다. 이런 유형의 상

---

7   The Washington Post의 SecurityFix 칼럼 코너에 글을 썼던 기자로, 현재는 krebsonsecurity.com을 운영하면서 보안과 관련된 기사를 제공하고 있다. – 옮긴이

호 작용은 정보공유분석센터^{ISAC,Information Sharing & Analysis Center8}와 같은 공식 그룹이나 메일링 목록 또는 공유 채팅과 같은 비공식 그룹인 첩보 공유 그룹의 기본 아이디어다. 잘 갖춰진 조직이나 그렇지 않은 조직 모두 이런 유형의 공유 그룹 회원이 됨으로써 첩보를 얻는다. 여러분의 조직은 여러분이 할 수 있는 것을 공유하고, 여러분에게 공유된 것을 할 수 있는지 꼭 확인해야 한다. 조직이 특정 첩보를 좀 더 많이 공유할수록 다른 조직이 좀 더 쉽고 효과적으로 행동할 수 있다.

 조직에서 첩보 공유를 위한 권한을 얻는 데는 많은 어려움이 있다. 대부분의 조직은 다른 보안 팀이나 연구원에게 첩보를 얻는 것을 좋아하지만, 개인이나 그룹과 첩보를 공유하는 것은 꺼린다. 이는 자연스러운 문제지만, 팀은 이 문제를 극복해야만 한다. 이는 '네가 공유하지 않으면, 누구도 네게 공유하지 않을 것이다.'라는 어린 시절의 속담을 떠올리게 한다. 첩보를 공유한다는 것은 법률 팀의 참여하에 첩보를 공유하기 위한 일련의 규정을 개발하는 것을 의미한다.

표적 선정의 우선순위 매기기

여러분은 탐지 단계에서 많은 첩보를 수집하고 분석했을 것이다. 다음 위치 결정 단계로 넘어가기 위해서는 이 첩보들의 우선순위를 매겨야 한다.

즉각적인 요구

이해관계자의 요청에 우선순위를 매기는 가장 간단한 방법 중 하나는 즉각적인 요구^{immediately needs}에 따르는 것이다. 어떤 조직이 특정 그룹의 위협 보고서를 막 공개했는데, 여러분의 정보보호최고책임자가 그의 질문을 하고 있는가? 회사가 공격적인 위협 그룹이 있는 나라에 영향을 미칠 수 있는 의사결정을 하고자 하며, 상황의 평가를 요구

---

8   정보공유분석센터는 사이버 테러나 정보 침해 등에 공동으로 대응하는 곳으로, 회원사 간 정보를 공동으로 보호함으로써 업무의 효율성을 높이고 비용을 절감하는 효과가 있다. 미국이 1998년 금융·통신·국방·교통 등 8개 분야에 ISAC을 운영하면서 시작됐으며, 우리나라는 정보통신기반보호법에 따라 금융감독원 주도하에 금융 ISAC, 통신 사업자를 중심으로 통신 ISAC을 운영하고 있다. 용어 사용 사례에 따라 '첩보공유분석센터'라고 번역해야 하지만, 공식적으로 사용되고 있는 '정보공유분석센터'로 번역했다.
     – 옮긴이

했는가? 즉각적인 요구가 있다면, 그 요구를 우선순위에 둬야 한다.

탐지 활동의 즉각성을 따지는 것은 어려운 일이다. 하지만 실마리를 잡기는 쉽다. 임의의 첩보를 추적하기는 쉽지만, 요구를 처리하는 방식의 민감성을 개발하는 것이 중요하다. 경험이 많은 사고 대응자는 당장 중요해 보이는 표적에 집착했지만, 나중에는 사소한 것임을 알고 있다.

과거의 사고

즉각적인 요구가 없다면, 수집에 우선순위를 매기는 데 시간을 할애할 만한 가치가 있다. 최신 위협이나 공급 업체의 최신 보고서를 파악하기는 쉽지만, 처음 시작해야 할 곳은 여러분 자신의 과거 사고past incident 사례다.

많은 공격자는 기회주의자이므로 취약한 시스템에 일회성 공격을 한다. 이는 핵티비스트hactivist나 덜 세련된 공격자에게 흔히 나타난다. 다른 행위자는 계속 공격하며, 종종 다른 목표에 같은 도구를 재사용하기도 한다. 이러한 그룹을 추적하는 것은 위협 인텔리전스 절차 구현 중에서 가장 유용하다. 이런 과거의 사고들을 분석하면 미래의 공격을 탐지하기 위한 통찰력을 얻을 수 있다.

과거의 사건들을 대상으로 표적을 설정하는 또 다른 이점은 사고 보고서와 직접적인 관찰 그리고 첩보를 지속적으로 얻을 수 있는 (악성 코드와 드라이브와 같은) 미가공 데이터 등 상당한 양의 데이터를 갖고 있다는 것이다. 과거 사고의 세부 사항이나 빠진 부분은 탐지 단계에서 다시 분석할 수 있다.

심각성

이 단계에서 확인한 첩보 중 일부는 수집한 다른 첩보보다 운영에 훨씬 더 큰 영향을 미칠 수 있다. 예를 들어 탐지 단계에서 민감한 네트워크의 측면으로 이동하는 지표를 발견했다면, 그 첩보는 외부 웹 서버 스캔을 수행하는 사람이 누구인지를 알려주는 첩보보다 우선순위가 훨씬 더 높다. 두 가지 모두 조사해야 하지만, 둘 중 하나는 다른 것보다 더 큰 영향력을 갖고 있다. 따라서 우선순위가 높은 것을 먼저 처리해야 한다. 심각성criticality은 조직이 어떤 것을 중요하게 여기는지에 따라 달라질 수 있다.

표적 선정 활동 정리하기

탐지 단계에서는 주요 산출물을 정리하고 자세히 조사하는 방법을 이해해야 한다. 10분이든, 10시간이든 시간을 들여 어떤 첩보를 이용할 수 있는지 자세히 알아보고, 여러분이 잠재적으로 직면할 수 있는 위협을 이해한다면 더 앞으로 나아갈 수 있을 것이다. 방금 수집하고 분석한 모든 첩보를 관리 가능한 형태로 정리해야만 한다.

경성 단서

경성 단서hard leads에는 조사와 구체적인 연관이 있다고 확인된 첩보가 있다. 경성 단서의 범주에 속해 있는 인텔리전스는 확인된 내용과 관련된 내용을 제공한다. 이러한 단서는 네트워크의 일부에서 발견됐으며, 네트워크의 다른 부분과 관련된 활동은 탐지 단계에서 찾아봐야 한다. 사고와 직접 관련된 인텔리전스와 잠재적으로 관련된 인텔리전스를 파악해야 한다. 이때에는 3장, '사고 대응의 기본 원리'에서 설명한 데이터의 출처와 마찬가지로 다양한 유형의 모든 단서가 유용하지만, 모두 다른 방식으로 사용된다.

연성 단서

탐지 단계에서 발견한 많은 첩보는 연성 단서soft leads의 범주에 속한다. 연성 단서는 경성 단서와 관련돼 있다고 확인된 지표나 행동일 수 있지만, 지표가 여러분의 환경에 존재하는지 또는 그 의미가 무엇인지는 살펴보지 않았다. 이는 위치 결정 단계에서 살펴볼 것이다. 연성 단서에는 여러분과 유사한 조직을 공격한 뉴스의 첩보나 충분한 위협이 될 수 있다고 알고 있지만 여러분에게 영향을 미치는지는 알 수 없는, 첩보 공유 그룹이 공유한 첩보 등이 있다. 연성 단서에는 구체적인 첩보보다는 눈에 띄는 활동 패턴을 찾는 행동 경험적 접근^{behavioral heuristics}과 같은 것들도 있을 수 있다. 기술적으로 수행하기 어려운 이런 유형의 검색은 중요한 결과를 만들어낼 수 있으며, 상당한 양의 인텔리전스도 만들어낼 수 있다.

관련된 단서들 분류하기

어떤 단서들이 경성인지 연성인지 구분하는 것 외에 서로 연관돼 있는지를 추적하는 것도 좋은 생각이다. 현재의 사고나 과거의 사고에 경성 단서가 존재하면 종종 위치 결정 단계에서 찾고자 하는 여러 가지 연성 단서를 찾을 수 있다. 이를 피벗팅^{pivoting}이라고 하는데, 하나의 첩보로 여러분에게 관련이 있거나 없는, 여러 다른 첩보를 확인할 수 있다. 초기 단서로 얻을 수 있는 것이 많지 않겠지만, 피벗팅은 매우 중요할 수 있다. 어떤 연성 단서가 경성 단서와 관련돼 있는지, 어떤 연성 단서들끼리 서로 연관돼 있는지를 추적하면 조사 결과를 해석하고 분석하는 데 도움이 될 것이다. 여러분은 이 탐지 단계에서 환경의 위협과 관련된 첩보를 확인하기 위해 많은 노력을 하고 있다. 여러분이 첩보를 어디서 얻었는지 또는 처음에 왜 그 첩보에 신경 썼는지는 기억할 수 없을 것이므로 첩보를 재분석하는 데 시간을 허비하고 싶지는 않을 것이다.

이러한 모든 단서는 다음 단계로 쉽게 나아가고 첩보를 추가할 수 있는 방식으로 저장해야 한다. 이 첩보를 문서로 만드는 데에는 여러 가지 방법이 있다. 많은 팀이 여전히 오래된 엑셀 스프레드시트를 사용한다. 다른 사람들은 (오픈 소스나 상업용 버전의) 위협 인텔리전스 플랫폼^{TIP, Threat-Intelligence Platform}과 같은 도구로 전환했는데, 이 도구에서 지표를 저장하고, 메모와 태그를 추가하고, 때에 따라 지표를 연결할 수 있다. 사고 대응 절차의 이 단계를 문서로 만드는 데 있어 가장 중요한 점은 작업 흐름과 호환되는 것을 찾고, 조사해야 할 내용을 팀이 확인할 수 있다는 사실을 발견하는 것이다. 우리는 많은 팀이 중복된 일을 하거나 업무 조율을 제대로 하지 못해 탐지 단계에서 필요 이상의 시간을 허비하는 것을 많이 봐왔다. 이런 함정에 빠져서는 안 된다! 여러분이 다루고 있는 위협 첩보를 확인하고 문서로 만들었다면, 다음 단계로 넘어갈 준비가 된 것이다.

첩보 저장

7장, '확대'까지는 사고 대응 활동 및 사고 관리 추적을 언급하지 않겠지만, 단서 추적을 주제로 잠깐 논의할 시간은 필요하다. 모든 사고 대응자는 이전에 살펴봤던 단서에서 첩보의 한 부분을 우연히 발견하긴 했지만, 전후 사정과는 관련 짓지 못했다. 단서를 기록하는 것은 혼자 공책에 기록하는 것이라 하더라도 성공을 위한 필수 요소다. 단서를 저장하기 위한 형식은 다음과 같다.

단서

핵심 관찰이나 아이디어

날짜와 시간

첩보가 제출됐을 때(전후 사정이나 서비스 수준 협의서^{SLA, Service Level Agreement 9}를 위해 중요함)

전후 사정

첩보가 발견된 방법(종종 조사에 유용함)

분석가

첩보를 발견한 사람

이러한 접근 방식은 간단하고 쉽지만, 효과적이다. 이러한 단서를 활용하는 것은 반응적이고 사전 대응적인 보안을 위한 출발점이 되며, 많은 경우 진행 중인 사고의 전후 사정과 관련 지을 수 있다.

---

9   https://bit.ly/2NcHDrU 참조 – 옮긴이

인텔리전스 제공 요청 절차

인텔리전스 제공 요청은 단서와 유사하게 팀의 사고 대응이나 인텔리전스 주기로 방향을 전환하는 과정이다. 이 과정은 요청을 일관되게 만들고, 요청의 우선순위를 매길 수 있으며, 분석가에게 쉽게 전달하기 위한 것이다. 인텔리전스 제공 요청은 (문서의 문장이나 링크만 있는 것처럼) 간단할 수도 있지만, (가상 시나리오나 여러 경고를 포함하는 것처럼) 복잡할 수도 있다. 모든 양호한 인텔리전스 제공 요청은 다음을 포함해야 한다.

요청

요청은 반드시 질문의 요약이어야 한다.

요청자

여러분은 첩보를 누구에게 보내야 하는지 알 것이다.

산출물

산출물은 여러 가지 형태를 취할 수 있다. 원하는 산출물이 IOC인가, 요약된 문서인가, 발표인가?

참고 문헌

질문이 문서를 포함하거나 문서에서 영감을 받은 경우, 문서를 공유해야 한다.

우선순위 또는 만기일

우선순위나 만기일^{Due date}은 어떤 것을 언제 완료해야 하는지 결정하는 데 필요하다.

이외에도 인텔리전스 제공 요청 절차는 조직 내에서 적절하고 실행 가능해야 한다. 이해관계자가 쉽게 포털이나 이메일로 요청하고, 다시 첩보를 받을 수 있도록 해야 한다. 많은 양의 비공식 인텔리전스 제공 요청으로 업무 초과가 자주 발생한다면, 작업량 관리에 가장 좋은 방법 중 하나는 공식적인 시스템을 설치하는 것이다. 인텔리전스 제공 요청, 특히 인텔리전스 보고서는 9장, '배포'에서 좀 더 자세히 설명한다.

결론

탐지 단계는 F3EAD 절차에서 중요한 단계로, 여러분이 찾고 있는 것을 확인하는 데 도움이 된다. 탐지는 종종 표적 선정과 같으며, 인텔리전스 주기의 요구사항, 목적 단계와 밀접하게 연관돼 있다. 여러분의 임무가 무엇인지 또는 여러분이 어떤 위협을 다루고 있는지 모른다면, 제대로 탐지하지 못할 것이다. 탐지는 주기에서 다른 운영 중심의 단계를 설정한다. 여러분은 각 프로젝트의 탐지 단계에서 같은 시간을 쓰지 않을 것이다. 때로는 탐지 단계가 완료되며, 다른 때에는 작은 양만 수행되며, 또 다른 때에는 탐지 단계가 같은 위협의 다른 측면에 초점을 맞춘 팀 내의 여러 사람이 참여하는 긴 작업이다. 여러 사람이 참여하는 작업이라면 여러분이 정확히 찾고 있는 것이 포함된 복잡한 표적 선정 패키지를 사용해 탐지 단계로 들어갈 수 있도록 조직화하고, 문서로 만들고, 단서의 우선순위를 정해야 한다.

우리가 찾고 있는 사람과 대상이 무엇인지를 알게 됐으므로 사고 대응의 기술적인 조사 단계를 알아볼 차례다. 이를 '위치 결정'이라고 한다.

5장

위치 결정

"너의 적이 실수를 하고 있을 때, 절대 방해하지 말라."

— 나폴레옹 보나파르트^{Napoleon Bonaparte}

우리는 단지 인텔리전스를 갖고 있다고 말하기 위해 인텔리전스를 수집하는 것이 아니다. 핵심은 인텔리전스가 전략적 계획 수립^{strategic planning}을 포함하는 조치를 할 수 있도록 하거나 사고 대응 절차를 지원하기 위한 것이다. 인텔리전스는 다음과 같은 방법으로 사고 대응을 지원한다.

- 개선된 경고 기준을 만들어 더 나은 시작점을 제공

- 대응 절차에서 확인한 첩보의 전후 사정 관련 짓기

- 공격자와 방법론 및 전술의 이해

이전에 확인한 인텔리전스나 위협 데이터를 사용해 여러분의 환경 또는 외부에서 공격자의 위치를 확인하는 절차를 '위치 결정'이라고 한다. F3EAD의 위치 결정 단계에서는 탐지 단계에서 수집한 모든 인텔리전스가 네트워크에서 공격자의 활동 징후를 추적하는 데 사용된다. 5장에서는 IOC, 전술과 기술 및 절차로 알려진 공격자 행위 지표^{adversary behavioral indicators} 그리고 공격자 목표와 같은 세 가지 방법을 사용해 공격자 활동 위치를 결정하는 방법을 설명한다.

우리가 5장에서 다룰 주제가 이미 책으로 나와 있기 때문에 글을 쓰기가 어려웠다. 이 주제는 포괄적이지 않다. 여러분이 악성 코드 분석을 배우고 싶다면 이 책뿐 아니라 여러 책을 읽어야 한다. 또한 위치 결정에서의 많은 접근 방식은 조직에서 사용하는 기술에 따라 다르다. 예를 들어 맥과 리눅스의 메모리 분석은 유사하지만, 윈도우의 메모리 분석은 크게 다르다. 우리는 인텔리전스의 응용에 초점을 맞추기 위해 (특히 이러한 기술과 훌륭한 위협 인텔리전스의 공통점에 초점을 맞춘) 사고 대응의 중요한 핵심 개념을 다룰 것이며, 기술 자체를 학습하기 위한 자원을 요청할 것이다.

침입탐지

인텔리전스를 이용하면 침입을 다양한 방법으로 탐지할 수 있다. 그러나 침입탐지에 인텔리전스를 사용하는 것은 그리 간단한 일이 아니다. 그 이유는 침입이 다양한 방법으로 이뤄질 수 있을 뿐 아니라 공격자의 움직임을 탐지할 수 있는 곳도 다양하기 때문이다. 보안에 임하는 자세와 내부 가시성internal visibility 또한 공격자의 활동을 확인할 수 있는 위치를 결정할 수 있다.

침입을 탐지하기 위해 사용하는 두 가지 주된 방법은 공격자의 내부 네트워크와 외부 네트워크 통신의 징후를 찾는 네트워크 경고network alerting와 엔드포인트에서 공격자의 존재 지표를 찾는 시스템 경고system alerting다.

네트워크 경고

네트워크 경고의 예로는 악의적인 활동을 보여주는 네트워크 트래픽을 확인하는 작업을 들 수 있다. 킬 체인의 몇몇 단계에서는 공격자와 피해자 장치 간에 통신이 발생하는데, 인텔리전스를 사용하면 이 통신 활동을 확인할 수 있다. 다음과 같은 네트워크 트래픽을 사용하면 이 통신 활동을 확인할 수 있다.

- 정찰

- 배달

- 명령 및 제어 그리고 측면 이동

- 표적 활동

그러나 이러한 모든 경고 방법이 똑같이 효과적인 것은 아니다. 어떤 상황에서 유용하고, 언제 사용하면 안 되는지 등의 논의를 포함해 이런 활동을 더 깊이 들여다보자.

정찰 경고

정찰 경고가 시작하기에 가장 좋은 주제인 것 같다. 여러분의 네트워크에 관심이 있는 잠재적인 공격자를 미리 확인할 수만 있다면 공격을 완벽하게 막을 수 있다. 그러나 불행하게도 정찰 경고는 가능하지만, 일반적으로 가치가 없다. 그 이유는 잠재적인 정찰 이벤트의 양과 관련이 있다. 방화벽을 실행하지 않은 채로 인터넷에서 직접 시스템을 운영해본 경험이 있다면, 그 이유를 알고 있을 것이다. 공격적인 스캐닝은 끊임없이 진행되고 있으며, 일부는 악의적이지만 또 일부는 합법적인 연구 활동이다. 방어자가 스캐닝을 측정 지표로 사용한다면 엄청난 양의 사이버 공격이 발생하고 있다고 주장할 수 있는데, 대부분은 실제 위협과 관련이 없는 자동화된 정찰 도구에 의한 스캐닝이다.

간단히 말해, 모든 Nmap 도구의 스캔이나 DNS 영역[1] 전송 시도를 경고한다면, 여러분은 어떠한 구체적인 조치도 취하지 못한 채 대량 그리고 낮은 신호 잡음의 경고에 파묻힐 것이다.

그렇다고 정찰 첩보reconnaissance information를 수집하는 것이 아무런 쓸모가 없는 것은 아니다. 고급 사례에서 정찰 첩보는 6장, '종결'에서 설명할 기만 공격 활동deception campaign을 시작할 수 있는 이상적인 위치를 만들어준다.

---

1   도메인을 관리하는 단위(좀 더 자세한 내용은 https://bit.ly/2Hpa02z 참조) – 옮긴이

배달 경고

경고에 초점을 맞춘 첫 번째 위치는 배달 단계다. 배달은 (피싱을 위한) 이메일이나 (워터링 홀 공격을 위한) 웹 사이트 또는 (웹 애플리케이션이나 데이터베이스 또는 다른 서비스 접근을 위한) 웹 서비스 침해를 의미한다.

배달 경고 능력은 사용할 수 있는 기술에 따라 달라진다. 이메일은 경고하기 어려운 것으로 악명 높으며, 주로 특수 제작된 도구나 기존 도구를 많이 수정해야 한다. 이메일과 관련된 세 가지 주된 관심사는 첨부 파일과 링크 그리고 메타데이터다.

첨부 파일

지난 몇 년 동안 가장 일반적인 형태의 배달은 첨부 파일로, 취약점 공격이 가능한 소프트웨어가 미리 설치된 문서다(화면 보호기와 같이 사용자를 유인하기 위한 이름을 가진 취약점 공격을 할 수 없는 사회공학적 애플리케이션nonexploit social-engineering application 또한 일반적인 배달의 형태다). 어도비 아크로뱃과 마이크로소프트 오피스 파일도 많이 사용된다. 조직은 파일 이름과 파일 형식, 파일 크기 또는 내용 검사를 기준으로 첨부 파일에 관한 경고를 할 수 있다. 그러나 첨부 파일을 내장embedding하거나 압축하는 등 여러 방법을 사용할 수 있으므로 마지막 기술인 내용 검사는 까다로울 수 있다.

링크

어떤 경우에는 이메일의 악성 링크가 사용자를 악성 코드 유포 웹 페이지로 유도한 후, 브라우저의 취약점을 공격한다. 또한 사회공학 공격은 링크를 사용해 사용자를 가짜 로그인 페이지로 보내고 (다음에 보충 설명할) 자격 증명 재사용 공격credential reuse attack을 위해 사용자 이름과 패스워드를 수집할 수 있다.

메타데이터

이메일 자체에는 조직에서 경고할 수 있는 많은 유형의 메타데이터가 있지만, 이러한 데이터 조각은 종종 일정하지 않다. 악성 이메일 메타데이터에 경고를 하기는 쉽지만, 공격자는 이런 메타데이터를 간단히 수정할 수 있다. 즉, 보낸 사람의 이메일 주소와 보낸 사람의 IP 주소, (특히 패턴으로 보이는) 중간 중계 서버intermediate transit server 그리고 사용자 에이전트 데이터와 같은 첩보를 추적하는 것은 모두 경고에 유용할 수 있다.

이러한 일반적인 방법과는 별도로 활동을 시작하는 공격자의 새로운 방법이나 독특한 방법을 확인한다는 것은 침입의 배달 단계를 탐지할 수 있는 방법을 찾아낼 수 있다는 것을 의미한다.

자격 증명 재사용

Verizon의 데이터 유출 조사 보고서[2]에 따르면, 자격 증명 재사용은 공격자가 여러분의 네트워크에 접근하거나 이동하기 위한 최고의 방법 중 하나라고 한다. 이 말이 맞는 이유는 공격자가 사용자 이름과 패스워드를 얻는 것이 어렵지 않기 때문이다.

공격자가 약한 패스워드와 패스워드 재사용 그리고 수많은 공개 패스워드 덤프(dump)를 사용하면 네트워크에 들어갈 수 있는 자격을 쉽게 얻을 수 있다. 공격자가 내부에 있다면 추가 자격 증명을 얻는 더 쉽다. 더욱이 많은 피싱 공격은 네트워크에 접근하기 위한 사용자의 자격 증명을 얻기 위한 것이다.

자격 증명 재사용 모니터링은 어려울 수 있다. 합법적인 사용자의 자격 증명 재사용 행위는 눈에 잘 띄지 않는다. 적절한 시스템을 갖추고 있다면, 자격 증명 재사용을 탐지할 수 있다. 탐지 방법 중 하나는 이상한 장소에서 로그인하는 행위를 찾는 것이다. 예를 들어 앨리스(Alice)는 샌디에이고에서 일을 하는데, 이탈리아에서 로그인한다면 뭔가 잘못됐다는 조짐일 수 있다. 더욱이 이상한 시간이나 동시 로그인 또한 뭔가 이상한 일이 일어나고 있다는 조짐일 수 있다. 자격 증명 재사용 활동이 진행되고 있을 때, 의심스러운 로그인을 탐지할 수 없더라도 여러분이 사고 대응 상태에 있으면서 네트워크에 공격자가 있다는 것을 알고 있다면, 여러분은 의심스러운 활동을 찾기 위해 로그를 사용할 수 있고, 추가 조사를 위해 이 계정에 플래그를 지정할 수 있으며, 종결 단계에서 패스워드를 재설정할 수 있다.

명령 및 제어 경고

마지막으로 공격자는 본인의 시스템과 통신해야만 한다. 배달 단계와 명령 및 제어 단

---

2   https://vz.to/2USiMeb – 옮긴이

계 사이에는 많은 일이 일어나지만, 이것들은 모두 시스템 수준에서 가장 쉽게 탐지할 수 있다. C&C^{Command and Control}라는 명령 및 제어는 공격자가 악성 코드와 상호 작용해 작전을 수행하는 것을 말하는데, 이는 반드시 네트워크 통신으로 진행된다.

명령 및 제어 통신에서는 몇 가지 공통된 특징을 찾을 수 있다.

대상

가장 쉽고 간단한 접근 방식이다. 수백 개의 위협 인텔리전스 제품은 IPv4 주소 및 도메인 측면에서 나쁜 것으로 알려진 위치^{known bad location}의 목록을 추가하는 데 중점을 두고 있다. 많은 도구를 사용한다면 나쁜 것으로 알려진 대상^{known bad destination}을 블랙리스트로 만들어 경고할 수 있다. 또한 지리적 위치를 알 수 없거나 예상하지 못한 지리적 대상을 확인하는 용도로 사용할 수 있다. 예를 들어 '프린터 서버가 왜 X라는 나라에 연결됐을까?'라는 의문이 들 수 있다.

콘텐츠

대부분의 악성 코드는 탐지되지 않도록 암호화된 메시지로 통신한다. 이로써 전송되는 콘텐츠를 파악하는 것이 더욱 어려워졌지만, 방어자들은 암호화된 메시지로 통신하지 않는 곳에서 이 메시지를 찾으면 된다. 암호화된 메시지를 보내기 위해 일반적으로 암호화되지 않는 TCP 80번 포트로 암호화된 HTTP 트래픽을 보내는 것처럼, 많은 악성 코드가 일반적인 프로토콜을 오용하고 있다. 이러한 내용과 프로토콜의 불일치는 우리에게 큰 도움이 될 수 있다. 메타데이터 또한 공격자가 고려하지 않는 상당히 일반적인 종류의 콘텐츠라고 할 수 있다. 예를 들어 의심스러운 메타데이터는 항상 같은 사용자 에이전트 문자열 또는 공통 헤더를 사용한다.

빈도수

공격자가 공개적인 서버를 인수하지 않는 한, 악성 코드를 라우팅할 수 없으므로 공격자는 마음대로 악성 코드와 통신할 수 없다. 대부분의 악성 코드는 내부 네트워크의 호스트에서 비컨이라는 명령 및 제어 서버와 연결된다. 이런 연결은 일정한 간격으로 발생하는데, (일반적으로 악성 코드를 사용하고 있는 경우) 주로 몇 분 단위로 통신하며, (일반적으로 처음 설치한 악성 코드가 제거된 경우 다시 감염시킬 수 있도록) 2개월마다 통신하기도 한다. 종종 통신의 빈도^{frequency}에서 패턴을 확인하고 그것을 찾아낼 수도 있다.

지속 기간

대부분의 악성 코드는 똑똑하지 않으며, 전송하는 메시지 또한 그다지 흥미롭지 않다. 어떤 경우에는 메시지가 암호화됐더라도 많은 콘텐츠가 담겨 있지 않을 수도 있다. 이런 일이 많이 발생하면 항상 바이트의 길이가 일정한, 운영과 관련 없는 메시지와 같은 패턴이 드러날 수도 있다.

조합

하나의 특성만으로는 충분하지 않지만, 여러 특성을 조합^{Combination}하면 의미가 있을 수도 있다. 패턴을 개발해 탐지할 방법을 찾기 위해서는 시간과 인식 그리고 약간의 행운이 필요하다.

알려진 악성 IP 주소나 도메인과 같이 명령 및 제어와 관련된 지표에 경고를 할 수도 있다. 그러나 명령 및 제어 행위의 특성을 더욱 많이 알 수 있다면, 대상 그 자체가 악의적이라는 것을 모르더라도 의심스러운 트래픽에 경고를 할 수 있다.

공유 자원의 오용을 활용한 명령 및 제어 명령 및 제어는 종종 유행을 탄다. 예를 들어 2000년대 후반에는 대부분의 범죄 악성 코드가 명령 및 제어를 위해 인터넷 채팅을 이용했다. 방어자는 일반적인 IRC 포트인 TCP 6666~7000번 포트에 경고를 하거나 차단해 잡아냈다. 따라서 공격자는 IRC를 위해 TCP 80번 포트로 이동했고, 따라서 쫓고 쫓기는 게임을 지속했으며, 이것이 주류가 됐다. 현재 유행하고 있는 명령 및 제어 방법 중 하나는 소셜 미디어와 서비스형 소프트웨어^{SaaS, Software as a Service} 사이트를 이용하는 것이다. 언제 어디서나 보안 소켓 계층^{SSL, Secure Socket Layer}을 사용할 수 있으므로 이런 트래픽을 조사하는 것은 어려우며, 대상 자체가 악의적이지 않기 때문에 탐지하거나 대응하기도 어렵다. 공유 자원을 여러 가지 방법으로 사용할 수 있는 서비스형 플랫폼^{PaaS,} $^{Platform\ as\ a\ Service}$ 회사에서는 더욱 복잡해질 수 있으므로 유해하지 않은 트래픽에서는 일반화된 프로파일을 만들기 어렵다.

명령 및 제어 악성 코드가 없는 악성 코드 명령 및 제어 코드가 전혀 없는 악성 코드도 있다. 악성 코드는 배달되기 전에 어떻게 행동해야 하는지에 관련된 모든 지침을 내장하고 있어야 하므로 변경이나 업데이트 없이는 목적을 달성할 수 없다. 이런 경우, 주로 에어 갭 네트워크와 같이 필요한 때에만 변경이나 업데이트가 이뤄진다. 따라서 악성 코드가 실행되기 전에 악성 코드의 위치를 알기 위해서는 상당한 정찰이 필요하다. 이런 경우, 탐지를 하기 위해서는 표적을 대상으로 하는 배달과 행위에 집중해야 한다.

목표의 행위 경고

네트워크에서 목표의 행위 탐지는 명령 및 제어 탐지와 마찬가지로 네트워크에 드나드는 데이터를 나타내는 비정상적인 트래픽 패턴에 초점을 맞춘다. 네트워크로 들어오는 데이터는 잘 보이지 않는다. 그러나 이상한 데이터가 많아지면 더 많이 볼 수 있을 것이다. 비정상적인 트래픽 중에서 가장 흔한 것이 데이터 유출이다.

데이터 유출은 많은 공격의 목표, 특히 지적 재산의 침해와 절도에 초점을 맞춘 공격의 목표가 되는 경우가 많다. 각 공격자는 선호하는 데이터 유출 방법을 갖고 있지만, 결국 모두 같은 목표를 달성해야 한다. 즉, 피해자의 시스템에서 공격자가 제어하는 시스템에 이르기까지 (수십 줄의 코드에서 수백 기가바이트까지) 많은 첩보를 얻는 것이다. 데이터를 유출하는 방법은 다양하지만, 최종 목표는 같다.

방어자는 데이터 유출을 탐지하기 위해 몇 가지 접근 방식을 사용할 수 있다. 그중 하나는 콘텐츠에 집중해 데이터 손실 방지 도구를 만드는 것이다. 예를 들어 이 탐지 기법은 신용카드 정보의 절도를 막기 위해 4개의 숫자 그룹 4개(신용카드 번호)에 이어 3개의 숫자(카드 인증 값$^{CVV,\ Card\ Verification\ Value}$ 또는 카드 보안 코드) 그리고 달/연 숫자 조합(만료 날짜)을 검색하는 것을 말한다. 겉으로 보기에 이 기술은 간단해 보이지만, 문제는 세부 사항 속에 숨어 있다. 신용카드 번호가 한 파일에 4개의 숫자로 나눠져 있고, 날짜는 다른 파일에 있다면 어떨까? 카드 인증값이 숫자 대신 문자로 대체되는 방식을 사용해 123 대신 ABC로 전송된다면 어떨까? 공격자가 SSL을 사용해 카드 번호를 검색하는 패킷 스니핑 도구를 차단한다면 탐지는 더욱 어려워질 것이다.

방어자가 취할 수 있는 두 번째 방법은 네트워크 연결 주변의 메타데이터에 집중하는 것이다. 공격자가 5기가바이트 용량의 신용카드 데이터를 훔쳤다면, 공격자는 (압축을 무시한다면) 데이터를 암호화했더라도 5기가바이트 용량의 데이터를 전송해야만 한다.

네트워크 활동를 바탕으로 악의적인 지표를 결정하는 것은 네트워크에서 일어나고 있는 상황을 파악하고 공격자를 더 잘 알 수 있는 좋은 방법이다. 그러나 이것이 유일한 방법은 아니다. 이어서 시스템 관점에서 악의적인 활동의 위치 결정을 설명한다.

시스템 경고

네트워크 모니터링에서 부족한 점을 보완할 수 있는 것이 시스템 모니터링이다. 네트워크 경고가 킬 체인의 특정 관점에 초점을 맞춘 것과 마찬가지로 시스템 경고도 다음과 같은 영역으로 나눌 수 있다.

- 취약점 공격

- 설치

- 표적 활동

시스템 경고는 항상 운영 체제에 따라 달라진다. 드물긴 하지만, 대부분의 오픈 소스와 상업용 도구는 특정 운영 체제에 초점을 맞추고 있다. 대부분의 보안 경고는 프로세스 관리와 메모리 관리, 파일 시스템 접근 등과 관련해 운영 체제의 최하위 수준에서 경고 해야 하므로 운영 체제에 의존할 수밖에 없다.

따라서 대상 운영 체제와 여러분이 사용할 도구의 관점에서 시스템 경고를 위한 인텔리전스 통합 방법을 신중하게 고려해야 한다. 예를 들어 일부 문자열 기반 지표^{string-based} indicator는 여러 시스템에서 유용하지만, 레지스트리 키는 윈도우 운영 체제에서만 유용한 지표다. 이와 동시에 상업용 백신 프로그램과 같은 도구는 직접적인 콘텐츠 통합을 허용하지 않지만, osquery[3]와 같은 오픈 소스 도구는 콘텐츠를 개발하지 않고서는 사용할 수 없다.

취약점 공격 경고

(백신 분야와 같은) 전체 산업계는 취약점 공격을 경고하고, 해당 공격을 차단한다는 아이디어에 기반을 두고 있다. 취약점 공격은 제어가 방어자에게서 공격자에게로 넘어가는 곳이므로 경고를 하기에 자연스러운 위치다. 공격자가 취약점 공격을 시작하면, 방어자의 자원 운용에 영향을 미치게 된다.

취약점 공격은 일반적으로 다음 두 가지 주요 방법 중 하나로 나타난다.

- 사용자 시스템에서 공격자가 생성하고 제어하는 새로운 프로세스가 실행된다.

- 사용자가 제어하는 프로세스를 수정해 다른 뭔가를 수행한다.

취약점 공격을 달성하는 방법은 다양하지만 결과는 같다. 즉, 침해당한 시스템이 공격자의 통제하에 놓이게 되는 것이다. 취약점 공격을 경고하기 위한 주된 방법은 실시간으로 이런 활동을 추적하고, 다른 시점에서 시스템의 프로세스를 관찰하고 그 변화를 확인하는 것이다. 예기치 않은 활동 지표는 침입 여부를 알려준다. 이에는 기본 바이너리의 수정과 잘못된 디렉터리에서 실행되는 애플리케이션 또는 심지어 rundll32.exe 파일 이름에서 문자 l을 숫자 1로 바꿔 ruld1132.exe처럼 언뜻 보기에 파일 이름이 유사하게 보이게 함으로써 분석가를 혼란에 빠뜨릴 수 있는 프로세스가 있다. 알 수 없거나 이전에 볼 수 없었던 프로세스는 시스템에서 경고하기에 좋은 지점이다.

---

3   https://osquery.io/ - 옮긴이

설치 경고

설치는 시스템 경고의 핵심이다. 공격자가 피해자의 시스템에서 코드 실행을 제어(자신의 코드를 실행할 수 있음)할 수 있다 하더라도 이것이 끝은 아니다. 일반 사용자의 프로세스를 수정했든, 코드를 실행해 만든 것이든 취약점 공격을 받은 프로세스[exploited process]는 결국 종료될 것이며, 프로세스가 종료되면 공격자는 시스템에서 자신의 발판을 잃어버리게 된다.

따라서 공격자는 취약점 공격의 다음 단계로 접근을 유지할 수 있는지 확인한다. 단일 시스템의 피싱 스타일 공격에서 접근을 유지한다는 것은 일반적으로 지속성을 유지하고 공격자가 목표를 실행하는 데 사용할 수 있는 능력을 추가하는 두 번째 단계의 설치를 의미한다. 이러한 기능은 종종 원격 접속 트로이 목마라는 모듈식 도구나 루트킷에 포함돼 제공된다. 우리는 탐지 단계에서 행위자가 주로 사용하는 도구 첩보를 확인해야만 했다. 행위자가 주로 사용하는 도구의 첩보는 위치 결정 단계에 도움이 될 수 있다.

표적 대상 활동 경고

공격자는 원하는 결과에 따라 목표를 수행하기 위해 특정 자원에 접근해야 한다. 표적의 활동은 생성[Create], 읽기[Read], 갱신[Update] 그리고 삭제[Delete]로, 이런 활동의 머리글자를 따서 CRUD라고 한다.

생성

　　디스크에 원본 자료를 새 파일로 쓰기

읽기

　　시스템에서 현재 파일 읽기

갱신

　　시스템에서 이미 존재하는 파일의 콘텐츠를 변경

삭제

일반적으로 나중에 복구되지 않도록 추가 단계를 사용해 시스템에서 파일 삭제

어떤 경우에는 공격자가 한 번에 2개 이상의 작업을 수행해 좀 더 복잡한 결과를 얻을 수 있다. 크립토락커cryptolocker 스타일의 공격은 다음 세 가지 작업을 빠르게 수행한다.

읽기

크립토락커 악성 코드는 시스템의 모든 개인 파일을 읽는다.

생성

읽은 모든 파일을 하나의 새로운 파일로 만들 때, 공격자의 암호키를 사용해 암호화한다.

삭제

크립토락커 악성 코드는 암호화되지 않은 사용자의 원래 파일을 삭제해, 사용자가 원래의 파일에 접근하려고 할 때 몸값을 지급하도록 한다.

쉽고 간단하며, 매우 효과적이다.

크립토락커 공격은 한 예이지만, 표적의 활동은 공격에 따라 크게 달라진다. 예를 들어 공격자는 가장 일반적인 지능적 지속 가능 위협APT, Advanced Persistent Threat 공격 목적 중 하나인 지적 재산을 훔칠 목적으로 네트워크에서 데이터를 유출하기 위해 데이터를 읽을 수 있다. 다른 예로, 공격자는 간단히 모든 파일 (또는 키 파일)을 삭제해 시스템의 자원을 사용할 수 없게 만들 수도 있다. 마지막으로 공격자는 네트워크 내에서 피벗팅하거나 서비스 거부DoS, Denial of Service 공격 시작과 같은 추가 공격을 위해 시스템을 사용하는 새로운 애플리케이션을 생성할 수도 있다.

파일을 생성하고, 읽고, 갱신하고, 삭제하는 것이 일반적인 활동이기 때문에 이러한 공격 활동의 경고는 복잡하다. 이런 경고는 공격자가 취할 행동을 파악하는 데 달려 있다. 공격자가 은행에서 돈을 훔칠까봐 걱정된다면, 원장에 접근하는 활동을 지켜봐야 한다.

공격자가 지적 재산을 노린다면, 네트워크에 많은 파일이 업로드되는 것을 확인하거나 디스크에 큰 파일이 만들어지고 있는지를 확인해야 한다. 이를 위해서는 공격자와 같은 사고력과 창의력 그리고 경험의 조합이 필요하다.

탐지 단계에서 위협 행위자로부터 찾은 첩보와 네트워크에서 악의적인 활동을 탐지하는 방법의 첩보를 함께 사용함으로써 우리의 환경에서 공격자의 흔적을 찾을 방법을 알 수 있게 됐다.

GLASS WIZARD 위치 결정하기

4장, '탐지'에서는 GLASS WIZARD라는 행위자 킬 체인을 만들었다. 이제 이 단계에서 공격자의 도구와 활동을 더 많이 알기 위해 이 첩보를 이용할 수 있다. 우리는 GLASS WIZARD가 도구를 전달하기 위해 스피어 피싱과 전략적 웹 침해와 같은 방법을 사용하고, 접근을 유지하고, 호스트 컴퓨터와 상호 작용하기 위해 Hikit과 Derusbi, ZOX 도구 제품군과 같은 추가 도구를 설치한다는 것을 알았다. 또한 GLASS WIZARD는 일반적으로 경제와 환경 그리고 에너지 정책과 관련된 첩보를 찾으며, 종종 원하는 첩보를 찾기 위해 네트워크에서 많은 호스트 컴퓨터를 침해한다는 것도 알고 있다. 이 첩보를 이용하면 활동 유형의 계획을 수립할 수 있다. 다음 절에서는 우리가 찾고자 하는 활동 유형을 설명한다.

네트워크 활동

GLASS WIZARD 활동을 탐지하는 동안의 네트워크 활동 유형은 다음과 같다.

스피어 피싱 이메일

메일 로그에서 GLASS WIZARD와 관련된, 보낸 사람, 제목, 첨부 파일 이름을 검색한다. 또한 이러한 스피어 피싱 공격 활동의 세부 인텔리전스를 사용자에게 알린다면 사용자들이 이전에 이와 유사한 메일을 본 것을 기억해 보안 팀에 신고할 수 있으며, 향후 스피어 피싱 이메일을 경계할 것이라고 확신할 수 있다.

웹 침해

GLASS WIZARD가 침해한 웹 사이트에서 방문이나 방문 시도의 웹 로그를 검색한다. 이 단계에서는 범위 지정scoping이 중요하다. 웹 사이트가 침해당한 것으로 확인돼 개선remediation을 했다면 해당 사이트가 침해당한 것으로 알려진 시간 내에서만 사이트의 활동을 검색한다.

명령 및 제어 활동

명령 및 제어 활동을 위해 GLASS WIZARD가 일반적으로 사용하는 도구를 확인하면 어떤 활동을 찾아야 하는지 쉽게 알 수 있다. 이 시점에서 행위자의 도구와 동작 방식을 완전히 이해하려면 추가 연구가 필요하다. 예를 들어 ZOX 제품군은 PNG 이미지를 사용해 명령을 하거나 제어 서버와 통신하는 것으로 알려져 있다.

시스템 활동 이제 우리는 네트워크에서 무엇을 찾고 있는지 자세히 알게 됐으므로 다음과 같이 의심스러운 활동을 조사하는 절차를 시작할 수 있다.

취약점 공격

몇몇 행위자는 특정 취약점을 사용해 취약점 공격을 하는 것으로 알려져 있으므로 어떤 취약점이 표적이 되는지와 네트워크에서 해당 취약점이 어디에 존재하는지를 파악할 수 있다면 공격자의 활동을 찾을 수 있는 좋은 출발점이 될 수 있다. GLASS WIZARD는 인터넷 익스플로러의 취약점인 CVE-2013-3893을 악용한 것으로 보이기 때문에 이 취약점이 있는 시스템을 파악하고, 위치 결정 단계에서 확인한 추가 취약점 공격 징후를 찾아야 한다.

설치

행위자가 주로 사용하는 도구와 해당 도구의 동작 방식을 알 수 있다면, 어떤 도구가 여러분의 네트워크에서 효과적일지를 알 수 있다. GLASS WIZARD는 피해자의 네트워크 지형에 따라 Hikit의 32비트 버전과 64비트 버전을 모두 사용할 수 있으므로 네트워크를 잘 알고 있다면 이 단계에서 무엇을 찾아야 하는지 알 수 있다.

설치 중에 생성되는 파일과 해당 파일이 있는 디렉터리를 확인해야 한다.

우리는 GLASS WIZARD가 경제와 환경 그리고 에너지 정책의 첩보를 찾고 있다는 것을 알고 있으므로 이런 유형이 첩보가 있는 시스템을 알고 있다면, 해당 시스템에서 접속하고, 수집하고, 전송한 모든 파일의 징후를 찾을 수 있다. 그러나 이 행위자가 해당 파일을 찾기 위해 네트워크를 은밀하게 이동해야 하므로 많은 호스트에 행위자의 흔적을 남길 수 있다는 것을 알고 있다. 따라서 우리는 일반적인 목표라고 생각하지 않는 다른 시스템에서도 네트워크에서 측면 이동한 흔적을 찾을 수 있다.

우리는 탐지 단계에서 어떤 첩보를 네트워크와 환경에 적용할 수 있는지 잘 알고 있으므로 네트워크에서 GLASS WIZARD의 활동을 확인하는 단계로 넘어갈 수 있게 됐다. 이런 확인 과정은 다음에 자세히 소개할 트래픽 분석과 메모리 분석 그리고 악성 코드 분석과 같은 활동을 포함한다.

침입 조사

경고와 조사 작업은 같은 도구를 다른 방식으로 사용하기 때문에 두 작업을 따로 구분하기는 어렵다. 경고가 가장 작은 특정 데이터 비트를 찾아 악성 활동을 차단해 활동을 낮추는 것이라고 한다면, 조사는 전후 사정을 파악하기 위해 최대한 많은 데이터를 얻은 후, 정교한 분석으로 데이터를 축소하는 것이라고 할 수 있다. 이러한 확장(수집과 처리)과 축소(분석과 보급) 작업은 보안 분석security analysis과 인텔리전스 분석 모두에서 이뤄진다.

다음으로 침입 조사 기법과 도구의 주요 측면을 알아보자. 이는 그 자체로 하나의 주제다. 이 주제를 처음 접한다면, 제이슨 루트겐스Jason Luttgens 등이 출간한 『Incident Response & Computer Forensics 3rd Edition』(McGraw-Hill, 2013)을 추천한다.

네트워크 분석

대부분 침입 조사의 출발점은 네트워크에서의 사냥이다. 불행하게도 대부분의 사고는 내부에서 발견되지 않는다. 많은 사고는 다른 사람이 명령 및 제어 IP 주소를 보고하면서 발생한다.

네트워크 트래픽 분석은 도구와 트래픽 양의 조합을 기반으로 하는 주요 기술로 나눌 수 있다.

트래픽 분석
메타데이터를 사용해 공격자의 활동 파악하기

시그니처 분석
나쁜 것으로 알려진 패턴known bad pattern 찾기

전체 콘텐츠 분석
모든 단일 패킷을 사용해 공격 파악하기

다음 절에서는 각각의 분석 방법을 자세히 살펴본다. 트래픽 분석부터 살펴보자.

트래픽 분석

트래픽 분석Traffic analysis은 컴퓨터 네트워크에만 한정된 것이 아니다. 이는 주로 무선 송신을 분석하기 위해 개발됐으며, 많은 기술이 제1차 세계대전[4] 때 개발됐다. 트래픽 분석은 통신 자체의 내용뿐 아니라 적이 통신하는 패턴인 메타데이터를 기반으로 적의 활동을 확인하는 것까지 포함한다. 결과적으로 이 기술은 매우 적은 데이터(메가바이트 용량의 전체 활동 콘텐츠는 100바이트 정도의 메타데이터를 만들어냄)를 사용해 다음과 같은 첩보를 추적한다.

---

4   공개된 'The Origination and Evolution of Radio Traffic Analysis: The World War I Era' 문서는 https://bit.ly/2ZrWoP0 참조 – 옮긴이

- (IP 주소나 도메인의) 엔드포인트

- 포트 번호

- 입출력 바이트

- 연결된 거리와 시작·종료 시각

우리는 이러한 메타데이터의 그룹을 네트워크 흐름^{network flow}이라고 한다. 숙련된 전문가는 첩보의 용량이 적음에도 엄청난 통찰력을 얻을 수 있다. 분석가는 다음과 같은 활동을 찾아내야만 한다.

- 나쁜 것으로 알려진 IP 주소^{known bad IP address}와의 연결은 명령 및 제어 활동을 가리킬 수 있다.

- 빈번하고, 규칙적이며, 짧은 시간 동안에 이뤄지는 적은 바이트의 입출력 연결은 새로운 지시를 내리거나 확인하는 악성 코드를 의미한다.

- 긴 시간 동안 많은 바이트의 입출력이 있는, 예전에 보지 못한 도메인과의 연결은 데이터 유출을 의미한다.

- 침해당한 호스트에서 다른 내부 호스트로의 445번 포트(마이크로소프트의 SMB Server Message Block는 TCP 프로토콜 445번 포트를 이용해 파일 공유) 연결은 데이터 수집을 의미한다.

한정된 네트워크 트래픽 메타데이터를 기반으로 이러한 모든 활동을 포함해 더 많은 것을 발견할 수 있다.

트래픽 분석을 위한 데이터는 다양한 방법으로 수집할 수 있다. 네트워크 흐름 데이터 Network flow data[5]는 다양한 네트워크 장비에서 사용할 수 있다. 이 데이터는 보안 팀과 네트워크 팀 모두에게 도움이 되기 때문에 수집하기 쉬우며, 이중 사용^{dual use}과 기반 시설

---

5   NetFlow는 네트워크 흐름 데이터와는 달리, 일반적인 용어가 아니라 Cisco에서 개발한 네트워크 프로토콜이다. - 옮긴이

비용 분담도 가능하다. 네트워크 흐름 데이터를 얻기 위한 또 다른 방법은 프로토콜 첩보와 시그니처 기반 탐지signature-based detection가 들어 있는 기본적인 NetFlow[6]보다는 상세한 메타데이터에 초점을 맞춘 네트워크보안 모니터링 도구인 Bro[7]를 이용하는 것이다. CERT/CC의 SiLK[8]와 QoSient의 Argus[9]도 전통적인 네트워크 흐름 첩보를 갈무리하기 위한 오픈 소스 도구다. 네트워크 흐름 첩보를 만들어낼 수 있는 다른 시스템으로는 네트워크 프록시와 방화벽이 있다.

네트워크 흐름 첩보 분석을 위한 도구들은 일반적인 것부터 전문적인 것에 이르기까지 매우 다양하다. Splunk와 같은 로그 기록logging 및 전체 텍스트 검색 도구도 자주 사용된다. FlowBAT[10]와 같이 특별한 목적으로 만들어진 도구에는 네트워크 흐름에 특화된 연산자가 있다. 또한 Neo4j[11]나 Titan[12] 또는 NetworkX[13]와 같은 그래프 데이터베이스를 사용해 맞춤형 도구를 만들 수도 있다.

시그니처 기반 분석Signature-based analysis이나 전체 콘텐츠 분석Full content analysis과 비교했을 때 네트워크 흐름 기반 데이터 분석의 또 다른 장점은 네트워크 흐름에 들어 있는 첩보의 밀도다. 네트워크 흐름 첩보를 위한 레코드당 저장 공간이 적기 때문에 저장 비용이 저렴하며 처리 속도가 빠르다. 이는 몇 달 이상의 시그니처 기반 인텔리전스를 보관하고 검색하는 것은 비용이 많이 들지만, 네트워크 흐름 데이터는 더 오랫동안 보관할 수 있다는 것을 의미한다. 네트워크 흐름 데이터는 모든 네트워크보안 질문에 완벽하게 답할 수는 없지만, 이런 첩보 밀도와 장기적인 보관은 가치가 있다. 여기에 수집과

---

6   자세한 내용은 https://bit.ly/2KPN51d 참조 – 옮긴이

7   유닉스에 기반을 둔 오픈 소스다. Lawrence Berkeley National Laboratory에서 시그니처 기반의 탐지 기법을 탈피하고자 연구하던 도중에 만들어진 네트워크 트래픽 모니터링 도구로, 지금은 Zeek라는 이름으로 바뀌었다. 공식 홈페이지는 https://www.zeek.org다. – 옮긴이

8   https://tools.netsa.cert.org/silk/ – 옮긴이

9   https://qosient.com/argus/ – 옮긴이

10   http://www.flowbat.com/ – 옮긴이

11   https://neo4j.com/product/ – 옮긴이

12   http://titan.thinkaurelius.com/ – 옮긴이

13   https://networkx.github.io/ – 옮긴이

분석의 용이성이 더해지면 트래픽 분석이 가치가 높은 데이터 출처가 되는 이유가 분명히 밝혀진다.

트래픽 분석에 인텔리전스 적용하기   인텔리전스를 트래픽 분석에 가장 많이 적용하는 방법은 트래픽 데이터를 사용해 (IP 주소와 도메인 등) 나쁜 것으로 알려진 자원known bad resource을 찾거나 신뢰할 수 있는 시스템에서 (스캐닝이나 측면 이동 또는 지시 전송하기와 같은) 비정상적인 활동의 패턴을 확인하는 것이다. 이런 것들은 단순한 기술이지만, 효과적이며 쉽게 자동화할 수 있다. 트래픽 분석만 사용할 때 발생할 수 있는 위험은 짧은 시간 동안에만 악성으로 사용되는 이중 사용 IP 주소나 도메인과 같은 콘텐츠의 이해 부족으로 거짓 긍정false positive[14]을 유발할 수 있다는 것이다.

인텔리전스를 트래픽 분석에 적용하는 또 다른 방법은 짧고 반복적인 통신, 업무 시간이 아닐 때의 통신 또는 최근에 활성화된 도메인으로 새롭게 관찰된 도메인과의 통신과 같이 악성 활동을 나타내는 트래픽 패턴을 찾는 것이다. 대부분의 사용자는 도메인이 생성된 후 불과 몇 시간 만에 해당 도메인을 방문하지는 않는다. 이는 명령 및 제어 활동의 징후일 수 있다. PassiveDNS[15]와 네트워크 흐름 분석을 결합하면 해당 도메인의 검색을 자동화할 수 있다.

트래픽 분석에서 데이터 수집하기   직관에 반하는 것처럼 보일 수도 있지만, 트래픽 분석은 종종 단서를 얻을 수 있는 좋은 출처다. 상위 토커talker[16](트래픽을 가장 높은 빈도로 또는 가장 많은 양을 생성하거나 수신하는 호스트)나 최하위 토커(트래픽을 가장 낮은 빈도로 또는 적은 양을 생성하거나 수신하는 호스트)를 검색하면, 종종 중요한 단서를 찾아낼 수 있다. 이때에는 (네트워크에서 거의 통신을 하지 않는) 희귀한 호스트를 탐지하는 것이 매우 중요한데, 그 이유는 공격자가 일반적으로 나쁜 평판을 피하기 위해 새로운 기반 시설을

---

14   공격자의 공격 활동이 아닌 정상적인 활동임에도 도구가 공격 활동으로 경고하는 경우를 말하며, 위양성(僞陽性)이라고도 한다. 참고로, 이와 반대되는 경우를 거짓 부정(false negative) 또는 위음성(僞陽性), 미탐이라고 한다. - 옮긴이

15   DNS 질의/응답 트래픽을 녹음하는 메커니즘(자세한 내용은 https://bit.ly/306W5Fv 참조) - 옮긴이

16   어떤 사람이 말을 얼마나 많이 하는지 또는 얼마나 잘하는지를 표현할 때 사용하는 단어로, 이에 해당하는 우리말이 없어 그냥 외래어로 표기한다. 참고로, 토커는 말을 하는 사람이 누구인지는 중요하지 않다. 즉, 트래픽 분석에서 말한 사람의 내용이 중요한 것이지, 말한 사람이 누구인지는 중요하지 않다. - 옮긴이

사용하지만 대량의 트래픽(상위 토커) 또한 과소 평가하지 않을 것이기 때문이다. 일요일 아침에 기가바이트 용량의 트래픽을 전송하는 시스템에서 외부 사이트로 백업하고 있는지, 데이터가 유출되고 있는지를 파악하는 것이 매우 중요하다.

시그니처 기반 분석

네트워크 트래픽 데이터의 희소성과 포괄적인 전체 콘텐츠 모니터링의 사이에는 시그니처 기반 분석이 있다. 트래픽 분석은 접속과 관련된 메타데이터에만 초점을 맞추지만, 시그니처 기반 분석은 특정 콘텐츠를 관찰한다. 시그니처 기반 분석은 다양한 출처와 도구로 이뤄지는 트래픽 분석과 달리, 침입탐지 시스템이라는 특수 목적으로 만들어진 시스템의 영역이다.

침입탐지 시스템은 네트워크 갈무리와 규칙 엔진rules engine 및 로그 기록 방법을 결합해 사용한다. 규칙은 네트워크 트래픽에 적용되며, 규칙이 일치하면 로그가 생성된다. 상용이나 오픈 소스용 침입탐지 시스템이 있다. 이와 아울러 시그니처의 일반적인 표준이 하나 있는데, 그것은 바로 Snort 시그니처다. Snort 침입탐지 시스템의 시그니처 예[17]는 다음과 같다.

```
alert tcp any any -> any any (msg:"Sundown EK - Landing";
flow:established,to_server;
content:"GET";
http_method;
pcre:"\/[a-zA-Z0-9]{39}\/[a-zA-Z0-9]{6,7}\.(swf|php)$";
http_uri;
reference:http://malware.dontneedcoffee.com/2015/06/\
  fast-look-at-sundown-ek.html;
class-type: trojan-activity;
rev:1;)
```

---

17   https://bit.ly/2KPVOjY – 옮긴이

Snort 시그니처의 키워드와 동작 방법 중 일부를 살펴보자(Snort에는 다양한 옵션이 있으며, 자세한 내용은 snort.org를 참조하라). Snort 시그니처는 다음과 같이 구분된다.

`alert`

첫 번째 단어는 시그니처가 일치할 경우에 수행할 작업을 지정한다. Snort에는 다양한 작업이 있다(Snort의 시그니처 형식[18]을 사용하는 다른 IDS에서는 이 중 일부만 구현할 수 있다).

alert

선택된 경고 방법을 사용해 경고하고, 패킷을 로그에 기록한다.

log

패킷을 로그에 기록한다.

pass

패킷을 무시한다.

activate

경고에 따른 다른 동적 규칙을 활성화한다.

dynamic

활성화 규칙에 따라 유휴^{idle} 상태를 유지한 후, 로그 규칙으로 동작한다.

drop

패킷을 차단하고 로그에 기록한다.

reject

패킷을 차단하고 로그에 기록한 후, TCP 프로토콜이면 TCP 초기화^{reset} 플래그, UDP

---

18   https://bit.ly/2YZ3D0D — 옮긴이

프로토콜이면 ICMP 포트 목적지 도달 불가^{unreachable} 메시지를 전송한다.

sdrop

패킷을 차단하지만 로그에 기록하지는 않는다.

지금까지의 가장 일반적인 조치는 경고이지만, 다른 조치는 적절한 상황에서 매우 강력할 수 있다.

tcp 발신지_위치 발신지_포트 -> 목적지_위치 목적지_포트

다음 절은 트래픽 분석과 같은 특성을 많이 지정하고, 이를 제한 요소로 적용한다. 첫 번째 단어는 프로토콜(대부분은 TCP나 UDP)을 지정한다. 그리고 두 번째 단어는 키로, 대부분 다음과 같은 형식을 사용한다.

발신지_위치 발신지_포트 -> 목적지_위치 목적지_포트

위치는 약간 다를 수도 있다. 위치에 IP 주소나 도메인 이름을 사용하면 완벽하겠지만, Snort에 여러 위치의 목록도 사용할 수 있다.

괄호 안(예제에서는 msg로 시작)에 규칙의 옵션이 들어간다. Snort 옵션은 우리가 설명할 옵션보다 많지만, 여기서는 핵심적인 몇 가지 옵션만 설명한다.

msg:"Sundown EK - Landing",

msg는 경고의 이름이다(다른 콘텐츠와 함께). 다음과 같은 것들이 로그에 기록된다.

content:"GET",

content 항목^{field} 패킷 콘텐츠에서 정규 ASCII 문자열을 찾는다.

pcre:"\/[a-zA-Z0-9]{39}\/[a-zA-Z0-9]{6,7}\.(swf|php)$",

Snort 시그니처에 명시적 콘텐츠 대신 패턴을 지정하는 방법은 Perl 호환 정규 표현식인 prce^Perl Compatible Regular Expressions를 사용하는 것이다.

```
reference:http://malware.dontneedcoffee.com/2015/06/fast-\
  look-at-sundown-ek.html;
```

마지막으로 reference 항목에는 시그니처가 찾는 위협의 세부 첩보를 제공하는 링크가 포함된다.

시그니처를 이해하고 작업할 수 있는 능력은 시그니처 기반 탐지 시스템을 성공적으로 구현하고 사용하기 위한 핵심 요소다.

시그니처 기반 분석에 인텔리전스 적용하기 침입탐지 시스템을 설치한 후 인텔리전스를 적용하기 위한 핵심 요소는 두 가지다.

첫째, 시그니처를 만드는 것이다. 인텔리전스를 적용하는 직접적인 방법은 여러분이 받거나 개발한 인텔리전스를 기반으로 새로운 시그니처를 만드는 것이다. 인텔리전스를 제대로 적용하려면 침임 탐지 시스템의 기능을 이해하고, 시그니처를 만들고 튜닝하는 경험이 필요하다.

둘째, 인텔리전스를 시그니처 기반 분석에 효율적으로 적용하려면 시그니처를 만드는 것뿐 아니라 수정과 제거도 필요하다. 정확하지 않거나 실행할 수 없는 시그니처는 사고 대응을 늦추고, 팀은 성과 없는 조사나 분석에 시간을 낭비하게 된다. 시그니처가 효용성을 상실한 시기와 수정과 제거해야 하는 시기를 이해하기 위한 경험도 필요하다.

시그니처 기반 분석에서 데이터 수집하기 시그니처 기반 분석은 제한적인 기술이지만, 주어진 시그니처는 나쁜 것으로 알려진 패턴을 기반으로 해야 하는 중요한 기술이다. 가상 활동만을 위한 시그니처를 만드는 것은 어렵다. 시그니처 분석을 이용하면 나쁜 출처와 목적지가 포함된 과거의 공격 패턴 및 콘텐츠를 파악할 수 있으므로 어떤 엔드포인트에 시그니처가 동작하면, 그 엔드포인트는 조사를 위한 좋은 출발점이 될 수 있다.

트래픽이나 전체 콘텐츠와 같은 다른 데이터 출처로 이동해야 할 수도 있지만, 많은 인텔리전스를 찾을 기회가 있다.

전체 콘텐츠 분석

트래픽 분석 범위의 반대편에는 네트워크에 전송되는 모든 비트와 바이트를 문자 그대로 갈무리하는 전체 콘텐츠 분석이 있다. 전체 콘텐츠를 대상으로 첩보를 검색, 재구성, 분석할 수 있다. 전체 콘텐츠 분석의 장점은 실시간으로 재분석할 수 없는 트래픽 분석이나 시그니처 분석과 달리, 트래픽이 저장돼 있는 한 다시 분석하거나 다르게 분석할 수 있다는 점이고, 단점은 저장 장치가 필요하다는 것이다. 전체 콘텐츠 모니터링은 문자 그대로 모든 네트워크의 트래픽을 보관해야 하는데, 이는 대부분의 기업이 엄청난 양의 데이터를 보관해야 한다는 것을 의미한다.

전체 콘텐츠 분석은 다른 기술로는 할 수 없는 방식으로 네트워크 트래픽의 모든 요소를 살펴볼 수 있다. 와이어샤크Wireshark와 같은 도구를 사용하면, 개방형 시스템 간 상호접속OSI, Open System Interconnection 모델의 모든 계층에서 요소를 살펴볼 수 있다. 이는 종종 침임 탐지 시스템의 시그니처를 만들기 위한 기본이 된다. 또한 다른 도구에서 탐지할 수 없는 특정 항목을 찾을 수도 있다.

분석가는 전체 콘텐츠 분석을 이용해 새로운 첩보를 개발한 후, 트래픽 및 시그니처 분석을 다시 실행할 수 있다. 예를 들어 조사 후에 명령 및 제어 트래픽의 새로운 시그니처를 만들었다면, 전체 콘텐츠를 사용해 이전 네트워크 트래픽의 새로운 시그니처를 다시 실행할 수 있다. 전체 콘텐츠는 이런 식으로 네트워크 타임머신 역할을 함으로써 이전 네트워크 트래픽의 새로운 인텔리전스를 사용할 수 있다.

마지막으로 전체 사용자 활동을 재생성할 수 있는 유일한 방법은 전체 콘텐츠를 사용하는 것이다. 예를 들어 어떤 사용자가 FTP를 이용해 데이터 유출 경고를 유발한 경우, 해당 시점에서 엔드포인트가 수행하고 있던 모든 작업을 살펴보는 것이 도움이 될 수 있다. 이는 데이터 유출을 제어하는 명령 및 제어와 같은 부수적인 작업이지만, 중요한 첩보가 드러날 수 있다. 이런 전체 콘텐츠 분석 유형은 NetWitness나 aol/moloch와 같은 특수 도구를 사용해 많은 수준의 네트워크 패킷을 다시 구성할 수 있다.

전체 콘텐츠 분석에 인텔리전스 적용하기 인텔리전스의 응용은 전체 콘텐츠를 분석하는 데 많은 융통성이 있다. 트래픽 분석 및 시그니처 분석의 모든 기술은 전체 콘텐츠뿐 아니라 다음과 같은 몇 가지 고유 옵션에도 적용할 수 있다.

- 패킷 수준에서 와이어샤크와 같은 도구를 사용하면 IP 주소, 인텔리전스 또는 다른 네트워크 모니터링 도구에서 얻을 수 있는 다른 특성을 포함해 다양한 특성을 기반으로 필터링할 수 있다.

- 인텔리전스는 이전 네트워크 트래픽의 새로운 인텔리전스를 다시 실행하는 방식으로 적용해볼 수 있다.

- 전체 콘텐츠 재생성 계층에서 인텔리전스를 사용하면, 부수적인 활동을 사냥할 수 있다.

전체 콘텐츠 분석에서 데이터 수집하기 전체 콘텐츠가 실제로 빛을 발하는 곳은 데이터 수집이다. 전체 콘텐츠 분석은 데이터를 수집하고 추가 인텔리전스를 개발하기 위한 가장 쉽고 포괄적인 출처다. 실제 패킷 데이터를 사용하면 나쁜 엔드포인트의 첩보 대신 나쁜 데이터의 첩보로 전환할 수 있다.

더 많은 것을 배우고 싶다면

네트워크 분석을 좀 더 많은 것을 배우고 싶다면 리차드 베잇리치[Richard Bejtlich]의 『Practice of Network Security Monitoring』(No Starch, 2013)[19]이나 크리스 샌더스[Chris Sanders] 의 『Practical Packet Analysis: Using Wireshark to Solve Real-World Network

---

19 국내에서는 『네트워크보안 모니터링 – 침해사고 탐지 및 대응의 이해』(비제이퍼블릭, 2015)로 번역돼 출간됐다. – 옮긴이

Problems』(No Starch, 2017)[20]를 참고하라. 실습을 원한다면 'SANS SEC 503:Intrusion Detection In Depth 과정'[21]이나 'FOR 572: Advanced Network Forensics and Analysis 과정'[22]을 고려해보라.

실시간 대응

과소 평가되긴 했지만, 종종 효과적인 분석 방법 중 하나는 실시간 대응[Live Response]이다. 실시간 대응은 침해당한 시스템을 오프라인으로 전환하지 않고 분석하는 것이다. 포렌식 분석은 시스템을 오프라인으로 전환해야 하므로 활성 프로세스와 같은 시스템 상태 인텔리전스를 확보할 수 없다. 또한 공격자에게 포렌식 분석을 하고 있다는 것을 알려줄 수 있는 위험이 있으며, 이는 사용자에게도 많은 지장을 주게 된다.

실시간 대응으로 다음과 같은 첩보를 얻을 수 있다.

- 구성 첩보[configuration information]

- 시스템 상태

- 중요한 파일과 디렉터리 첩보[directory information]

- 공통된 지속성[23] 메커니즘

- 설치된 애플리케이션과 버전

시스템을 조사하는 데 필요한 모든 것을 항상 제공할 수는 없지만, 대부분의 실시간 대응은 적어도 좀 더 자세한 분석이 필요한지 아닌지를 결정하는 데 충분한 첩보를 제공한다.

---

20 국내에서는 『와이어샤크를 활용한 실전 패킷 분석 3/e』(에이콘, 2017)로 번역돼 출간됐다. – 옮긴이

21 https://bit.ly/2KFpbXm – 옮긴이

22 http://bit.ly/2uep7UE – 옮긴이

23 사용자가 컴퓨터를 사용하는 매 순간 악성 코드가 실행돼야 하는 것을 의미한다. – 옮긴이

실시간 대응 도구는 펄^{Perl}, 파이썬^{Python} 또는 최근 파워셸^{PowerShell}과 같이 가장 일반적으로 작성할 수 있는 스크립팅 기술이기 때문에 결과적으로 많은 도구가 오픈 소스다. 옐프^{Yelp}의 OSXCollector[24]는 오픈 소스로, 맥OS^{macOS}의 보안 아티팩트를 수집하기 위해 제작된 파이썬 기반 실시간 대응 스크립트다. 윈도우용으로는 많은 사람이 파워셸 기반의 사고 대응 수집 프레임워크인 데이브 헐$^{Dave\ Hull}$의 Kansa[25]에 관심이 있다.

그렇다면 인텔리전스를 실시간 대응에 어떻게 통합할 수 있을까? 실시간 대응 도구는 반복할 수 있고, 어떠한 구성도 없이 일련의 아티팩트를 수집할 수 있도록 만들어졌다. 인텔리전스 통합은 주로 백엔드^{backend}[26]에 초점을 맞춘다.

예를 들어 OSXCollector는 시스템 첩보가 포함된 JSON 파일(blob[27])을 출력한다. 이는 또 다른 옐프 프로젝트인 osxcollector_output_filters를 사용해 분석할 수 있다는 것을 의미하며, 사용자 정의 지표와 OpenDNS와 같은 인텔리전스 서비스를 비롯한 여러 인텔리전스 출처를 osxcollector_output_filters에 통합할 수 있다. 이런 후처리 접근 방식은 일반적으로 복잡한 수집에 사용된다.

메모리 분석

메모리 분석은 실시간 대응과 유사하게 메모리의 휘발성 시스템 상태를 수집하는 데 초점을 맞춘다. 시스템의 모든 프로세스를 실행하려면 메모리가 필요하다는 점을 감안할 때, 이 기술은 특히 시스템 공간이 부족한 상태에서 은밀하게 실행하려고 시도하는 도구에서 첩보가 수집할 수 있는 유리한 위치를 제공한다.

또한 메모리 분석에는 실시간 대응과 마찬가지로 수집과 분석 간에 분명한 단절이 있는데, 먼저 모든 것을 파악한 후 처리 결과와 사실 이후의 인텔리전스를 적용하는 데 초점

---

24   https://yelp.github.io/osxcollector/ – 옮긴이

25   https://github.com/davehull/Kansa – 옮긴이

26   사용자 화면이 아니라 사용자가 볼 수 없는 프로그램의 내부를 의미한다. – 옮긴이

27   binary large object로 SQL 데이터베이스에서 유래했으며, 일련의 데이터를 처리하거나 간접 참조하는 객체다(좀 더 자세한 내용은 https://bit.ly/30nri7i 참조). – 옮긴이

을 맞춘다. 맨디언트에서 제작한 파이어아이^{FireEye}의 Redline 메모리 분석 도구는 항상 시스템 메모리를 먼저 수집하지만, 나중에 분석할 때는 OpenIOC를 사용한다.

Redline은 메모리 분석을 위한 도구 중 하나로, 수집과 분석을 함께 수행할 수 있는 일체형$^{all-in-one}$ 솔루션이다. 그러나 수집과 분석 간 단절의 가장 좋은 측면 중 하나는 수집과 분석 유틸리티를 통합하고 일치시킬 수 있다는 것으로, 대표적인 예로는 Volatility 도구를 들 수 있다.

Volatility는 파이썬 기반의 오픈 소스 메모리 분석 프레임워크다. Volatility는 Redline 처럼 메모리를 수집하지 않는다. 그 대신, 다양한 운영 체제에서 실행되는 다양한 수집 도구의 메모리 형식을 읽을 수 있다. Volatility가 제공하는 것은 메모리 분석을 위한 프레임워크와 스크립트 집합으로, 메모리에서 실행되고 있는 악성 코드 탐지와 암호화 키 추출 등과 같은 플러그인으로 많은 스크립트를 사용할 수 있다.

메모리 분석에 인텔리전스를 통합하는 것은 도구에 따라 다르다. Volatility는 통합하기 쉽다. Volatility에서 Yara 시그니처를 사용하면 메모리에서 특정 아티팩트를 쉽게 검색할 수 있다. 또한 Volatility는 스크립트를 작성하기가 매우 쉬우므로 특정 프로세스나 메모리 아티팩트, 암호 기반 기술 등 첩보 수집을 자동화할 수 있다. 문자열뿐 아니라 인증서와 같이 매우 높은 수준의 첩보 등 모든 것을 분석하는 Volatility의 능력은 다른 단계의 지표를 메모리 분석에 적용할 수 있다는 것을 의미한다. Redline을 대신 사용해 보는 것은 어떨까? Redline은 OpenIOC 형식의 지표를 인식할 수 있으므로 개별 메모리 갈무리에 직접 적용할 수 있다.

메모리 분석을 좀 더 많이 배우고 싶다면, 마이클 헤일 라이$^{Michael\ Hale\ Ligh}$ 등이 저술한 『The Art of Memory Forensics: Detecting Malware and Threats in Window, Linux, and Mac Memory』(JohnWiley & Sons Inc., 2014)[28]를 참고하라.

---

28   국내에서는 『메모리 포렌식』(에이콘, 2015)으로 번역돼 출간됐다. - 옮긴이

디스크 분석

전통적인 디스크 포렌식은 일반적으로 하드디스크상의 가공되지 않은 비트와 바이트로부터 파일 시스템 첩보를 추출하기 위해 특수 도구를 사용한다. 하드디스크에 있는 정보는 언뜻 봐서는 그 의미를 알기 어렵다. 하드디스크의 첩보는 OSI 모델과 마찬가지로 하드웨어와 운영 체제 그리고 데이터 형식 수준data-format level에서 끝없이 중첩된 구조로 돼 있다. 이러한 계층을 벗겨내는 것을 파일 카빙file carving이라고 한다.

카빙 작업은 파일과 연속 데이터data stream 그리고 운영 체제 아티팩트를 사용할 수 있을 때까지 다양한 데이터 구조를 구축한 가장 낮은 수준에서 이뤄진다. 카빙 작업은 EnCase나 FTK 또는 Autopsy와 같은 특수 도구를 사용한다. 데이터를 카빙하고 나면 분석을 시작할 수 있다. 이제부터 이 도구들을 사용해 해당 시스템을 살펴볼 수 있다. 분석가는 특정 파일을 내보내거나 윈도우의 연속 데이터, 레지스트리와 같은 로그 및 운영 체제별 구성 요소를 살펴볼 수 있다. 포렌식 소프트웨어forensic software는 매우 강력한 검색 기능을 갖추고 있으므로 이메일과 같은 특정 유형의 파일 내부를 검색할 수도 있다.

경험 많은 포렌식 분석가는 찾아야 할 대상을 정확히 어디서 찾을 수 있는지 알고 있다. 예를 들어 침해당한 컴퓨터가 있는 경우, 일반적인 지속성 메커니즘을 보고 실행 중인 악성 코드를 확인한 후, 악성 코드가 남긴 아티팩트를 수집할 수 있다. 또한 악성 코드가 설치됐거나 활동한 타임라인에서 발생한 로그와 같은 추가 데이터를 얻을 수도 있다. 이런 작업은 주로 중간 단계의 업무로, 포렌식 분석가는 대개 악성 코드를 역공학reverse engineering으로 분석하기 위해 역공학자reverse engineer에게 전달하는 것처럼 자신들이 수집한 것을 다른 분석가에게 넘겨준다.

디스크 분석에 인텔리전스 적용하기

디스크 분석에 인텔리전스를 적용하는 것은 그리 흔한 일이 아니다. 몇몇 도구에서는 특정 문자열이나 지표를 검색할 수 있지만, 대부분은 침입탐지 시스템이나 엔드포인트 탐지 시스템과 같은 로그 기록 도구나 네트워크 시스템에서 좀 더 쉽게 검색할 수 있다. 디스크 분석의 목표는 다른 사람들이 분석해야 할 유용한 아티팩트를 카빙하는 것이다.

디스크 분석에서 데이터 수집하기

시스템 디스크, 특히 침해당한 컴퓨터는 조사관에게 보물창고와 같으며, 많은 경우 다른 방법으로 찾아내기 어려운 해답을 찾을 수 있다. 디스크 분석은 다른 방법보다 휘발성이 적으며, 더 안정적이라는 이점이 있다. 반면, 분석은 메모리 분석이나 실시간 대응의 어느 한 시점에서 이뤄지기 때문에 중요한 아티팩트를 볼 수 없거나 분석가가 조사 과정에서 알게 된 내용에 따라 다른 질문을 할 수도 있다.

분석가는 디스크 분석으로 악성 코드를 찾는 데 필요하다고 생각되는 것을 수집할 수 있다. 추가 분석 후에 수집하면 중요한 구성 파일을 놓쳤다는 것을 알게 될 수 있다. 해당 파일은 디스크 분석의 시간 의존성 때문에 여전히 디스크에 있을 가능성이 크므로 포렌식 엔지니어는 디스크를 재분석해 해당 파일을 수집할 수 있다.

조사와 인텔리전스를 위한 디스크 첩보의 가장 유용한 출처는 다음과 같다.

- 지속성 메커니즘
- 임시 파일
- 숨겨진 파일hidden file과 연속 데이터
- 비할당 영역에 있는 파일
- 악성 코드와 구성
- 표적의 활동 지표

악성 코드 분석

대부분의 사고에서 가장 기술적인 분석은 사고와 관련된 악성 코드를 분석하는 것이다.

때로는 이 분석이 셸 스크립트^{shell script}만큼 기본적이며, 때로는 광범위한 분석 방지 기능^{anti-analysis capability}을 갖춘 수천 줄짜리 코드를 분석해야 한다. 매우 광범위하고 깊이 이해해야 하는 보안 분야는 거의 없다. 대부분의 팀에는 악성 코드 분석을 전담하는 역공학자가 있지만, 초보자도 할 수 있는 일이 많다.

악성 코드를 이해하는 데에는 정적 분석^{static analysis}과 동적 분석^{dynamic analysis}이라는 두 가지 기본 기술이 사용된다. 정적 분석과 동적 분석은 모든 사고 대응자와 인텔리전스 분석가가 갖춰야 할 기술이다.

기본 정적 분석

가장 쉬운 형태의 악성 코드 분석은 정적 분석으로 알려지지 않은 바이너리^{binary[29]}의 메타데이터를 수집하는 것이다. 정적 분석은 다음과 같은 첩보를 수집한다.

파일 해시 값

- SHA1, SHA256과 같은 일반적인 해시 값은 VirusTotal과 같은 다른 악성 코드 자원에서 악성 코드를 찾는 등 파일을 비교할 때 유용하다.

- SSDeep과 같은 연성 해시^{soft hash} 프로그램으로 샘플을 서로 비교할 수 있다. 파일을 조금만 수정해도 SHA 해시 값은 바뀌지만, SSDeep의 해시 값은 크게 바뀌지 않기 때문에 공격 활동을 추적하는 데 특히 유용하다.

파일 형식

확장자뿐만 아니다.

파일 크기

유사 파일을 식별하기 위해 다른 데이터와 함께 사용할 때 유용하다.

---

29 이진수로 저장된 파일이나 악성 코드를 의미한다. – 옮긴이

일부 바이너리는 평문plain text으로 된 IP 주소와 인증 토큰authentication token을 포함한 첩보를 갖고 있다. 또한 연성 해시와 유사하게 연성 그룹화soft grouping에 유용하다.

정적 분석의 궁극적인 목표는 광범위한 탐지와 대응 시스템에 사용할 수 있는 첩보를 개발하고, 공격 활동의 진화를 추적하는 것이다. 또한 기본 정적 분석은 공급 업체의 보고와 같이 인텔리전스를 조직의 외부에서 개발할 수 있다.

기본 동적 분석

일반적으로 기본 정적 분석의 다음 단계는 기본 동적 분석이다. 분석가는 동적 분석에서 악성 코드가 어떻게 동작하는지 관찰하기 위해 제어된 관찰 환경에서 악성 코드를 실행한다. 동적 분석의 핵심은 원격 측정을 잘할 수 있는 환경을 갖추는 것이다.

동적 분석을 위한 가장 일반적인 기술은 샌드박스sandbox를 이용하는 것이다. 샌드박스는 특수 목적으로 제작된 시스템으로, 주로 가상머신virtual machine에서 악성 코드 샘플 실행을 관리한다. 샌드박스는 샘플을 가상머신으로 가져와 실행한 후, 시스템의 동작을 관찰하면서 악성 코드가 수행하는 작업을 확인한다. 동적 분석은 일반적으로 새로운 프로세스와 새로운 파일, 지속성 메커니즘의 변화 그리고 네트워크 트래픽과 같은 시스템의 변화에 중점을 둔다. 목표는 정적 분석에서와 마찬가지로 악성 코드를 확인하는 데 유용한 지표를 수집하는 것이다.

동적 분석은 몇 가지 단점이 있는데, 그중 하나가 샌드박스다. 원격 측정을 적절하게 할 수 있도록 안전한 환경을 구축하는 것은 어려울 뿐 아니라 몇 가지 위험도 안고 있다. 또한 일반적인 소프트웨어를 포함해 여러분의 환경과 같게 만들어야만 한다. 또한 일부 악성 코드 샘플은 가상머신의 증거를 찾거나 네트워크 서비스에 연결하는 등 샌드박스에 있다는 것을 탐지하기 위한 작업을 수행할 수도 있다. 동적 분석에서 악성 코드를 속일 방법이 있지만, 다소 복잡한 과정이 추가돼야 한다. INetSim[30]이나 FakeNet[31]과 같은 도구가 도움이 될 수 있다.

고급 정적 분석

악성 코드를 완벽히 파악해야 하는 경우, 분석가는 상세한 역공학을 수행해야 한다(악성 코드를 실행하지 않고 분석하는). 또 다른 형태의 정적 분석인 고급 정적 분석advanced static analysis은 여러 도구, 특히 디스어셈블러disassembler를 사용해 코드 수준에서 악성 코드를 파악하는 데 중점을 둔다.

디스어셈블러는 컴파일된 바이너리 애플리케이션을 피해 호스트가 실행할 기계어 명령어machine-code instruction로 바꿔준다. 이 결과는 디스어셈블리disassembly를 이해하기 위한 저수준의 명령어 집합이다. 디스어셈블리가 매우 효과적인 이유는 디스어셈블리를 이해할 수 있는 분석가에게 전체 바이너리와 모든 기능이 노출돼 있기 때문이다. 모든 코드 경로를 추적하면 동적 분석 중에 유발되지 않는 악성 코드의 모든 기능을 파악할 수 있다.

완전한 역공학의 단점은 역공학에 필요한 노력의 수준이다. 코드의 크기와 복잡성 및 역공학 방지anti-reversing 방법에 따라 악성 코드 샘플을 파악하는 데 몇 시간 또는 며칠이 걸릴 수도 있다. 결과적으로 포괄적인 역공학은 지표가 충분하지 않은 상태에서 새로운 샘플이나 많은 양의 샘플에는 효과적이지만, 악성 코드의 모든 기능을 파악해야 할 필요가 있다. 역공학은 원격 제어 기능이나 유출 방법과 같이 목표의 중요한 행동을 쉽게 밝힐 수 있다.

---

30 https://www.inetsim.org/ − 옮긴이
31 https://practicalmalwareanalysis.com/fakenet/ − 옮긴이

악성 코드 분석에 인텔리전스 적용하기

다른 인텔리전스와 분석은 종종 역공학자에게 유용한 조사 방법을 제공한다. 이전 분석에서 암호화된 HTTP를 기반으로 한 명령 및 제어라는 결과가 나왔다면, 역공학은 암호화 키를 찾는 데 중점을 둘 수 있다. 컴퓨터에 저장되지는 않았지만 컴퓨터 근처에서 논의한 첩보가 도난당했다는 지표가 있는 경우, 마이크나 카메라 사용과 같은 대체 첩보 수집 기능에 초점을 맞추는 것이 합리적일 수 있다.

악성 코드 분석에서 데이터 수집하기

악성 코드 분석은 팀에서 수행할 수 있는 가장 어려운 분석 중 하나지만, 데이터가 가장 풍부한 분석 유형 중 하나이기도 하다. 악성 코드 분석 보고서에는 공격자가 표적의 활동을 위해 사용할 수 있는 지표와 전술 및 기능, 때로는 공격자의 지표까지 포함하는 다양한 유형의 데이터가 있다. 악성 코드 분석은 네트워크와 호스트 모두에서 탐지 및 경고를 위한 유용한 첩보를 제공한다.

악성 코드 분석을 좀 배우고 싶다면

악성 코드 분석은 정보보호 분야에서 가장 배우기 어려운 기술 중 하나다. 일반적인 컴퓨터 프로그래밍 개념과 운영 체제 개념 및 일반적인 악성 코드 동작과 관련된 많은 지식이 필요하기 때문이다. 마이클 헤일 라이 등이 저술한 『The Malware Analyst's Cookbook and DVD: Tools and Techniques for Fighting Malicious Code』(Wiley, 2010)는 대부분의 사고 대응자에게 필요한 기본 정적 분석 및 동적 분석에 관해 설명하고 있다.

어셈블리[assembly]의 포괄적인 역공학 기술을 개발하는 데 관심이 있다면, 마이클 시코스키[Michael Sikorski]와 앤드류 호닉[Andrew Honig]가 저술한 『실전 악성 코드와 멀웨어 분석』(에이콘, 2013)을 추천한다.

범위 지정

경고와 조사가 진행되는 동안, 가장 중요한 첩보 중 하나는 사고의 범위^{scope}다. 이는 (시스템과 서비스, 자격 증명, 데이터, 사용자 등과 같이) 사고에 영향을 받은 피해 자원을 의미한다. 피해 범위를 지정하는 것은 나중에 영향 및 대응 방법을 결정하는 것과 같은 다양한 작업 흐름으로 이어진다.

예를 들어 어떤 악성 코드가 컴퓨터에서 발견됐다고 가정해보자. 악성 코드를 한 대의 컴퓨터에서만 찾는 경우와 네트워크에 있는 여러 대의 시스템에서 찾는 경우처럼 여러분의 반응은 검색 범위에 따라 달라질 것이다.

범위 지정의 또 다른 중요한 부분은 '악성 코드에 감염된 모든 시스템이 특정 유형의 사용자나 부서와 관련돼 있는가?'다. 이 패턴 데이터는 (F3EAD의 분석 단계에서 살펴볼) 수준재고관리 팀과 정보기술관리 팀과의 협력이 필요하다. 사고 대응 측면에서 가장 중요한 것 중 하나이면서 종종 좌절하게 만드는 것은 시스템이 하나 주어졌을 때 "이것이 무엇을 하는 시스템입니까?"라는 질문이다.

사냥

지금까지 사고 대응과 관련된 모든 논의는 우리의 보안 제어가 실패했다는 것을 알고, 이를 이해하려고 노력한 후, 무엇을 해야 하는지에 초점이 맞춰 있었다. 하지만 사냥^{hunting}은 다르다. 보안 제어 실패 경고나 알림이 없는 상태에서 IOC를 검색할 때는 사냥을 해야 한다. 탐지, 특히 시그니처 기반 탐지는 완벽하지 않다. 보안 제어는 실패할 수 있으며, 여러 가지 이유로 아무런 징후도 없이 공격이 계속될 수 있다.

사냥은 보안 팀 외부의 사람들에게 요행수처럼 보일 수 있지만, 이것과는 거리가 멀다. 사냥은 본능과 경험 그리고 좋은 인텔리전스와의 조합에 기반을 두고 있다. 사냥에도 도구에 따른 제한이 있다. 네트워크 원격 측정에 제한이 있다는 것은 네트워크에서 사냥할 수 있는 능력 또한 제한돼 있다는 것을 의미한다. 가장 깊으면서 넓은 네트워크와 호스트 원격 측정에서 사냥하는 데 초점을 맞추고 난 후, 덜 강력한 출처로 옮겨가는 것이 가장 좋다. 애플리케이션 로그가 있다면 거기서부터 시작할 수 있겠지만, 단서를 얻은 후에 네트워크나 호스트 트래픽의 연관성을 찾아야 한다. 사냥은 단서(기본적으로는 이론)를 만들고, 단서를 테스트(이론의 확인이나 부정)하는 것이다.

단서 만들기

4장, '탐지'에서 단서를 간략하게 설명했다. 대부분의 팀에서 사냥을 시작하는 데 가장 힘든 부분은 어디서부터 시작해야 하는지를 아는 것이다. 출발점을 생각하는 가장 쉬운 방법은 일련의 단서를 좇는 것이다. 그렇다면 이런 단서는 어디에서 왔을까? 그것은 바로 인텔리전스와 본능 그리고 상상력의 결합이다.

- 과거의 사건을 보고 패턴이나 경향을 파악한다. 과거의 공격자가 일반적인 ISP를 명령 및 제어에 사용했는가? 컴파일된 도움말 파일을 사용하는 공격자 그룹 자료를 읽은 적이 있는가?

- 여러분 조직의 프로파일을 벗어난 활동을 중심으로 단서를 만든다. 거대한 조직을 제외하고 특정 국가나 특정 타임라인, 특히 대량의 연결을 보는 것은 이상할 수 있다.

- 취약성 평가나 레드 팀의 침투 테스트 결과를 바탕으로 단서를 만든다. 가상의 적이 특정 호스트를 공격했는가? 시간을 내서 진짜 적이 이와 똑같은 일을 했는지 확인해보라.

이런 목록은 계속 만들 수 있다. 단서를 만드는 연습은 '나쁜 아이디어는 없다'라는 브레인스토밍 연습 중 하나다. 아무리 미친 짓이라 하더라도 일단 단서를 적어둬라.

단서 테스트하기

경고와 마찬가지로 공격자의 징후를 찾기 위한 사냥 활동을 수행할 때, 많은 양의 잡음이나 거짓 긍정이 있을 수 있다. 따라서 전체 환경에 사냥 탐지 방법을 배포하기 전에 단서 사냥 방법을 테스트하는 것이 좋다. 테스트는 다양한 방법으로 진행할 수 있다. 한 가지 방법은, 좋은 것으로 알려진 호스트^{known good host}에서 정상적인 운영과 관련된 많은 양의 데이터를 가져오지 않도록 단서에서 얻은 첩보로 질의를 실행하는 것이다. 또 다른 방법은 하루 분량의 프록시 로그와 같은 샘플 데이터에서 압도적인 숫자의 결과를 가져오지 않도록 질의를 실행하는 것이다. 질의 결과가 많다는 것은 시스템이 크게 침해받았거나(우리는 그렇지 않기를 바란다), 해당 단서를 개선하거나, 재평가해야 한다는 것을 의미할 수 있다. 사냥을 위한 좋은 단서를 만드는 데는 많은 시간이 걸릴 수 있지만, 일단 익숙해지면 특별한 시그니처 없이도 나쁜 상황을 확인할 수 있다.

결론

인텔리전스를 경고와 조사 그리고 사냥에 통합하는 것은 절차의 개선과 도구 배포 또는 수정 그리고 이 모든 것이 함께 조화를 이루도록 사람들을 훈련하는 과정의 조합이다. 경고는 여러분이 알고 싶은 것을 가장 본질적인 측면으로 귀결시키는 것이다. 중요한 경고를 확인했다면, 전후 사정을 알기 위해 절차가 폭넓은 수집으로 옮겨간다. 조사는 다양한 종류의 첩보를 수집한 후, 첩보를 설득력 있는 이해로 만드는 것이다. 사후 대응적인 작업의 이러한 측면을 숙지했다면, 탐지되지 않은 악성 활동을 찾기 위한 경고와 조사의 교훈 및 기법을 적극적으로 사용하는 사냥 단계로 넘어갈 수 있다.

이 단계에서 모든 분석의 목표는 사고의 범위를 이해하고 대응을 하기 위한 계획을 세우는 것이다. 계획을 세웠다면, 이를 실행하고 위협을 제거할 때가 된 것이다. 우리는 이 다음 단계를 종결이라고 부르며, 6장, '종결'에서 어떻게 마무리하는지 설명한다.

종결

"변화는 진정한 모든 학습의 최종 결과다."

– 레오 버스카글리아Leo Buscaglia 1

현재 직면하고 있는 위협을 확인하고 이런 위협이 네트워크로 어떻게 접근했고 이동했는지 조사했다면, 이제 위협을 제거해야 한다. 이 단계는 종결로 알려져 있으며, 악성 행위자가 네트워크에 마련한 발판을 제거하는 것뿐 아니라 처음에 접근할 수 있게 만든, 모든 것을 개선한다.

종결은 시스템에서 악성 코드를 제거하는 것 이상의 작업이 수반된다. 이것이 바로 우리가 탐지 및 위치 결정 단계에 많은 시간을 투자한 이유다. 공격자의 활동을 제대로 종결하기 위해서는 위협 요소가 어떻게 동작하는지를 이해하고 공격으로 남겨진 악성 코드나 아티팩트뿐 아니라 통신 채널과 발판, 중복 접근 및 위치 결정 단계에서 발견한 공격의 다른 측면도 함께 제거해야 한다. 공격자를 제대로 나가떨어지게 만들려면 공격자의 동기 및 활동과 관련된 이해가 필요하며, 이를 바탕으로 시스템을 안전하게 보호하고 네트워크를 제어하면서 자신감을 갖고 행동할 수 있다.

---

1   『살며 사랑하며 배우며』(홍익출판, 2018)라는 책으로 널리 알려진 미국 작가 – 옮긴이

종결은 보복 해킹이 아니다!

종결은 보복 해킹^{hack back}을 의미하지 않는다. 여러분이 적절한 권한을 가진 정부 부서나 기관이 아닌 이상, 보복 해킹은 매우 나쁜 생각이기 때문이다. 그 이유는 다음과 같다.

- 속성은 완벽하지 않기 때문에 보복 해킹이 어떻게 끝날지 알 수 없다. 공격자는 자신들의 기반 시설을 바탕으로 직접 공격하는 경우가 거의 없다. 공격자는 여러분에게 다가가기 위해 다른 피해자의 컴퓨터 주변을 피벗팅할 것이다. 여러분이 공격하고 있다고 생각하는 컴퓨터에 행동을 취하는 것은 다른 나라의 컴퓨터를 공격하는 것이 될 수 있으므로 여러분이 그 나라의 법을 어기게 될 뿐 아니라 새로운 문제를 유발한다는 것을 의미한다.

- 여러분이 행동을 취할 때 어떤 일이 발생할지 알 수 없다. 여러분은 단지 세션을 끝내거나 어떤 파일을 제거한다고 생각하겠지만, 표적으로 삼은 시스템의 구성과 네트워크 운영의 복잡성을 정확하게 알지 못하기 때문에(사실 우리의 시스템도 잘 알지 못한다) 행동을 취할 때 어떤 일이 발생할지 정확히 알기 어렵다. 전통적인 F3EAD 주기를 포함한 군사 작전에서 여러분이 취하는 행동과 부수적인 피해의 가능성을 이해하려면 탐지 단계의 첩보를 이용해 가상의 환경에서 작전을 연습해야 한다. 인텔리전스 기반 사고 대응의 모든 탐지 활동은 자체 네트워크에서 이뤄지기 때문에 공격자의 네트워크에 관련된 그림을 그리지 않는다. 성공적인 공격 작전을 수행하는 데 필요한 그림을 그리는 것 또한 법을 위반할 가능성이 크다.

- 여러분이 누구를 괴롭히고 있는지 모른다. 여러분의 환경에서 공격자를 광범위하게 연구하고 공격자의 동기와 의도를 좋게 생각하고 있으며, 공격자를 막을 방법을 알고 있다 하더라도 여러분의 작전을 따르지 않을 공격자와 마주하게 될 것이다. 이는 추가 공격으로 이어질 수 있으며, 극단적인 경우 여러분이 국가 수준의 공격자에게 보복 해킹을 하는 것이 발견됐다면 여러분의 행동은 여러분뿐 아니라 원래의 공격과는 아무런 관련이 없는 다른 조직이나 기관에 문제를 일으켜

국가 안보에 영향을 미칠 수 있다.

- 이는 아마도 불법일 것이다. 컴퓨터 사기와 남용과 관련해 미국의 연방 법전 제 18편 제1030조(18 U.S. Code § 1030)[2] 'Fraud and related activity in connection with computers(컴퓨터와 관련된 사기 관련 행위)'와 다른 많은 나라의 이와 유사한 법률에 따르면, 시스템에 무단으로 접근하는 것은 불법이다. 이러한 시스템을 사용하는 사람들이 나쁜 행위자라 하더라도 해당 시스템은 미국 법에 따라 보호받는 컴퓨터라고 간주되며, 심지어 접근하기만 해도 법을 위반하는 행위가 될 수 있다.

간단히 말해, 우리가 말하는 어떤 것도 공격적인 행위로 받아들여서는 안 된다. 종결 단계는 전적으로 여러분의 네트워크 밖이 아니라 안에서만 이뤄진다.

종결 단계

네트워크에서 공격자를 종결하는 것은 많은 형태를 띤다. 탐지 단계에서 확인한 활동의 본질, 조직의 정교함, 위험의 내성 그리고 여러분이 갖고 있는 법적 권한은 공격자를 제거하고 다시 돌아오지 못하도록 하는 방법을 알려줄 것이다.

종결 단계에는 완화하기[mitigate]와 개선하기[remediate] 그리고 재구성하기[rearchitect]가 있다. 이 단계들을 한 번에 모두 실행할 수는 없다. 포괄적인 조사 후에도 일부 전술적 대응 조치는 신속하게 수행될 수 있지만, 재구성과 같이 많은 전략적 대응 조치는 오랜 시간이 걸린다. 이 세 단계를 구체적으로 살펴보자.

---

2   https://bit.ly/1I7dH9g - 옮긴이

완화하기

사고가 일어나는 동안, 방어 팀은 종종 문제를 완화해야만 한다. 완화는 장기적인 수정이 이뤄지는 동안, 침입이 더 나빠지지 않도록 임시로 조치하는 과정을 말한다.

완화는 여러분이 적의 접근을 차단하기 전에 공격자가 대응할 기회를 주지 않도록 신속하고 조정된 방식으로 진행돼야 한다. 완화는 배달과 명령 및 제어 그리고 표적의 활동을 포함하는 킬 체인의 여러 단계에서 수행된다.

공격자 제보

사고대응 팀이 위치 결정 단계에서 종결 단계로 넘어갈 때는 종결 행위에 대한 공격자의 잠재적 대응을 고려해야 한다. 조사 과정은 대체로 (첩보 수집 및 분석과 같이) 수동적이지만, 대응은 능동적이다. 이로써 공격자가 전략을 바꾸거나 새로운 조치를 취하게 되므로 공격자 제보가 가능하다. 공격자의 대응을 막기 위해서는 행동을 계획하고, 가능한 한 신속하게 그 계획을 실행에 옮겨야 하며, 공격자가 환경에 머물기 위한 접근 권한을 활용하지 못하도록 해야 한다.

배달 완화하기

공격자가 환경에 다시 진입할 수 있는 능력을 제한하려고 노력해야 한다. 공격자의 침입을 차단하려면 일반적인 동작 방법을 알려주는 탐지 단계와 네트워크 침입 방법을 알려주는 위치 결정 단계에서 수집한 첩보를 이용해야 한다. 배달을 완화하려면 배달에 사용된 이메일 주소 또는 첨부 파일을 차단하거나 환경에 로그인하는 데 사용된, 침해당한 자격 증명을 차단해야 한다. 배달에서의 완화는 활성 세션에 영향을 미치지 않고, 접근을 얻거나 다시 얻으려는 미래의 시도에만 영향을 미치기 때문에 탐지될 가능성이 가장 낮은 유형이라고 할 수 있다.

명령 및 제어 완화하기

공격자가 어떤 형태의 명령 및 제어를 사용하고 있다면, 이 접근을 차단하는 것은 개선 단계로 넘어가기 전에 해야 할 가장 중요한 행동 중 하나다. 완화의 전반적인 핵심은 여러분이 환경을 다시 제어하려고 할 때, 공격자가 환경을 바꾸지 못하도록 하는 것이다. 공격자가 환경을 바꾸는 가장 쉬운 방법은 시스템에 접근하는 대체 수단으로 이미 설정한 연결을 사용하는 것이다. 한 가지 예로, 기본 원격 접속 트로이 목마 외에 다른 서명을 가진 보조 원격 접속 트로이 목마를 설치하지만, 통신 간격이 훨씬 길어 쉽게 탐지되지 않는다. 이런 상황에서 공격자는 기본 도구가 제거되더라도 나중에 다시 돌아올 수 있다는 것을 알 수 있다.

세션 해제

안타깝게도 이메일과 같은 대부분의 온라인 시스템은 침해당한 사용자 패스워드를 변경할 때, 세션을 자동으로 해제하지 않는다. 이런 이유로 접근을 제거했다고 생각하는 상황이 발생할 수 있지만, 공격자는 여전히 로그인한 상태를 유지한다. 이는 공격자가 사고대응 팀이 종결시켰다고 믿는 자원에 다시 완전한 제어를 할 수 있고, 추가 세부 사항의 행동을 관찰하고 적응할 수 있으므로 완화 및 개선 작업에 치명적일 수 있다.

애플리케이션별 암호도 잊어서는 안 된다. 많은 서비스에서 데스크톱 클라이언트나 타사 서비스에 일회용 암호(one-time password)를 사용한다. 이 패스워드는 거의 변경되지 않으며, 피해자가 정기적으로 패스워드를 변경하더라도 공격자는 장기적인 접근을 위해 사용할 수 있다.

표적의 활동 완화하기

표적의 활동을 완화하는 것은 이해관계자가 즉시 수행하길 바라는 것을 의미한다. 여러분의 환경에서 잠재적으로 민감한 첩보에 접근하거나 훔치고 있는 공격자가 있다는 것을 아는 것은 그 누구도 편안하거나 안전하다고 느끼게 만드는 생각은 아니다. 네트워크보안 절차가 진행되는 동안 공격자 행위의 결과나 심각성을 줄이는 것은 공격자가 전략을 변경하고 목적을 달성하기 위해 다른 방법을 찾을 기회를 주지 않으며, 첩보를 보호하기 위한 균형 잡힌 행동이다.

표적의 활동 완화 조치는 민감한 첩보에 접근하는 것을 제한하거나, 데이터 유출을 막기 위해 네트워크 전송 옵션을 줄이거나, 영향을 받은 자원을 함께 차단하는 것에 중점을 둔다. 이때 첩보를 훔치는 것이 항상 공격자의 목표가 아니라는 것을 기억해야 한다. 공격자는 다른 피해자에게 접근하거나 다른 표적에 DoS 공격을 수행하기 위해 여러분의 네트워크를 도약대로 사용할 수 있다. 이러한 행동은 필요에 따라 네트워크 접근 제어나 밖으로 나가는 연결outbound connection을 제한함으로써 개선할 수 있다.

GLASS WIZARD 완화하기

4장, '탐지'와 5장, '위치 결정'은 GLASS WIZARD의 활동의 외부 첩보를 찾음으로써 GLASS WIZARD가 어떻게 동작하는지, 특히 그들이 어떻게 시스템을 성공적으로 침해할 수 있었는지 그리고 침해한 후 어떤 행동을 했는지 알아내는 데 초점을 맞췄다. 이제 적을 알게 됐으므로 공격자의 활동을 완화해 종결 단계를 시작할 수 있다.

우리는 GLASS WIZARD가 스피어 피싱 이메일로 네트워크에 접근할 수 있다는 것과 위치 결정 단계에서 이메일 제목과 첨부 파일(인사부를 대상으로 한 이력서) 외에 보낸 사람을 확인할 수 있었다. 우리는 공격자가 동일하거나 유사한 방법을 사용해 접근을 다시 설정하려는 위험을 완화하기 위해 유사 이메일을 샌드박스로 보내 다시 접근하려는 시도를 찾을 수 있다.

우리는 명령 및 제어 활동을 완화하기 위해, 확인된 명령 및 제어 서버로의 트래픽을 차단하고 GLASS WIZARD가 사용한 다른 명령 및 제어 방법을 차단하거나 관찰한다. 또한 공격자가 자신들의 활동이 탐지됐다는 것을 알게 된 후, 전술을 바꿀 수 있다는 것을 알고 있으므로 공격자가 자신들의 발판을 유지하거나 회복하기 위한 공격자의 변화에 대비할 수 있다.

마지막으로 우리는 환경 전반에 걸쳐 패스워드를 재설정하고, 공격자가 사용자와 시스템 자격 증명을 모두 갈무리한 것이 거의 확실하므로 해당 환경에 사용된 온라인 시스템과 애플리케이션의 모든 세션을 해제해야 한다. 우리는 GLASS WIZARD가 네트워크에서 찾았을 것으로 보이는 첩보의 종류를 알고 있지만, 해당 첩보가 사용자의 시스템과 이메일을 포함해 네트워크를 이용해 널리 배포되고 있다고 평가했다. 우리는 많은 양의 첩보가 저장된 데이터베이스와 다른 장소의 관찰을 늘릴 것이며, 종결의 재구성 단계에서 민감한 첩보를 더 잘 추적하고 보호하는 방법에 중점을 둘 것이다.

공격에 따른 피해를 막거나 제한하기 위해 완화 조치를 취했다면, 이제 공격자에게 더 영구적인 영향을 미칠, 개선 단계^{Remediation phase}로 넘어갈 때다.

개선하기

개선은 공격자의 모든 기능을 제거하고 침해당한 자원을 무효로 만듦으로써 공격자가 다시는 작전을 수행하지 못하도록 하는 절차다. 개선은 완화와는 다른 일련의 킬 체인의 단계에 초점을 맞추고 있는데, 이 절에서는 취약점 공격과 설치 그리고 표적의 활동으로 나눠 설명한다.

취약점 공격 개선하기

취약점 공격의 개선은 대부분 패치를 의미한다. 모든 공격은 취약점에 의존하므로 향후 시스템을 침해할 때 취약점 공격이 가능하지 않도록 하는 가장 좋은 방법은 (방화벽 뒤에 시스템을 놓거나 다른 접근 제어 절차를 사용해) 취약점 공격이 목표에 도달하지 못하도록 하거나 취약점을 없애는 것이다. 패치를 사용할 수 있는 경우라면 취약한 시스템에 패치를 하기 위해 우선순위를 정하고 미리 패치하지 못한 이유를 확인하는 것이 문제지만, 어떤 경우에는 패치를 사용하지 못할 수도 있다. 이런 상황에서는 문제를 인식하고 있거나 인식하지 못하고 있는 소프트웨어 제작자와 함께 개선 작업을 수행해야 한다. 영구적인 수정 작업을 하는 데 오랜 시간이 걸릴 때는 취약한 시스템을 격리하거나 엄격한 접근 제어 관찰을 하는 등 다른 완화 조치를 취할 수 있다.

많은 조직이 맞춤형 코드를 보유하고 있지만, 어떤 경우에는 공급 업체가 아니라 담당 팀에 문의해야 할 수도 있다. 여러분의 조직이 맞춤형 도구나 코드를 사용하고 있고, 보안 문제가 있는 경우, 내부 애플리케이션개발 팀과 협력하기 위한 절차를 마련하는 것이 좋다.

설치 개선하기

설치를 개선하는 것은 간단한 문제처럼 보인다. 취약점 공격 과정에서 생성된 모든 것을 삭제한 시점에서 설치해야 한다. 개념은 간단하더라도 설치된 악성 코드를 개선하는 것은 어렵고, 종종 많은 시간과 노력이 필요하다.

악성 코드는 재부팅이나 오류 발생 시 시스템에서 첫 번째 실행 파일로 실행되도록 만드는 지속성 메커니즘이다. 공격자는 취약점 공격 시 시스템을 제어할 수 있게 됨으로써 다양한 활동을 할 수 있다. 이를 완전히 이해하려면 시스템의 이해와 많은 조사가 필요하다.

이러한 복잡성을 고려할 때, 설치 후에 악성 코드를 어떻게 완전히 제거할 수 있을까? 이는 파일을 삭제하는 것만큼 간단하지 않다. 이 문제는 악성 코드를 제거하는 가장 좋은 방법이 단순히 제거하는 것인지, 시스템을 포맷하고 시스템을 완전히 다시 구축하는 것인지의 근본적인 논쟁으로까지 이어진다. 백신은 악성 코드를 성공적으로 제거할 수 있다는 예상하에 동작하지만, 많은 사고 대응자는 항상 그렇지만은 않다는 것을 알게 됐다. 상황을 어떻게 처리할 것인지의 결정은 각 사고대응 팀이 해야 한다.

> ### 우리의 의견: 악성 코드 제거 또는 시스템 포맷
>
> 이 칸은 보통 우리가 매력적인 일화를 들려주거나 여러분 스스로 결정해야 한다고 제안하는 곳이지만, 여기서는 그냥 표준적인 조언을 하겠다. 그냥 포맷하라! 다른 요인이 있거나 이와는 다른 결정을 내릴 수도 있지만, 우리는 포맷하는 것을 추천한다. 포맷이 악성 코드를 제거하고 공격자 시스템 활동이 완전히 완화됐다고 100% 확신할 수 있는 유일한 방법이다. 특수한 시스템에서는 포맷하는 것이 불가능할 수도 있지만, 포맷이 가능할 때에는 포맷만이 어떠한 것도 놓치지 않았다는 것을 알 수 있는 가장 좋은 방법이다.

표적의 활동 개선하기

모든 표적의 활동 단계를 개선할 수는 없지만, 고려할 만한 가치는 있다. 이렇게 할 수 있는 능력은 공격자가 취하는 행동뿐 아니라 여러분의 원격 측정 때문에 제한될 수 있다.

데이터 절도의 경우, 어떤 첩보를 탈취당했는지 알고, 피해를 최소화하는 것 이상은 하기 어렵다. 예를 들어 2013년, 보안 회사인 Bit9은 침해를 당해 공격자에게 회사의 코드 서명 인증서code-signing certificate를 빼앗겼다.[3] 윈도우 운영 체제는 기본적으로 이 인증서로 서명된 소프트웨어를 신뢰한다. 결과적으로 공격을 개선하는 가장 좋은 방법은 인증서 취소를 요청하고, 해당 인증서와 해당 인증서로 서명된 소프트웨어를 무효로 만드는 것이다.

표적 활동 개선의 또 다른 예로는, DDoS 봇DDoS bot, distributed denial of service bot의 네트워크 활동outbound network activity을 차단하거나, 도난당한 신용카드 번호를 공급자에게 보고해 무효로 만들거나, 패스워드나 다른 도난당한 자격 증명을 변경하거나, 도난당한 소프트웨어의 전체 소스 코드 검토를 시작하는 것 등을 들 수 있다. 모든 상황이 드러나기 전까지 모든 것을 예측하는 것은 거의 불가능하지만, 어떤 일이든 표적 활동 개선 조치에는 종종 문제의 근본 원인과 공격자의 목표, 침해당한 자원으로 작업하는 사람들과의 협조를 이용한 조사와 약간의 창의성이 필요하다.

---

3   보안 뉴스 관련 기사 링크(https://bit.ly/33C3RcN) - 옮긴이

GLASS WIZARD 개선하기

우리는 GLASS WIZARD가 수준 높은 행위자이고 Hikit과 ZOX 제품군(둘 다 우리 시스템에 있었다)을 포함한 다양한 악성 코드를 사용한다는 것을 알고 있다. 침해당한 시스템을 개선하기 위해서는 가능한 한 이러한 시스템을 재구성해야 한다. 그러나 시스템을 재구성하는 것이 항상 가능한 것만은 아니다. 우리의 계획은 침해당한 모든 호스트를 재구성하는 것이지만, 침해당한 서버 중 일부는 다르게 처리해야 한다.

도메인 컨트롤러^{domain controller}[4]의 경우, 서버를 재구성하는 것과 관련된 가동 중지 시간은 서버에 의존하는 많은 시스템 때문에 허용되지 않으므로 다른 접근 방식을 취해야 한다. 우리는 이런 상황에서 도난당한 자격 증명이나 명령 및 제어 통신을 이용해 시스템에 접근하려는 공격자의 능력을 완화하기 위해 적절한 조치를 취한 후, 좋은 것으로 알려진 활동^{known good activity}의 특정 화이트리스트가 있는 새로운 시스템을 구축하고, 좋은 것으로 알려지지 않은 모든 것에 경고를 할 것이다. 우리에게는 GLASS WIZARD가 네트워크로 다시 들어가려고 한다는 확신이 있다. 그리고 GLASS WIZARD가 어떻게 네트워크로 다시 들어갈지는 정확히 알지 못하지만, 정상이 아닌 모든 활동에 주의를 기울여야 한다는 것은 알고 있다. 새로운 시스템이 제대로 구성되고 추가 보안 조치가 마련되면, 침해당한 시스템을 한 번에 모두 교체할 수 있다.

GLASS WIZARD는 일부 호스트의 CVE-2013-3893 취약점을 사용했다는 것을 확인했으므로 인터넷 익스플로러를 사용하는 구 버전의 시스템을 패치하기 위해서는 정보보호 팀과 협력해야 한다. 우리는 이미 완화 과정의 일부로 자격 증명을 변경했지만, 자격 증명을 이용해 다시 접근하려는 공격자의 시도를 확인하기 위해 몇몇 이전 계정의 시도를 관찰하기로 했다.

---

4   윈도우 서버 시스템상에서 도메인 컨트롤러(DC)는 윈도우 서버 도메인 안에서 보안 인증 요청(로그인, 이용 권한 확인 등)에 응답하는 서버다. - 옮긴이

재구성하기

인텔리전스 기반 사고 대응 데이터의 가장 효과적인 용도 중 하나는 고급 개선 방법이다. 사고대응 팀은 과거의 사고 동향을 바탕으로 공통된 패턴을 확인하며, 전략적인 수준에서 이를 완화하기 위해 노력한다. 이러한 완화 조치는 일반적으로 작은 변화가 아니며, 시스템 구성의 조정과 같은 작은 변경이나 추가 사용자 교육, 새로운 보안 도구 개발이나 전체 네트워크를 재구성하는 것과 같은 대규모 전환 등이다.

이러한 대규모 변경은 주로 한 번의 큰 유출사고가 발생한 후에 일어나지만, 더 작은 침입이나 실패한 침입 동향을 파악하는 능력을 과소 평가해서는 안 되며, 변경의 원인으로 취약점이나 약점의 첩보를 사용해야 한다.

GLASS WIZARD 재구성하기

우리는 GLASS WIZARD가 침해했던 시기에 도움이 된, 몇 가지 시스템의 구성^{architecture}과 프로세스 관련 문제를 발견했다. 이 중 하나는 2013년의 취약점이 몇몇 호스트에서 개선되지 않았다는 사실이다. 패치는 일반적으로 여러 취약점을 해결하는 큰 패키지의 일부로 설치되기 때문에 해당 시스템에 다른 취약점이 있다는 것도 알고 있다. 이 경우, 이 과정이 왜 효과가 없었는지 이해하고, 필요한 조치를 취해야 한다.

또한 우리의 환경에서 인증 및 접근을 제어하는 방법도 확인했다. GLASS WIZARD는 우리의 환경에서 이동하기 위해 합법적인 계정을 사용할 수 있으며, 해당 계정에서는 의심스러운 활동을 확인할 수 없다.

이 문제를 해결하기 위해서는 추가 투자가 필요하다. 우리가 취하는 완화와 개선은 네트워크를 안전하게 보호하고, 더 지속적인 시스템 구성의 변경을 계획하고 구현하는 데 도움이 된다.

조치하기

공격자의 활동을 종결하려는 조치는 전술적인 행동뿐 아니라 전략적인 운영 계획이 필요하다. 응집력 있는 계획이 수립되고 책임 있는 모든 당사자가 취해야 할 조치와 시기를 알게 되면 행동할 때가 된 것이다.

방어자는 거부하거나[deny], 방해하거나[disrupt], 저하하거나[degrade], 속이거나[deceive], 파괴할[destroy] 수 있는 옵션을 갖고 있다.

우리는 2장, '인텔리전스의 기본 원리'에서 공격자의 활동과 관련된 D5를 논의했다. 공격자는 목표로 하는 시스템이나 네트워크를 거부하거나, 저하하거나, 방해하거나, 속이거나, 파괴하는 행동을 취한다. 종결 단계에서 공격자를 네트워크에서 제거하기 위한 행동을 결정하기 위해 같은 D(즉, 5개의 행동)를 사용할 수 있다. 다시 한번 얘기하지만, 이러한 모든 옵션을 사용해 수행 중인 모든 조치는 여러분의 네트워크 안에서 이뤄지며, 여러분이 제어하는 시스템의 외부에서 처리해서는 안 된다.

거부하기

거부하기는 가장 기본적인 대응 조치 중 하나이며, 거의 모든 경우에 공격자 활동의 초기 대응이다. 공격자는 여러분의 네트워크나 첩보에 접근하길 원한다. 또한 자신들이 원하는 것을 찾고, 그것을 취득하기 위해 시스템 간에 자유롭게 이동할 수 있길 바란다. 거부하기의 목표는 이런 활동을 할 수 있는 공격자의 능력을 제거하는 것이다.

공격자가 어떻게든 여러분의 네트워크에 침입할 수 있게 되면, 접근을 유지하기 위해 백도어를 심거나 사용자의 자격 증명을 복사한다. 여러분은 탐지 단계에서 이런 활동을 확인했다. 이 단계에서는 여러분이 공격자가 네트워크에 접근하는 것을 완전히 거부하는 방법으로 접근을 제거하는 데 초점을 맞출 수 있다. 공격자의 접근이나 이동을 거부하기 위한 몇 가지 방법을 소개한다.

자격 증명 기반 접근

공격자가 네트워크에 접근하기 위해 도난당한 자격 증명^{stolen credential}이나 기본 자격 증명^{default credential}을 사용한다면, 공격자의 접근을 거부하기 위한 가장 좋은 방법은 자격 증명을 바꾸거나, 오래된 계정을 제거하거나, 공격자가 도난당한 접근을 사용해 직접 만든 계정을 찾는 것이다.

백도어 및 삽입 프로그램

2장, '인텔리전스의 기본 원리'에서 백도어와 삽입 프로그램을 살펴봤으므로 백도어와 삽입 프로그램이 어떻게 동작하고, 공격자가 이것들을 어떻게 사용하는지를 알고 있을 것이다. 따라서 공격자가 네트워크에 접근하기 위해 이 도구들을 사용할 수 있는 능력을 효과적으로 제거할 수 있다. 접근을 거부하기 위해서는 백도어가 처음에 어떻게 설치되는지를 알아야 한다. 공격자의 도구를 제거하는 것뿐 아니라 종종 두 도구가 함께 사용되기 때문에 자격 증명을 변경해야 한다는 사실을 명심해야 한다. 공격자는 접근 권한을 얻기 위해 자격 증명을 이용하고 백도어를 설치하거나 접근한 후에 자격 증명을 버린다.

측면 이동

접근을 거부하는 것은 공격자가 외부에서 네트워크로 들어오지 못하게 하는 것이 아니라 네트워크를 활용해 측면으로 이동할 수 있는 능력이 있는지 확인하는 것을 의미한다. 앞서 언급했듯이, 종결은 한 명의 공격자를 네트워크에서 쫓아내는 것이 아니다. 이 단계는 공격자가 처음부터 접근할 수 있게 만든 것들을 확실하게 처리하고 네트워크로 이동할 수 있는 공격자의 능력을 거부하는 것이다. 탐지와 위치 결정 단계에서는 공격자가 네트워크로 이동하기 위한 (일반적인 방법뿐 아니라 여러분의 사고와 환경에 맞춰진) 방법을 모두 확인했을 것이기 때문에 이 방법이 가능하도록 만든 문제를 해결해야 한다.

위치 결정 단계에서 수집한 모든 첩보를 사용해 접근을 완벽하게 거부할 수 있는 계획을 수립할 수 있다. 그러나 접근을 거부하는 것만으로는 부족한 경우도 있는데, 그 이유는 공격자들이 즉시 접근 권한을 되찾으려고 시도할 것이기 때문이다. 또한 네트워크 접근 권한을 다시 얻거나 첩보 접근 권한을 얻으려는 시도를 중단시키고, 네트워크에서 해당 첩보를 얻어낼 수 있는 공격자를 차단하도록 조치를 취해야 한다.

방해하기

전통적인 작전에서는 종종 작전을 수행하려는 공격자의 능력을 거부하는 것이 불가능하다. 따라서 목표는 공격자가 비효율적인 행동을 취하도록 함으로써 공격자의 작전을 수행할 수 있는 능력을 떨어뜨린다. 방해하기와 저하하기는 고급 공격자를 단순히 접근을 거부하려는 시도가 성공할 것 같지 않을 때 취할 수 있는 접근 방식이다.

접근을 영구적으로 거부하는 것은 어려운 일이기 때문에 많은 조직에서 같은 공격자가 계속 침입할 수 있다. 네트워크에 침투하기로 한 공격자, 특히 해당 네트워크에 기술적인 보안 대책을 우회하기 위해 목표로 삼은 사용자가 있다면, 해결 방법을 찾을 수 있다.

공격자가 네트워크에 다시 돌아올 수 있다는 것은 공격자가 좇는 첩보를 얻을 수 있다는 것을 의미하지 않는다. 공격자가 찾고 있는 첩보에의 접근을 거부하려면, 공격자가 목표로 하고 있던 (탐지 단계와 위치 결정 단계에서 결정했어야 했던) 대상을 확인한 후, 해당 첩보에의 접근을 제한하기 위한 추가 조치를 취해야 한다. 이는 중요한 첩보의 추가 접근 제어 수단을 설정하고, 누군가가 해당 첩보를 발견하거나 접근하려고 시도할 때 탐지하도록 경보를 추가로 설정하는 것을 의미하거나 공유 자원에 접근할 때 추가 인증이 필요하다는 것을 의미할 수 있다. 이러한 단계는 공격자가 좇는 첩보를 이해하고 네트워크에서 해당 첩보가 있는 위치를 알고 있는 경우에만 수행할 수 있다.

저하하기

작전을 저하하는 과정의 목표는 공격자가 자신들의 손을 보여주도록 만들어 보다 효과적으로 대응하는 것이다. 그러나 목표는 좀 더 많은 공격자 전술의 첩보를 수집하는 데 있는 것이 아니라 이전에 확인된 공격자의 활동 효과를 떨어뜨리는 데 있다.

속이기

속임수는 잘못되거나 호도하는 첩보를 제공해 공격자를 떨쳐 버리기 위한 행위다. 대부분의 경우, 속임수는 표적의 활동에 초점을 맞춘다. 그 예로는 지적 재산에 초점을 맞춘 공격자가 오류를 일으킬 수 있는 잘못된 유형의 금속 첩보가 있는 위젯 계획^{widget plan} 버전을 가져가도록 하는 것을 들 수 있다. 이 아이디어는 공격자의 수집 노력을 평가절하하거나 다른 곳에 집중하도록 만든다.

속임수 기술의 또 다른 유형에는 '허니팟'이 있다. 이 시스템은 일반적인 시스템처럼 보이도록 만들어졌지만, 비밀리에 향상된 원격 측정을 제공하도록 설정됐다. 대표적인 예로는 포트에서 올바른 리스닝 서비스^{right listening service}를 가진 데이터베이스 서버처럼 보이도록 설정된 시스템을 들 수 있다. 아마도 ma-contracts-db(이 경우, ma는 병합^{Merger}과 획득^{Acquisition}을 의미)와 같은 초청 호스트 이름으로 설정했을 수도 있다. 공격자는 호스트를 찾고, 유용한 데이터가 있을 수 있는 대상에게 접근할 수 있다. 방어자는 이 시스템에 유용한 것이 없다는 것을 알고 있으므로 공격자만이 유일하게 접근하려고 할 것이다. 방어자는 이 시스템에 접근하려는 시도를 확인함으로써 관련 첩보를 제공할 수 있다. 허니팟은 단순히 시스템일 필요는 없으며, 소셜 네트워크와 사용자 페르소나^{user persona}와 같은 다른 정황에서 사용될 수 있는 기술이 될 수도 있다.

가설적으로 이 내용은 훌륭하다. 실제로는 속임수 기술이 유용할 수 있지만, 효과적으로 실행하기는 어렵다. 대부분의 속임수는 공격자를 유혹하는 미끼인 대롱^{dangle}에 의존한다. 대롱은 아슬아슬한 줄타기를 해야 한다. 충분히 매력적이지 않으면 공격자는 대롱에 접근하려고 하지 않을 것이고, 너무나 유혹적이면 낌새를 알아차릴 것이다. 여러분이 유혹의 수준을 선택한다 하더라도 속임수는 여전히 도전의 대상이 될 수 있다. 소셜 네트워크에서 가짜 페르소나^{fake persona}를 사용해 피싱을 확인하고 싶다고 가정해보자. 프로파일 설정이 완벽하더라도 공격자가 찾을 수 있는 출처에서 그림을 가져오거나 너무 적은 사용자가 연결하고 있다면, 프로필 설정이 빠르게 끊어질 것이다.

공격자를 속이는 것은 어렵다. 모든 것을 바로잡거나 유용하게 만드는 것은 도전이다. 또한 거짓 긍정의 비율도 높아질 수 있다. 속임수는 유용할 수 있지만, 속임수를 효과적으로 만들기 위해서는 시간과 노력이 필요하다.

파괴하기

파괴하기는 시스템에 일종의 물리적인 손상을 일으키는 것을 의미하며, 이는 일반적으로 좋은 대응이 아니다. 그 이유는 우리가 여러분이 소유하고 있는 네트워크에 취할 수 있는 행위를 얘기하고 있기 때문이다. 여러분이 침해당한 오래된 시스템을 발견할 수도 있고, 이 시스템을 네트워크에서 제거하는 것이 좋은 선택일 수도 있지만, 그렇다고 해서 반드시 해당 시스템을 파괴할 필요는 없다.

분명히 말하건대, 이 절에서는 공격자가 소유하고 있거나 운영하는 시스템의 파괴를 얘기하는 것이 아니다. 앞에서 언급했듯이, 이러한 모든 조치는 여러분의 네트워크에서 이뤄진다.

사고 데이터 정리하기

사고 후에 취해야 할 제일 중요한 일은 사고를 진행한 조사와 취한 조치의 세부 사항을 기록하는 것이다. 이러한 세부 사항은 다음에 초점을 맞춰야 한다.

- 초기 단서와 출처 그리고 결과
- 공격자 전술과 기술 및 절차의 지표와 설명이 포함된 공격자 킬 체인의 세부 사항
- 취약점과 구성, 소유자 및 목적을 포함한, 침해당한 호스트의 첩보
- 표적의 활동과 침해가 사용자에 미친 영향 그리고 도난당한 내용의 세부 사항
  (법 집행에 참여한다면 매우 중요함)

- 호스트에서 어떤 리스폰더^{responder}가 취한 대응 활동(잘못된 것들을 추적하는 경우에 중요함)

- 장기적인 조치를 위한 후속 단서나 아이디어

또한 개별 조직의 필요에 따라 추가 첩보가 있을 수 있다. 사고 데이터 정리의 궁극적인 목표는 모든 사고 대응자가 자신들이 발견한 것을 공유하고 모든 사람을 조정할 수 있는 하나의 출처를 만드는 것이다. 이에는 많은 접근 방식이 있는데, 결국 핵심은 첩보를 저장하는 방법에 있는 것이 아니라 모든 사람이 함께 일하고, 절차를 따라가며, 일을 완수하는 것이다.

추적 활동을 위한 도구

사고 데이터와 수행한 조치를 추적하는 데는 다양한 도구가 사용된다. 이 절에서는 공개적으로 사용할 수 있는 도구와 특수 목적으로 제작된 도구로 데이터를 정리하는 방법을 설명한다. 사고 대응을 시작할 때, 첩보와 취한 조치를 추적할 수 있는 기존 시스템이 없는 경우에는 소규모로 시작해 능력^{capability}과 기능^{functionality}을 늘려 나가는 것이 가장 좋다. 필수 입력 항목이 복잡한 시스템을 추가하면, 시스템에 압도당하기 쉬우므로 결국 거의 사용하지 않게 된다. 최악의 결과는 분석가들이 사용하고 싶지 않은 사고 추적 시스템^{incident-tracking system}으로, 해당 시스템은 사고의 첩보 추적을 더 어렵게 만든다. 다행스럽게도 사고 첩보를 추적하기 위한 쉬운 출발점이 몇 군데 있다.

개인 메모

사고 관리는 거의 모든 경우에 분석가의 메모에서 시작된다. 훌륭한 분석가는 공식적인 조사와 일상적인 관찰에 메모가 필요하다는 것을 알고 있다. 그 결과, 많은 분석가는 보안운영센터의 교대 임무나 사냥하는 날에 발견한 것들을 적는 습관을 지니게 된다.

메모는 분석가에게 매우 유용할 수 있으며, 공식 보고서를 작성할 때 자주 참조하게 되지만, 보안 조직 이외의 부서에서는 거의 쓸모가 없다. 이는 주로 메모의 형식^{formatting}

때문이다. 개인 메모를 하는 분석가는 일반적으로 자신이 수행하는 조사를 위해 개인적인 스타일과 형식을 만들어 사용한다. 예를 들어 종이 메모지나 텍스트 파일과 같은 매체를 사용해 메모를 시작한다. 여기서부터 분석가는 (12-1-16, 20161201과 같은 형태의) 다른 형식의 날짜를 사용하고 서술식 형태로 쓰거나, 개조식 형태로 쓰거나, 그래프를 그리는 등의 다양한 방법을 사용한다.

개별 메모가 어려운 이유는 메모를 활용하는 것이 어렵기 때문이다. 메모를 손으로 쓴 것이라면, 기본적으로 (필기체 인식의 한계때문에) 활용할 수 없다. 타이핑된 것이라면 활용할 기회가 있긴 하겠지만, 많은 문맥이 손실될 수 있다.

개인 메모는 메모를 작성한 분석가를 위한 것일 뿐이며, 팀은 첩보를 추적하기 위한 메모를 공유하는 형식으로 함께 일을 한다.

운명의 스프레드시트

팀이 함께 첩보를 추적하기 위한 첫 번째 시도는 스프레드시트spreadsheet로 시작하는 것이다. 그러나 분석가들은 스프레드시트의 내용과 확장 그리고 스프레드시트로 작업하는 것을 꺼리기 때문에 이를 '운명의 스프레드시트SOD, Spreadsheet of Doom'라고 한다.

스프레드시트는 쉽게 구조화할 수 있는 장점이 있다. 일반적으로 하나의 스프레드시트에서 여러 스프레드시트 또는 탭으로 구성돼 있으므로 다음과 같은 첩보를 저장할 수 있다.

- IOC

- 침해당한 자원(시스템, 서비스, 데이터 등)

- (계획되거나 취한) 대응 조치

그림 6-1은 스프레드시트를 사용한 예다.

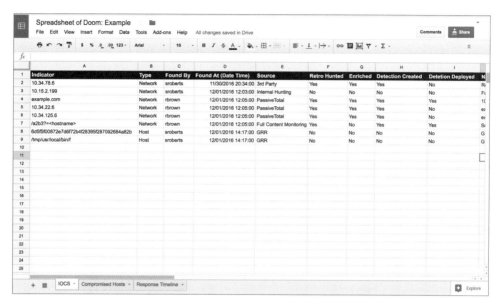

그림 6-1. 구글 시트(Google Sheets)를 사용한 스프레드시트

스프레드시트를 어떻게 설정하고, 어떤 항목을 넣고, 어디에 저장하며, 사람들이 어떻게 협력하는지는 각 조직에 따라 다르며, 시간이 지남에 따라 진화할 것이다. 이때 중요한 것은 이름과 날짜, 범주의 일관성과 합의된 형식 및 규칙이다. 개인 메모 대비 스프레드시트의 큰 장점은 스프레드시트를 쉽게 활용할 수 있다는 것이기 때문에 일관성이 유지돼야 한다.

스프레드시트는 쉼표로 구분된 값CSV, comma-separated values 문서로도 내보낼 수 있다. CSV 파일은 많은 도구와 다양한 스크립트 언어로 쉽게 읽고 쓸 수 있으므로 모든 IP의 역 DNS를 자동으로 해석하거나 VirusTotal에서 해시 값을 확인하는 것과 같은 작업을 다른 텍스트 기반 문서보다 더 쉽게 할 수 있다. 이런 자동화 작업은 매우 중요하다.

이 시점에서 스프레드시트의 단점을 명확히 밝히고자 한다. 스프레드시트는 효과적으로 사용하고, 관습을 따르기 위한 규율에 의존한다는 것이다. 잘못된 데이터가 다른 방법으로 유효한 인텔리전스를 오염시키는 것을 막기 위한 어떤 종류의 유효성 검사도 없다. 데이터가 오염되면 스프레드시트가 실패로 끝난다.

타사의 일반적인 도구

물론 공개적으로 또는 상업적으로 이용할 수 있는 제품을 사용하는 대안이 있으며, 많은 팀이 사고 대응 관리와 사고 첩보 수집을 위해 사용할 수 있는 도구를 자체적으로 도입해 사용하고 있다. 이는 팀의 결정이며, 임시방편이나 장기적인 해결책이 될 수도 있다. 칸반 보드^{kanban board}[5], 마크다운^{Markdown}과 같은 반구조적 플랫 파일^{semistructured flat file}[6] 형식, 위키 또는 일반화된 IT 티켓팅 시스템^{ticketing system}과 같이 데이터 정리를 목적으로 만들어지지 않은 타사의 도구를 평가할 때는 다음과 같은 사항을 고려해야 한다.

자동화 능력

데이터 구조가 갖는 가장 큰 장점은 공동 작업을 자동화시킬 수 있는 도구를 구축할 수 있다는 것이다.

정형화된 팀 작업 흐름과의 통합

새로운 기술을 가르치는 것은 힘든 일이다. 특히 스트레스를 많이 받는 상황에서 이런 도구를 사용해야 할 때는 더욱 힘이 든다.

도구를 결정한 후, 사고 대응 상황에서 새로운 도구를 사용해야 할 때 가장 좋은 접근 방식은 그 도구를 사용하는 것이다. 다양한 샘플 연습을 이용해 새로운 작업 흐름 도구에 적응해 나가는 것이 가장 좋다. 문제는 언제든지 발생할 수 있지만, 사고가 일어나고 있는 동안이 아니라 연습으로 해결하는 것이 더 좋다.

특수 목적으로 제작된 도구

개인 메모와 스프레드시트도 훌륭하지만, 직감에 의존하는 사고 대응 및 인텔리전스 팀

---

5   칸반은 애자일 소프트웨어 개발 구현 시 많이 사용되는 체계이며, 작업 항목은 칸반 보드에 시각적으로 표시돼 팀원이 항상 모든 작업 상태를 볼 수 있는 소프트웨어 개발 방법론이다(좀 더 자세한 내용은 https://bit.ly/2KOHRTk 참조). - 옮긴이

6   플랫 파일은 아무런 구조적 상호 관계가 없는 레코드들이 들어 있는 파일로, 종종 다른 구조 문자나 마크업들이 제거된 상태의 텍스트 문서를 가리킨다. - 옮긴이

은 특별 제작된 도구를 원한다. 이러한 전환점은 잘못 입력되거나 잘못된 IP 주소를 추적하는 데 너무 많은 시간을 보냈거나 새로운 탐지가 적용됐는지를 발견한 후에 발생한다. 그 결과, 대부분의 팀이 사고 대응 플랫폼을 설치하거나 새로 만들게 된다.

특별 제작된 사고 대응 시스템은 앞서 논의했던 중요한 특성을 제공한다. 이런 제품들은 쉽게 통합시킬 수 있다. 대부분의 도구는 이메일(이메일로 첩보를 주고받는 경우)과 다른 도구에 직접 연결하는 데 사용하는 애플리케이션 프로그래밍 인터페이스API, Application Programming Interface 등을 포함해 다양하게 통합할 수 있는 부분을 제공한다.

우리가 가장 좋아하는 특별 제작 도구 중 하나는 FIRFast Incident Response[7]이다(그림 6-2 참조). 프랑스에서 세 번째로 큰 은행인 Société Générale의 컴퓨터비상대응 팀CERT, Computer Emergency Response Team이 구축한 FIR은 인텔리전스 기반 사고 대응을 지원하기 위해 만든 오픈 소스 티켓팅 시스템이다.

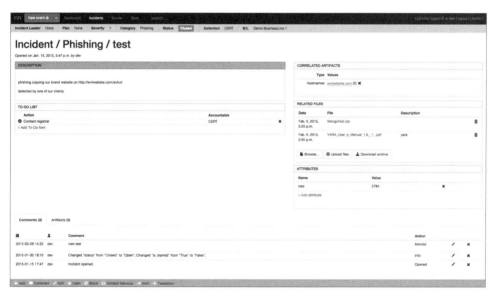

그림 6-2. FIR의 동작 화면

---

7   https://github.com/certsocietegenerale/FIR – 옮긴이

FIR은 사고 대응 및 위협 인텔리전스 운영 지원을 위한 전용 플랫폼을 찾는 사람들이 처음으로 사용하기에 적합한 도구다. 이 시스템의 단점은 사용자 정의 가능성 customizability의 균형을 유지하는 것이다. 옵션이 너무 적고 시스템이 너무 일반화돼 있기 때문에 인터넷에서 다운로드한 운명의 스프레드시트가 될 수 있다. 사용자 정의 가능성이 너무 많으면 분석가는 다양한 옵션 중 어느 것을 선택해야 할지 확신하지 못하게 된다. FIR은 독창적인 작업 흐름과 기본값 집합을 사용해 균형을 이루고 있지만, 많은 사용자 정의를 사용할 수 있다.

피해 평가

모든 사고를 끝낼 때마다 제기되는 중요한 논의 중 하나는 피해 상황을 평가하는 것이다. 피해 상황은 때에 따라 (소매업 운영에 미치는 이벤트나 물리적 하드웨어와 같은 유형의 자원 파괴 또는 사고 대응 서비스나 내부의 사고 대응 시간의 비용과 같은) 손실 비용과 직접 연결될 수 있다. 피해를 결정하려면 영향을 받는 사업 단위와 IT 및 판매 부서와 협력해야 한다. 여러분의 보험 팀은 영향과 비용에 특별한 통찰력을 갖고 있으므로 보험 팀과 협력할 때에는 특별히 신경 써야 한다.

사고 비용의 산출은 법 집행의 중요한 요소다. 조직에 영향을 미치는 사고 비용이 최소한에 이를 때에만 법 집행이 이뤄진다. 이 최소 비용은 관할권에 따라 다르다.

생애주기 관찰

종결 주기Finish cycle의 가장 마지막 부분은 생애주기 관찰을 관리하는 것이다. 사고 발생 시, 다양한 범위의 시그니처를 쉽게 생성할 수 있다. 이러한 시그니처는 생애주기 동안 작업해야 하며, 종결 단계의 마지막에서 이를 검토하는 것이 이상적이다. 생애주기 모니터링은 일반적으로 다음 단계를 포함한다.

생성

첫 번째 단계는 시그니처를 만드는 것으로, 이 시그니처는 분석가가 관찰할 수 있는 것을 내부 시스템에서 관찰하는 방법을 만드는 데 사용한다.

테스트하기

이 단계는 생략되는 경우가 가장 많으며, 생략할 경우 개선 단계에서 비용을 지급하게 된다. 확실한 형태의 테스트는 이미 나쁘다고 알려져 있거나 나쁘다고 알려진 다양한 것에 탐지를 적용해보는 전단계인, 생성 단계에서 이뤄진다. 그러나 테스트는 거짓 긍정을 확인하기 위해, 좋다고 알려진 것에 초점을 맞춰야 한다. 이를 위한 한 가지 방법은 (일반 경고 대신 Snort 로그 작업에 사용하는 등) 경고가 아니라 통계를 산출하기 위해 설정하는 것이다. 이 방법은 종종 효과적이고 매우 현실적이지만, 시간이 오래 걸린다.

또 다른 방법은 테스트를 위해 좋은 것으로 알려진 데이터^{known good data} 뭉치를 갖는 것이다. 이 기술은 특히 거짓 긍정보다 경고가 더 중요한 사고에 특히 유용하다. 하지만 단점은 결과가 매우 빠르지만, 일반적으로 완벽하지 않다는 것이다. 많은 경우에 이상적인 해결책은 상황에 따라 두 기술을 결합하는 것이다.

배치

테스트를 한 후에 탐지할 준비가 되면 배치한다. 일부 팀은 이 단계를 업무의 끝이라고 생각하지만, 이는 보안운영센터 분석가나 침입탐지 팀 구성원을 화나게 만드는 방법이다. 다음 단계인 개선에서 나오는 피드백을 사용해야 하므로 탐지 팀^{detection team}과 협력해야 한다.

개선

피드백을 바탕으로 이 단계를 수행하기 위해 다시 처음으로 되돌아간다. 이런 방식으로 다양하게 개선할 수 있다.

- 매우 구체적인 탐지로 확대할 수 있다. 이는 새로운 샘플이나 관련된 샘플을 확인 할 때 매우 유용하다.

- 매우 광범위한 탐지로 강화할 수 있다. 탐지 시스템을 구축하는 데 시간을 투자한 모든 사람은 일반 네트워크 서비스에서 탐지를 발생시킬 수 있는, 원치 않는 문자열을 갖고 있다. 이는 종종 배치된 후에야 발견할 수 있다.

- 개선은 종종 성능에 영향을 미친다. 원격 측정 자원에 따라 (특히 침입탐지 시스템에서) 주어진 시그니처는 시스템을 느리게 만들 수 있을 뿐 아니라 전체 시스템에 상당한 영향을 미칠 수 있다. 종종 시그니처는 속도나 메모리에 따른 성능을 위해 검토하고 최적화해야 할 경우가 많다.

은퇴

결국 (취약점 패치를 한 후 취약점을 탐지하는 시그니처와 같이) 위험이 완화됐거나 공격이 유리하지 않게 됐으므로 시그니처는 더 이상 유용하지 않게 된다. 어떤 경우에는 성능에 미치는 영향을 받아들일 수 있다고 가정하고, 시그니처를 로그 수집 상태로만 설정해 통계를 지속적으로 수집하는 것이 유용하다.

 SANS CTI Summit 2017에서 포드(Ford)의 제레미 존슨(Jeremy Johnson)이 처음으로 연구한 흥미로운 주제는 (높은 거짓 긍정 때문에) 덜 유용하게 보이는 IOC를 더 효과적으로 사용하는 아이디어였다. 존슨은 'Using Intelligence to Heighten Defense'이라는 발표[8]에서 지표 자체를 개선하는 것이 아니라 고위험 대상에게 신중하게 적용함으로써 정확하지 않은 지표(noisy indicator)를 개선하는 방법을 설명했다. 예를 들어 탐지 팀이 전체 네트워크에서 너무 많은 거짓 긍정을 유발하는 공격자의 명령 및 제어에 너무 일반적인 지표를 사용하는 경우, 이 방법을 연구 개발이나 임원을 위해 네트워크의 침입탐지 시스템에 사용할 때 이 시스템은 여전히 유용할 수 있다.

결론

사고 대응의 능동적인 단계로, 이 종결 단계에 초점을 맞춰야 하는 가장 중요한 단계 중

---

8   https://bit.ly/2KQiYGW – 옮긴이

하나다. 종결을 효과적으로 끝내면, 사고대응 팀은 공격자를 쫓아내고, 공격자의 행동에서 배우고, 더 안전한 네트워크를 보장할 수 있다. 종결을 제대로 끝내지 않으면, 공격자가 네트워크로 파고들어 숨고, 시스템에서 완벽하게 제거되는 것을 피할 수 있도록 공격자에게 알려주는 꼴이 될 수 있다. 완화 및 개선 옵션을 이해하고, 이를 대응 계획에 적용하는 방법을 파악하는 데 시간을 투자하면 팀의 효율성을 장기적으로 높일 수 있다. 마지막으로 모든 결과를 관리하기 위한 방법을 찾는 것은 여러분의 팀이 다음 단계, 즉 F3EAD 인텔리전스 부분의 첫 번째 단계인 확대로 넘어갈 수 있도록 한다. 인텔리전스는 공격자의 행동에서 배우고, 좀 더 안전한 네트워크가 될 수 있도록 보장한다.

## 7장

확대

"적에게만 집중하면 위협을 무시하게 된다."

– 월터 피아트^{Walter Piatt} 대령

사고 대응 절차의 종결 단계가 끝난 시점에서 최종 사고 대응 보고서를 전달하고 나면, 사고 대응자가 주의를 기울여야 하는 곳으로 옮겨가는 것이 일반적이지만, 이 책은 여기서 끝나지 않는다. 우리는 조사 과정에서 공격자에 관한 데이터를 수집하고, 네트워크에서 추가 첩보를 찾았으며, 공격자의 작전에 영향을 미치도록 조치했다. 이제 모든 데이터를 수집하고, 인텔리전스의 가치를 따지기 위해 수집한 데이터를 분석해 탐지와 예방을 위한 방법뿐 아니라 위험 평가와 노력에 우선순위 매기기, 향후 보안 투자와 같은 전략적인 수준의 시책으로 통합할 필요가 있다. 이 모든 것을 할 수 있으려면 F3EAD 주기의 인텔리전스 부분인 확대와 분석 그리고 배포를 이용해야 한다.

많은 사람이 F3EAD 주기를 끝내지 못하는 이유는 공공연한 비밀이 아니다. 인텔리전스를 만들어내는 것은 몹시 어려운 일이지만, 인텔리전스를 관리하는 것은 완전히 새로운 골칫거리다. 시기 선택^{timing}과 노화^{aging}, 접근 제어^{access control} 그리고 형식^{format}을 다루는 것만으로도 사람의 머리를 혼란스럽게 만들기에 충분하다. 이런 문제가 부인할 수 없을 정도로 복잡하기는 하지만, 정면으로 대처해야 한다. 빛을 보지 못하는 좋은 인텔리전스를 갖고만 있다는 것은 벤치에 앉아 있는 스타 선수처럼 실망스러운 일이다. 사고 대응 절차에서 만들어진 인텔리전스를 이용하면 사고를 확인하고, 이해하고, 개선

하는 데 필요한 시간과 에너지를 전체 네트워크방어와 대응 절차 추가 지원에 쏟아부을 수 있다. 7장에서는 F3EAD의 확대 단계에서 수행해야 하는 다양한 작업을 소개한다.

우리는 군사 용어와 일반 정보보호 용어 사이의 어려움을 논의해왔으며, 정보보호 분야에서 접근 권한이나 첩보를 제공할 수 있는 기술적 취약점을 이용해 공격하는 것을 의미하는 용어로 exploit 이라는 단어도 사용해왔다. 이와 대조적으로 군사 분야에서는 exploit을 취약점에 관해 얘기할 때만 사용하는 것이 아니라 더 광범위하게 이용한다는 것을 의미한다. F3EAD의 맥락에서 exploit 은 작전을 수행하는 도중에 수집한 인텔리전스를 활용해 이익을 얻는 것을 의미한다. 전통적인 인텔리전스 주기와 나란히 배치하면, 확대 단계는 (일반적으로 내부에서 수집된 인텔리전스보다 더 많은 집합의) 수집과 그 첩보를 분석할 수 있도록 사용 가능한 형식으로 만드는 처리의 조합으로 생각할 수 있다.

확대할 대상은?

F3EAD를 제대로 구현하지 않았거나 완벽하게 수행하지 않았다면, 앞으로 같은 침입이나 유형의 사고를 처리할 가능성이 크다. 주기의 탐지와 위치 결정 그리고 종결 단계에서는 특정 사고에 대처하는 데 필요한 특정 공격과 공격자 그리고 활동에 초점을 맞췄다. GLASS WIZARD 침입에서 종결 단계가 끝날 때, 침입과 그 뒤에 있는 행위자 그리고 그들의 운영 방법과 관련해 많은 양의 첩보를 확인했다. 그러나 해당 첩보를 사고 대응을 쉽게 만드는 방식으로 구성한다고 하더라도 후속 인텔리전스 분석을 위한 올바른 형식이 아닐 수도 있다.

확대 단계에서는 사고로부터 배우는 절차에서 시작한다. 적이 아니라 위협에 초점을 맞춘다. 위협에 초점을 맞춰야 하므로 악성 코드 샘플과 명령 및 제어 IP 주소와 같은 특정 공격과 관련된 기술적인 지표뿐 아니라 침입으로 이어지는 가장 중요한 측면을 추출하고, 공격자가 적어도 어느 정도 성공할 수 있게 해야 한다. 여기에는 공격 대상이었던 취약점과 약점 첩보, 표적이었던 첩보나 시스템이 포함된다. 우리는 침입을 성공하게 만든 정책과 기술적 취약점 또는 가시성 격차^{visibility gaps}와 같은 다양한 요인을 이해하고, 이 요인들을 보호하거나 탐지하는 방법을 개발하려고 한다. 이러한 이유로 우리는 이용하거나 분석하면 안 되는 첩보는 거의 없을 것이라고 믿지만, 첩보를 관리하는 것이 복잡해질 것이다.

어떤 첩보를 이용할 것인지 결정한 후에 사고 데이터에서 해당 첩보를 추출하고, 표준화해 향후 분석 및 참조를 위해 저장해야 한다.

첩보 수집하기

사고 대응 데이터를 관리하는 방법에 따라 확대 단계의 가장 어려운 부분이 조사에서 중요한 첩보 비트를 찾는 것이 될 가능성이 있다. 우리는 사고 대응 데이터를 수집하는 데 있어, 정교한 시스템뿐 아니라 엑셀 스프레드시트, 화이트보드에 IP 주소를 적어 붙여둔 포스트잇 등 모든 것을 살펴봤다. 데이터를 수집하는 데 잘못된 방법은 없지만, 데이터를 추출해 분석하고 수집 절차를 쉽게 만들 수 있는 몇 가지 확실한 방법이 있다.

이전 사고에서 얻은 첩보를 확대하려고 할 때 사용할 수 있는 데이터에 제한이 있는 경우가 종종 있다. 인텔리전스 기반 사고 대응 목표 중 하나는 사고 대응 절차가 인텔리전스 분석에 필요한 첩보의 갈무리를 보장하지만, 운영과 인텔리전스를 통합하는 절차를 막 시작했다면 수집되는 첩보에 (아직) 영향을 미치지 못했을 수도 있다. 확대 단계를 위한 좋은 시작점은 어떤 것을 사용할 수 있는지 정확히 파악하는 것이다. 우리는 현재 사용할 수 있는 첩보가 일반적으로 고급 첩보high-level information, 악성 코드 분석과 같은 기술적인 세부 사항technical detail의 두 범주 중 하나에 속한다는 것을 알아냈다.

사고와 관련해 서술적인 형태의 고급 첩보만 갖고 있다면, 악성 코드의 세부 사항을 추출하는 것을 보게 될 것이지만, 악성 코드 분석에 접근할 수 있다면 전술적인 수준의 세부 사항을 추출할 수 있다. 처음에는 한 단계의 첩보나 다른 단계의 첩보에만 접근할 수 있지만, 이 절차를 조직에 적용하면, 사고의 기술적인 세부 사항뿐 아니라 표적이 된 첩보와 그 영향과 관련된 전략 첩보를 모두 수집할 수 있다. 모든 수준에서 첩보를 결합할 수 있다는 것은 인텔리전스를 가장 강력하게 만드는 방법 중 하나다.

위협 첩보 저장하기

조사가 끝난 후 즉시 또는 6개월 후에는 많은 첩보를 얻게 될 것이다. 확대 단계에서 여러분의 임무는 그 첩보가 어떤 모습이든, 분석하고 사용할 수 있는 형식으로 구성하는 것이다.

지표의 데이터 표준 및 형식

다양한 데이터 표준을 논의하지 않으면 위협 인텔리전스에 관련된 어떤 논의도 끝나지 않을 것이다. 이제 다양한 데이터 표준의 세부 사항을 살펴보자. 여러분에게 맞는 데이터 표준을 찾게 된다면 삶이 훨씬 편리해질 것이다.

일반적으로 위협 데이터를 저장하고 공유하기 위해서는 여러 데이터 표준 그룹을 사용한다. 모든 것을 규정할 수 있는 마법의 표준은 없으므로 가장 좋은 방법은 어떤 표준이 있는지 알아보고, 여러분에게 맞는 데이터 표준을 결정하는 것이다. 예를 들어 여러분이 STIX/TAXII[1]를 사용해 데이터를 공유하는 조직에 속해 있다면, 이는 좋은 선택이 될 수 있다. 여러분의 조직이 이미 OpenIOC와 같은 특정 형식을 사용하는 보안 도구

---

1   미국의 국토안보부는 사이버 위협에 대응하기 위해 효율적이고 안전한 첩보 공유 체계 구축의 필요성을 인지함으로써 미 연방 정부의 지원으로 R&D 사업을 증진하는 비영리 단체인 MITRE를 이용해 2013년 4월에 사이버 위협 첩보 전송 규격인 TAXII(Trusted Automated eXchange of Indicator Information) 공식 버전 1.0, 10월에 사이버 위협 첩보 표현 규격인 STIX(The Structured Threat Information eXpression) 공식 버전 1.0.1을 각각 발표함으로써 사이버 위협 첩보를 공유하고 있다. – 옮긴이

에 투자한 경우에는 OpenIOC가 가장 잘 맞을 것이다(우리가 자주 보는 것처럼). 여러분이 하나 이상의 표준을 사용해야 한다면, 그다음으로 가장 좋은 방법은 다양한 표준의 기본을 이해하고, 데이터 항목을 대응시키기 위한 준비가 됐는지 확인하는 것이다. 왜냐하면 어느 시점에서 이러한 데이터 형식 중 하나로 첩보를 처리할 가능성이 크기 때문이다.

Oasis 제품군—CybOX/STIX/TAXII

Oasis는 CybOX와 STIX, TAXII 데이터 형식을 지원하는 MITRE의 역할을 인계받은 개방형 표준의 개발, 통합 및 채택을 추진하는 비영리 컨소시엄인 구조화정보표준기구 Organization for the Advancement of Structured Information Standards2다. CybOX와 STIX, TAXII는 표준의 일부로 미국 정부가 이 제품군을 채택한 것을 계기로 더 잘 알려졌다. 7장에서 다루는 Oasis 제품군은 CyBoX, STIX 및 TAXII다.

사이버 관찰 가능 표현인 CybOX^Cyber Observable eXpression는 위협 인텔리전스를 저장하고 공유하기 위한 구성 요소다. CybOX는 관측 가능한 것으로 구성되는데, 측정 가능한 속성을 가진 객체로 정의된다. CybOX는 이벤트 관리뿐 아니라 악성 코드 분석 및 첩보 공유까지 다양하게 사용할 수 있다. 관측할 수 있는 것들을 갈무리하는 데는 많은 CybOX 객체가 있으며, 모든 객체가 직접 사고 대응과 직접적인 관련이 있는 것이 아니므로 모든 객체를 사용할 필요는 없다.

그림 7-1은 GLASS WIZARD 침입과 관련된 환경에서 우리가 발견한 악성 실행 파일에 대한 CybOX 객체의 예다. 이 객체에는 파일 이름과 크기, 파일 형식을 포함해 실행 파일에 몇 가지 중요한 첩보가 담겨 있다.

---

2   용어 사용 사례에 따라 '구조화첩보표준기구'라고 번역해야 하지만, 공식적으로 사용되고 있는 '구조화정보표준기구'로 번역했다. – 옮긴이

```
<cybox:Obejct id="example:Object-35e86e7h-d3e6-4138-891b-337376dc6f47">
  <cybox:Properties xsl:type="FileObj:FileObjectType">
    <FileObj:File_Name>setup_sx.exe</FileObj:File_Name>
    <FileObj:File__Extension>.exe</FileObj:File-Extension>
    <FileObj:Size_In_Bytes>268832<FileObjc_Size:In_Bytes>
    <FileObj:Hashes>
      <cyboxCommon:Hash>
        <cyboxCommon:Type xsi:type="cyboxVacatb:HasheNameVocab-1.0">MD5</cobxCommon:Type>
<cyboxCommon:Simple_Hash_Value>8fde69744886d6828165b1f12eb5a35c</coboxCommon:Simple_
Hash_Value>
      <cyboxCommon:Hash>
    <FileObj:Hashes>
  </cobox:Properties>
</cybox:Object>
```

그림 7-1. CybOX 파일 객체

사이버 위협 정보 표현 규격^{STIX, Structured Threat Information eXpression}[3]은 위협 데이터를 처리하고 수신하는 데 가장 일반적으로 요구되는 형식이다. 그러나 슬픈 사실은 많은 사람이 STIX의 아이디어만 좋아할 뿐, STIX를 사용하거나 사고 대응 과정에 사용하는 방법은 제대로 알지 못한다는 것이다. 이것이 바로 우리가 엑셀 스프레드시트에 사고 데이터를 저장한 사람을 찾는 이유 중 하나다!

STIX는 CybOX와 함께 제공되는 기본 구성 요소로 만들어졌다. 그러나 CybOX 객체에는 더 많은 세부 사항을 추가할 수 있기 때문에 추가 분석이 가능하고, 위협 데이터를 공유하면 큰 이점을 살릴 수 있다. 추가 세부 사항 항목에는 위협 행위자와 공격 활동, 피해자 표적^{Victim Targets} 그리고 전술과 기술 및 절차 등이 있다. 이런 세부 사항을 이용해 CybOX로 갈무리된 개별 관측 자료를 가져와 함께 연결하면, 더 많은 정황을 추가할 수 있다. 이때가 바로 위협 데이터가 위협 인텔리전스로 바뀌는 시점이다. 특정 파일

---

3   사이버 위협 정보를 위한 구조화한 언어로, 국내에는 한국정보통신기술협회(TTA) 표준화위원회에서 2018년 12월 19일 자로 STIX 규격 버전 2.0(제1부~제5부)를 발표했다. 관련 자료는 TTA 표준 자료 검색 자료실(http://www.tta.or.kr/data/ttassearch.jsp)에서 찾을 수 있다. 용어 사용 사례에 따라 '구조화된 위협 첩보 표준 규격'으로 번역해야 하지만, 공식적으로 사용되고 있는 '구조화된 위협 정보 표준 규격'으로 번역했다.- 옮긴이

이 악성이라는 것을 아는 것은 유용하지만, 특정 분야의 피해자를 목표로 하는 특정 공격 활동에서 사용된 파일과 파일이 실행된 후 지적 재산 유출을 시도한 행위자를 아는 것이 더 유용하다. STIX나 다른 표준이 제대로 사용된다면 분석을 위한 좋은 도구가 될 수 있지만, 모든 첩보를 갈무리하기 위해서는 부수적인 작업이 필요하다는 것을 기억해야 한다. 이 작업은 F3EAD의 확대와 분석 단계에서 수행되므로 지금까지 관측 가능한 것들과 주변 정황 등 모든 것을 갈무리하는 작업을 수행한 다음 단계에서 모두 함께 처리할 수 있다.

사이버 위협 정보 전송 규격[TAXII, Trusted Automated eXchanged of Indicator Information][4]은 데이터 표준이 아니다. STIX와 너무 자주 짝을 이뤘기 때문에 많은 사람이 데이터 표준의 이름을 STIX/TAXII라고 믿는다. TAXII는 전송과 공유 프레임워크이며, 제공 인텔리전스 알림[discovery]과 인텔리전스 요청[poll][5], 인텔리전스 전송[inbox][6] 및 인텔리전스 구독 관리[feed management]의 네 가지 서비스로 구성돼 있다. TAXII는 개체[entity]나 조직들이 STIX로 표현된 위협 인텔리전스를 실시간으로 공유하려는 방법, 즉 전송 규격이다. TAXII에는 세 가지 기본 전송 및 공유 모델이 있다.

공급자 – 구독자(Source – Subscriber)

이 모델에서는 하나의 중앙 조직이 파트너 조직과 첩보를 공유하며, 파트너 조직은 어떤 첩보도 다시 보내지 않는다.

중앙 집중(Hub and spoke)

하나의 조직이나 공급자가 첩보를 공유하는 중앙기관 역할을 한다. 중앙기관은 첩보를 다른 조직에 전달하고, 해당 조직이 첩보를 공유하고자 할 때 중앙기관에 첩보를 전송하며, 중앙기관은 다시 그룹에 첩보를 재분배한다.

---

4   용어 사용 사례에 따라 '사이버 위협 첩보 전송 규격'으로 번역해야 하지만, 공식적으로 사용되고 있는 '사이버 위협 정보 전송 규격'으로 번역했다. – 옮긴이

5   고객이 생산자의 인텔리전스를 요청하는 서비스 – 옮긴이

6   생산자가 고객에게 인텔리전스를 전송하는 서비스 – 옮긴이

사용자 간 직접 접속(P2P, Peer to peer)

이 모델은 중앙 집중식 조직을 통하지 않고 직접 첩보를 공유하고자 하는 2개 이상의 조직이 사용할 수 있다. 몇몇 망사형 네트워크^{mesh network}도 이 모델을 사용한다.

MILE 워킹 그룹

Oasis 제품군 외에도 관리되는 사고 경량 교환^{MILE, Managed Incident Lightweight Exchange} 워킹 그룹에 활발하게 유지 및 업데이트되는 데이터 표준은 다음과 같다.

침해사고 이벤트 교환 포맷(IODEF, Incident Object Definition and Exchange Format)[7]

2007년 처음 발표된 RFC 5070[8]은 IODEF를 '컴퓨터 보안 사고대응 팀^{CSIRT, Computer Security Incident Response Teams}이 컴퓨터 보안 사고에 관해 일반적으로 교환하는 첩보를 공유하기 위한 프레임워크를 제공하는 데이터 표현'으로 정의하고 있다. IODEF는 XML 기반 표준으로 안티피싱^{anti-phishing} 워킹 그룹, ArcSite와 같은 그룹이 사용한다. IODEF에는 민감도^{sensitivity}와 신뢰 수준^{confidence level} 관련 태그가 있다. 그림 7-2는 원본 RFC에서 스캔 첩보를 갈무리하는 IODEF 형식의 예를 보여준다.

---

7   우리나라의 한국정보통신기술협회가 2008년 12월 19일에 제정한 표준으로, 해당 표준은 네트워크의 다중 도메인 환경에서 도메인 간 침해사고 이벤트를 교환하기 위한 포맷에 관련된 것이다. 데이터 유형 정의, 침해사고나 추적에 관련된 이벤트 교환 포맷을 구성하는 클래스 정의, 침해사고 이벤트 교환 포맷을 확장하는 방법, 침해사고 이벤트 교환 포맷을 이용한 예제, 침해사고 이벤트 교환 포맷에 대한 스키마, 보안 고려 사항을 기술하고 있다고 설명한다. 해당 자료는 한국정보통신기술협회 홈페이지 자료마당에서 확인할 수 있다. – 옮긴이

8   https://www.ietf.org/rfc/rfc5070.txt – 옮긴이

```
            <Description>Source of numerous attacks</Description>
          </System>
        </Flow>
        <!-- Expectation class indicating that sender of list would like
               to be notified if activity from the host is seen -->
        <Expectation action="contact-sender" />
      </EventData>
      <EventData>
        <Flow>
          <System category="source">
            <Node>
              <Address category="ipv4-net">192.0.2.16/28</Address>
            </Node>
            <Description>
              Source of heavy scanning over past 1-month
            </Description>
          </System>
        </Flow>
        <Flow>
          <System category="source">
              <Node>
              <Address category="ipv4-addr">192.0.2.241</Address>
              </Node>
              <Description>C2 IRC server</Description>
          </System>
        </Flow>
        <!== Expectation class recommends that these networks
              be filtered -->
        <Expectation action="block-host" />
      </EventData>
    </Incident>
  </IODEF-Document>
```

그림 7-2. IODEF 스캐닝 이벤트

침해사고 기관 간의 침해사고 전달을 위한 메시지 전달 방식(RID, Real-time Inter-network Defense)

STIX가 STIX 형식의 첩보를 교환하기 쉽도록 TAXII를 사용하는 것처럼 IODEF와 IODEF-SCI는 RID를 사용한다. RID의 목표는 사고 데이터를 가진 여러 조직이 안전하고 관리하기 쉬운 방식으로 해당 첩보를 공유할 수 있도록 하는 것이다. RID는

RFC 6545 문서[9], HTTPS를 활용한 RID는 RFC 6546 문서[10]로 만들어져 있다. RID 는 TAXII와 마찬가지로 사용자 간 직접 접속direct peer-to-peer과 망사형 사용자 간 접 속mesh peer-to-peer 그리고 클라이언트-구독자client-to-subscriber와 같은 첩보 교환 모델을 위한 몇 가지 옵션을 갖고 있다.

IODEF – 구조화된 사이버 보안 첩보(SCI, Structured Cybersecurity Information)

IODEF의 확장으로 사고 데이터 주변의 추가 정황을 갈무리하기 위한 프레임워크를 제공한다. 2014년에 처음 발표된 RFC 7203 문서[11]는 IODEF-SCI를 위한 표준을 정의하고 있다. IODEF-SCI는 MITRE의 사이버 공격 패턴 목록 및 분류CAPEC, Common Attack Pattern Enumeration and Classification[12]와 공통 취약점 및 노출CVE, Common Vulnerabilities and Exposures[13], 공통 취약점 평가 시스템CVSS, Common Vulnerabilities Scoring System 등과 같은 여러 표준을 포함해 IODEF 문서에 추가 정황 첩보를 넣기 위한 구조를 제공한다.

OpenIOC

앞서 논의했듯이, IOC라는 용어는 맨디언트가 대중화했다. 맨디언트는 이 용어 외에 OpenIOC라는 표준을 개발했다. OpenIOC는 XML 기반 스키마schema로, 악의적인 통 신이나 다른 악의적인 활동과 관련된 네트워크 지표뿐 아니라 포렌식 아티팩트를 갈무 리하고 분류하도록 설계됐다. 맨디언트는 OpenIOC를 사용해 문서로 만들 수 있는 500 개 이상의 아티팩트를 확인했다. 그러나 이 프레임워크에서는 OpenIOC를 사용하는 조 직에서 필요에 따라 사용자 정의 및 새로운 항목을 추가할 수 있다. OpenIOC는 STIX와 상호 운영이 가능[14]하며, 두 표준 간의 전송 방법을 규정한 문서가 공개돼 있다.

---

9   https://tools.ietf.org/html/rfc6545 – 옮긴이
10   https://tools.ietf.org/html/rfc6546 – 옮긴이
11   https://tools.ietf.org/html/rfc7203 – 옮긴이
12   한국통신기술협회에서 정한 한글 표준 이름이다. – 옮긴이
13   한국통신기술협회에서 정한 한글 표준 이름이다. – 옮긴이
14   https://bit.ly/2Pu29qA – 옮긴이

여러분은 위협 데이터와 인텔리전스를 모두 공유하거나 받을 때 (예를 들어 STIX에서 OpenIOC 로 변환하는 것과 같이) 어떤 표준에서 다른 표준으로 데이터를 변환해야 한다는 것을 알게 될 것 이다. 표준 사이의 이동으로 특정 데이터 항목을 잃거나 얻을 수 있으므로 표준의 다양한 항목과 구성 요소를 인식해야 한다. 여러 표준의 차이를 알지 못하면, 여러분이 갈무리해놓은 것으로 알 고 있지만 변환 과정에서 전달되지 못한 것을 찾고 있을 수 있다. 어떤 데이터 표준에서 다른 데 이터 표준으로 변환할 때는 현재 표준의 중요한 항목을 확인한 후에 변환하고자 하는 표준에서 해당 항목을 확인해야만 한다.

전략 첩보를 위한 데이터 표준 및 형식

앞서 언급했듯이 이전 형식을 사용해 갈무리할 수 있는 지표는 갈무리하고자 하는 그 림의 절반에 불과하다. 지표는 탐지와 대응에 매우 유용하지만, 전략적 분석을 지원하 는 다른 정황 첩보를 수집해야 한다. 이 첩보는 STIX와 같은 형식을 사용해 저장할 수 있지만, 기술 첩보를 갈무리하는 표준으로는 적합하지 않다. 이러한 첩보가 갈무리되면 종종 문서나 파워포인트 슬라이드에 저장되는 경우가 많다. 기술 첩보를 저장하는 것과 같이 전략 첩보를 저장하는 데는 많은 옵션이 존재하지 않지만, 사고 첩보의 중요한 구 성 요소를 잃지 않도록 프레임워크를 사용할 수 있다. 우리는 전략 첩보를 저장하기 위 해 두 가지 주요 표준인 VERIS와 CAPEC을 살펴볼 것이다.

VERIS

이벤트 기록 및 사고 공유 어휘VERIS, Vocabulary for Event Recording and Incident Sharing는 JSON 기반 표준으로 Verizon 데이터 유출 수사 보고서Data Breach Incident Report를 지원하는 것으로 잘 알려져 있다. VERIS 프레임워크는 4개의 A로 시작하는 범주(행위자Actor, 행위Action, 자산 Asset 그리고 속성Attribute)로 분류되는 첩보를 갈무리하는데, 이 모두 사고의 답을 제공 한다.

행위자

행위자 항목은 "누구의 행위가 자산에 영향을 미쳤습니까?"라는 질문의 답을 제공한다. 이 항목은 사고의 책임이 있는 행위자 첩보를 높은 수준으로 갈무리한다. 행위자 데이터 스키마는 행위자의 동기뿐 아니라 내부 행위자인지 외부 행위자인지, 파트너 행위자인지의 여부를 포함한다.

행위

이 항목은 "어떤 행위가 자산에 영향을 미쳤습니까?"라는 질문의 답을 제공한다. 이 항목은 악성 코드나 해킹 또는 사회공학을 포함해 공격자가 접근할 수 있었던 방법을 포함한다. 또한 알려진 취약점을 이용하거나 피싱 이메일을 사용하는 것과 같은 특정 벡터도 포함한다.

자산

이 항목은 "어떤 자산이 영향을 받았습니까?"라는 질문의 답을 제공한다. 이는 전략적 관점에서 대답해야 할 매우 중요한 질문이다. 이 항목에는 접근성과 관리와 관련된 첩보뿐 아니라 영향을 받은 자산의 유형과 관련된 첩보를 포함한다.

속성

이 항목은 "자산이 어떤 영향을 받았습니까?"라는 질문의 답을 제공한다. 이 항목은 전통적인 기밀성Confidentiality과 무결성Integrity 및 가용성Availability의 세 가지 요소를 사용한다.

VERIS는 사고의 타임라인timeline과 영향impact에 관련된 첩보도 갈무리한다. 이 항목은 사고를 확인, 방지 및 개선하는 데 얼마나 오랜 시간이 걸렸는지 그리고 영향을 받는 조직에 미친 영향이 얼마나 심각한지를 갈무리할 수 있는 장소를 제공한다.

VERIS의 주요 사용 사례는 규칙이나 경고를 생성하는 것이 아니라 조직이 직면하고 있는 위협을 이해하는 데 도움을 준다. 따라서 첩보는 STIX 또는 이전에 언급한 형식으로 갈무리된 첩보만큼 상세하거나 기술적이지 않다. 그러나 특정 사고에서 발생한 일에 관한 얘기를 전하는 데 사용할 수 있다.

CAPEC

사이버 공격 패턴 및 목록^{CAPEC, Common Attack Pattern Enumeration and Classification} 프레임워크는
소프트웨어 개발 보안[15]을 돕기 위해 설계됐다. CAPEC의 개념인 공격자가 소프트웨어
를 표적으로 삼고 악용하는 일반적인 방법을 소프트웨어 개발자가 이해할 수 있다는 것
은 개발자가 이러한 공격에 취약하지 않은 소프트웨어를 설계하고 만들 수 있다는 것을
의미한다. CAPEC은 특정 기술 세부 사항을 갈무리한다기보다는 공격의 전제 조건과
관련된 보안 약점^{weakness}과 보안 취약점^{vulnerability} 그리고 공격자 움직임의 첩보를 포함
하는 공격 패턴으로 전체 공격을 갈무리하려고 시도한다.

조직에서 발생한 일의 명확한 그림을 그릴 수 있고 CAPEC으로 갈무리할 수 있어야만,
공격에서 많은 것을 배울 수 있다. 공격 패턴을 분석하면 공격자의 공격 방식과 보안 조
치에 적응하는 방식 및 조직을 보호하는 데 필요한 추가 조치를 이해할 수 있다.

첩보 관리

첩보 관리는 단순히 개별 지표나 조사에서 나온 아티팩트를 갈무리하는 것이 아니다.
따라서 많은 추가 첩보를 갈무리해 앞으로 나아갈 수 있는 모든 유형의 첩보를 관리하
고 처리하는 방법을 알아야 한다.

첩보 관리를 갈무리하는 데 중요한 몇 가지 사항은 다음과 같다.

날짜

이 데이터나 첩보를 언제 봤는가? 날짜는 데이터의 만료나 폐기를 지원할 뿐 아니라
분석에 도움이 되며, 기본적으로 데이터가 동작하거나 분석에 포함될 때와 데이터
가 더는 유효하지 않을 때를 결정한다.

---

15 '시큐어 코딩(secure coding)'이라고도 하며, 우리나라에서는 행정자치부에서 관련 가이드를 만들어 배포하고 있다. 가이드는 행정
   자치부 홈페이지의 정책 자료 중 참고 자료 게시판이나 한국인터넷진흥원 자료실의 기술안내서 가이드(https://bit.ly/2UpJZFy)에
   서 다운로드할 수 있다. – 옮긴이

출처

첩보의 출처[Source]와 시기를 모르는 것보다 실망스러운 것은 없다. 더 많은 첩보를 얻기 위해 해당 첩보의 신뢰도를 설정하려고 할 때, 첩보의 출처를 갈무리하면 분석 단계에 도움이 된다.

데이터 처리 첩보

종종 데이터는 민감도와 출처에 따라 다르게 처리해야 한다. 우리는 첩보를 공유하는 방법을 결정하는 미국 국토안보부[DHS, Department of Homeland Security]의 신호등 프로토콜[TLP, Traffic Light Protocol]을 사용하는 것을 추천한다.

- 흰색 신호등[TLP White]: 누구와도 공유할 수 있는 공개 첩보를 말한다.

- 초록색 신호등[TLP Green]: 개인과 파트너에게 공유할 수는 있지만, 블로그에 게시하거나 언론인에게 트위터를 보내는 것과 같이 공개된 경로를 사용해서는 안 되는 첩보를 말한다.

- 노란색 신호등[TLP Amber]: 조직 내의 사람들과 공유할 수는 있지만, 외부에 공개할 수 없으며, 공개된 경로를 사용하면 안 되는 첩보를 말한다. 노란색 신호등 첩보를 관리 보안 서비스 공급자[MSSP, Managed Security Service Provider]의 고객과 공유할 수 있는지에 관한 의문이 있는 경우에는 첩보를 처음 생산한 곳에 문의하는 것이 가장 좋다. 이 문제는 용서를 구하는 것보다 허락을 구하는 것이 더 좋으며, 첩보 공유 관계는 이런 식으로 훼손될 수 있다.

- 빨간색 신호등[TLP Red]: 주로 진행 중인 사고나 조사와 관련된 매우 민감한 첩보를 말한다. 사전 승인 없이는 외부의 특정 수신자 또는 조직 내부의 수신자와 공유해서는 안 된다. 상황이 해결되면 빨간색 신호등 첩보가 노란색이나 초록색으로 재분류되는 경우가 많다.

중복 데이터

실수로 같은 사고 데이터나 위협 보고서를 두 번 이상 갈무리해 데이터가 중복되지 않도록 해야 한다. 두 군데 이상의 출처로부터 같은 첩보를 받을 때는 이를 갈무리해야 한다. 내부 조사 및 FBI 위협 보고서와 같이 여러 곳에서 같은 지표를 받는다는 것은 그만큼 심각하다는 것을 의미하지만, 두 출처를 둘러싼 세부 사항을 갈무리할 수 없다면 분석을 제대로 하지 못하고 다음 단계로 넘어가게 된다.

데이터를 저장하고 관리하기 시작할 때부터 이러한 점들을 염두에 둔다면 데이터를 훨씬 쉽게 사용하거나 관리할 수 있다.

위협 인텔리전스 플랫폼

조사 과정에서 이용한 모든 첩보를 관리하는 데 필요한 표준 및 수많은 요구사항으로 알 수 있듯이, 이 모든 첩보를 갈무리하고 분석하는 것은 쉬운 일은 아니다. 이런 절차를 단순화하고, 이 첩보를 쉽게 수집, 저장 그리고 검색하기 위해 위협 인텔리전스 플랫폼을 사용하는 경우가 많다.

위협 인텔리전스 플랫폼은 위협 첩보를 처리하기 위해 특별히 설계된 데이터베이스 및 사용자 인터페이스^{user interface}다. 위협 인텔리전스 플랫폼에는 다양한 유형이 있는데, 일부는 첩보 공유, 일부는 대량의 IOC를 저장하고 관리하는 데 특화돼 있다. 많은 위협 인텔리전스 플랫폼은 7장의 앞부분에서 설명한 전술 형식의 첩보를 수집할 수 있으며, 첩보를 관리하는 데 필요한 추가 첩보도 갈무리할 수 있다. 위협 인텔리전스 플랫폼을 사용하면 F3EAD의 확대 단계에서 수행해야 하는 작업량을 크게 줄일 수 있고, 널리 사용되는 오픈 소스 플랫폼과 다양한 상용 솔루션도 사용할 수 있다. 이어서 이러한 선택에 관해 설명한다.

MISP

악성 코드 첩보 공유 플랫폼^{MISP, Malware Information Sharing Platform}은 악성 코드 기반 위협 데이터를 관리하기 위한 무료 소프트웨어다. 개발자 그룹이 NATO의 컴퓨터 사고대응 팀^{NCIRC, NATO's Computer Incident Response Capability}과 함께 MISP를 만들었다. MISP에는 조

직이 공격과 관련된 기술 첩보와 비기술 첩보 모두를 저장할 수 있는 데이터베이스
가 있기 때문에 위협과 관련된 첩보의 상관관계 계산 및 공유가 쉽다. MISP는 첩보를
OpenIOC, 평문, CSV, MISP, XML 및 JSON 형식으로 내보낼 수 있으므로 침입탐지 및
차단을 지원하는 데 사용할 수 있다. 또한 악성 코드 첩보 공유 시스템은 사용자나 그
룹과 공유할 수 있는 강력한 기능이 있다. 좀 더 자세한 정보는 깃허브[16]에서 얻을 수
있다.

CRITs

위협과 관련된 공동 연구CRITs, Collaborative Research into Threats는 위협 데이터를 관리하고
공유하기 위한 또 다른 오픈 소스 도구다. CRITs는 MITRE가 개발했으므로 STIX 및
TAXII와 함께 동작하도록 설계됐다. CRITs에는 위협 첩보를 저장하고 갈무리한 지표
에 신뢰성과 심각성 지수를 추가할 수 있는 기능이 있다. CRITs는 공유가 쉽도록 TAXII
서비스와 통합할 수 있어 STIX/TAXII를 사용해 정부나 다른 조직과 첩보를 수신하거
나 교환하는 많은 조직에 적합하다. CRITs는 데이터를 CSV와 STIX 그리고 JSON 형식
으로 내보낼 수 있다. CRITs를 설치하고 사용하기 위한 정보와 문서는 깃허브[17]에서 찾
을 수 있다.

YETI

일상 위협 인텔리전스YETI, Your Everyday Threat Intelligence 플랫폼은 2017년 3월에 공개된 새로
운 위협 인텔리전스 관리 도구다(그림 7-3 참조). YETI는 분석가가 위협 인텔리전스의
다양한 구성 요소를 한곳에서 구성하고 분석할 수 있도록 설계됐다. YETI는 위협에 대
한 일반적인 지식뿐 아니라 관측 가능한 것들과 IOC, 전술과 기술 및 절차도 지원한다.
YETI의 가장 큰 장점 중 하나는 이미 발견한 위협의 첩보를 저장하는 것 외에도 구성하

---

16   https://github.com/MISP/MISP – 옮긴이
17   https://github.com/crits/crits – 옮긴이

려는 추가 통합뿐 아니라 도메인 확인 및 WHOIS 조회를 포함한 지표를 강화할 수 있다는 것이다. YETI는 MISP 인스턴스instance와 JSON 피드feed, XML 피드 및 다양한 악성 코드 샌드박스의 데이터를 사용할 수 있다. 많은 분석가는 같은 첩보가 필요하지만, 다른 절차나 작업 흐름을 갖고 있으므로 YETI는 최근 몇 년 동안 위협 인텔리전스 분석가가 확인한 많은 도전 과제를 지원하도록 설계됐다. YETI를 설치하고 사용하기 위한 정보와 문서는 깃허브[18]에서 얻을 수 있다.

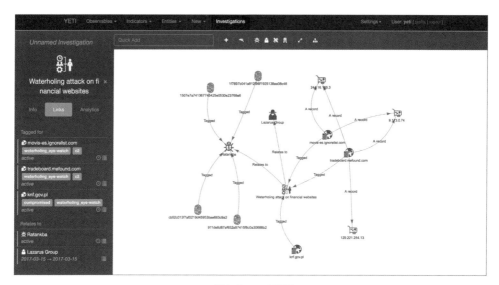

그림 7-3. YETI 플랫폼

상용 제품

위협 인텔리전스 관리를 위해 다양한 상용 제품도 사용할 수 있다. 상용 제품의 기능은 MISP와 CRITs 및 YETI와 유사하지만, 시스템 구성을 관리하고 하드웨어 관리를 담당하며, 문제 해결이나 기능 요청 지원을 제공한다. 상용 제품은 개발 자원이 제한돼 있으므로 쉬운 설치 및 유지보수를 원하는 조직에 이상적이다.

---

18   https://github.com/yeti-platform/yeti - 옮긴이

오픈 소스 제품이든, 상용 제품이든 모든 위협 인텔리전스 플랫폼은 같은 기능과 특징을 갖고 있지만, 악성 코드 기반 위협 첩보나 특정 첩보 공유 또는 분석 절차 지원 및 활성화와 같은 특정 사용 사례를 염두에 두고 설계됐을 것이다. 오픈 소스로 된 위협 인텔리전스 플랫폼으로 시작하는 가장 좋은 점 중 하나는 여러분의 조직에 가장 적합한 플랫폼을 찾을 수 있다는 것이다. 조직에서 도구 설치 및 지원이 문제가 될 경우, 조직에 가장 적합한 전체 플랫폼 유형을 확인하면 여러 가지 상용 제품을 찾을 수 있다.

결론

조사로 얻은 첩보는 조사가 끝난 후에 잊혀지면 안 된다. 조사가 여러분의 조직에서 이뤄졌든, 다른 곳에서 이뤄졌든 여러분은 운 좋게도 데이터에 접근할 수 있게 됐다. 조직이 위협을 배우고 적응할 수 있도록 이 첩보를 분석하고 배포해야 한다. 그러나 첩보를 수집하고 사용 가능한 형식으로 처리한 후, 분석을 위해 저장하는 중요한 취약점 공격 단계를 먼저 거쳐야만 분석하거나 배포할 수 있다. 7장에서 배웠듯이, 해당 첩보가 저장되는 형식에서 첩보가 보관된 실제 데이터베이스 그리고 저장된 첩보에 접근하기 위해 사용되는 인터페이스까지 해당 첩보를 처리하고 저장하는 데에는 많은 선택권이 있으므로 여러분에게 적합한 시스템이나 조합을 찾는 데 시간을 투자해야 한다. 확대 단계가 완료되면, F3EAD 주기의 다음 단계인 분석 단계로 훨씬 더 쉽게 이동할 수 있다.

8장

분석

"올바른 질문 방법을 모른다면, 아무것도 발견하지 못할 것이다."

– 에드워즈 데밍 Edward Deming

수집한 모든 첩보를 데이터베이스나 위협 인텔리전스 플랫폼에 형식화하고 표준화해 저장했다. 그래서 이제 어쩌자는 것일까? 저장된 첩보는 분석하지 않는 한 별로 도움이 되지 않는다. F3EAD의 분석 단계를 명확히 표현하기는 어렵지만, 가장 중요한 단계 중 하나다. 분석은 데이터와 첩보를 갖고 인텔리전스로 처리하는 단계다. 8장에서는 분석의 기본 원칙과 표적 중심 및 구조 분석^{target-centric and structured analysis}과 같은 모델 그리고 신뢰 수준 설정 및 인지 편향^{cognitive bias} 절차를 다룬다.

분석의 기초

여러분의 첩보를 제대로 분석하기 위해서는 인텔리전스 주기의 다른 (고마운 일이지만, 더 작은) 버전을 거쳐야만 한다. 요구사항이 무엇인지, 다시 말해 어떤 질문에 답변할 것인지 결정해야 한다. 여러분은 이 질문에 답하기 위해 사용할 첩보를 수집해야 한다. 조사를 수행해 대부분의 첩보를 수집하고, 확대 단계에서 수집해 표준화한 첩보에서 나오지만, 해당 첩보를 분석할 수 있도록 첩보를 강화하거나 보강하기 위해서는 다른 첩보가 필요하다. 따라서 분석 단계로 이동하면서 데이터를 계속 수집할 수도 있다. F3EAD

의 분석 단계는 그림 8-1의 전체 인텔리전스 주기를 갈무리한다.

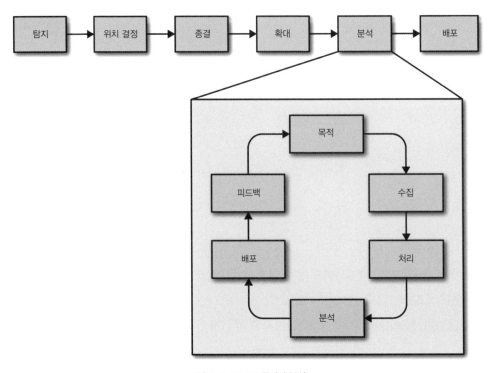

그림 8-1. F3EAD 주기의 분석

GLASS WIZARD 침입에 대응하는 과정에서 명령 및 제어 통신을 위해 사용된 도메인과 IP 주소를 확인했다. 이 첩보는 위치 결정 및 종결 단계에서 우리에게 도움이 됐으며, 침입을 분석할 때에는 이와 다른 방법으로 우리에게 계속 도움이 될 것이다. 대응하고 개선하기 위해 공격의 기술 세부 사항을 확인하기보다는 같은 도메인과 IP 주소를 분석해 공격자의 전술을 더 잘 파악하는 데 사용할 수 있는 패턴을 파악할 수 있다. 여기에는 패턴을 사용해 미래의 행동을 확인하거나 예측할 수 있는지를 결정하기 위해 도메인을 등록한 사람과 공격자가 도메인과 IP 주소를 어떻게 사용했는지와 도메인 및 IP 주소의 추가 첩보를 수집하는 것이 포함된다. 그런 다음, 이 새로운 첩보를 분석해 인텔리전스 격차^{intelligence gaps}(분석을 수행하는 데 필요한 중요한 첩보)를 확인하고, 필요에 따라 더 많은 첩보를 수집한다.

사례 연구: 미국 연방정부 인사국 데이터 유출

최근 역사상 가장 중대한 위반 사례 중 하나는 미국 연방정부 인사국(OPM, Office of Personnel Management)의 데이터 유출[1]을 들 수 있다. 이 사건으로 보안 허가를 위해 조사를 받은 2,000만 명 이상의 매우 민감한 개인정보가 손실됐다. 도난당한 개인정보의 규모와 민감성 외에도 인사국 데이터 유출은 공격을 확인하고 방지할 수 있는 여러 기회를 놓쳤기 때문에 주목할 만하다. 이 침입에는 IT 설명서와 네트워크 지도의 도난 그리고 인사국 네트워크에 접근 권한이 있는 두 계약자의 침해 그리고 인사국에 직접 접근하는 것이 포함됐다. 개별 침입을 확인한 후에도 더 큰 위협을 해결하기 위해 첩보들을 연결한 사람은 아무도 없었다.

공격자는 작전을 시작하기 전부터 우리가 알고 있는 것들이 어떻게 동작하는지를 파악하고 보안 허가를 가진 모든 미국인에게 매우 민감하고, 실행 가능한 개인정보에 접근할 수 있는 정부 기관이 민족주의자 공격자에게 높은 가치가 있는 표적이었다는 것을 확인할 기회가 있었다.

데이터 유출의 전체 타임라인 분석이 적절한 방법으로 적시에 이뤄진다면 성공적인 공격 활동의 파괴적인 영향을 예방하거나 줄일 수 있다. 이 사례는 사고 대응자와 관리자 그리고 임원이 점을 연결하지 못하고, 더 큰 그림을 볼 수 없는 경우, 얼마나 나쁜 일이 일어날 수 있는지를 보여준다. 인사국 데이터 유출은 모든 첩보를 사용할 수 있었을 때조차도 분석하지 못한 고전적이며 실망스러운 사례였다.

많은 분석가는 인텔리전스 운영^{intelligence operation}과 달리, 인텔리전스 기반 사고 대응에서 분석과 배포뿐 아니라 수집과 처리까지 담당한다. 이 모델을 사용하면 수집과 분석 및 배포 절차가 전체 인텔리전스 주기의 하위 집합으로 진행되며, 절차가 요구사항 단계에서 제기된 질문을 적절하게 해석해 분석이 완료될 때까지 진행된다. 분석에서 표적 중심 모델^{target-centric model}을 사용하는 이점은 절차에 관여하는 다양한 이해관계자의 다중 확인을 수반한다는 것이다. 특히 분석의 최종 수신자가 정보보호최고책임자이든, 보안운영센터 분석가이든 분석 대상과 결과가 그들의 요구를 충족시킬 수 있는지 확인하는 것이 좋다. 잠재 고객이 필요한 것이 아님을 알기 위해 오랫동안 분석하는 것보다 나쁜 것은 없다.

---

1   https://bit.ly/2W5hsWc – 옮긴이

무엇을 분석할 것인가?

무엇을 분석할 것인지 모르는 상태에서 분석을 수행한다는 것은 매우 어려운 일이다. 분석은 벽 앞에 서 있는 누군가가 사진과 신문 조각을 테이프로 벽에 붙이다가 모든 것이 갑자기 들어맞아 '아하!' 하는 모습을 떠올리게 한다. 아니면 사과나무 밑에 앉아 사과가 떨어지는 것을 보고 고민하던 것들을 갑자기 한순간에 해결하는 뉴턴의 모습을 떠올릴 수도 있다. 사고 관련 기사의 신문 조각으로 집을 뒤덮어 이웃을 놀라게 할 수도 있지만, 불행하게도 이런 방법은 우리가 의지할 만한 것이 아니다.

수집한 모든 데이터가 무엇을 의미하는지 알고 싶다는 모호한 생각으로 데이터를 바라본다면, "왜 우리가 표적이 됐을까?" 또는 "어떻게 공격을 막을 수 있었을까?"와 같이 구체적인 질문을 한 경우보다 분석하기가 더 어려워질 것이다. 수집된 첩보와 관련해 여러 질문을 확실히 할 수 있어야 그 질문이 공격과 그 함축적인 의미에 관련된 이해도를 높일 수 있다. 그러나 어디서 시작해야 할지 모른다면, 대부분의 사고 대응자는 이 단계를 완료하는 데 어려움을 겪을 것이다. 조직의 임원이나 다른 내부 팀의 특별한 요구사항이 없다면, 각 사고를 분석할 때 도움이 되는 질문을 사용할 수 있다. 그러나 몇몇 질문은 항상 여러분의 조직이나 사고에만 해당하기 때문에 다음과 같은 질문이 여러분이 분석해야 할 때 고려해야 할 유일한 질문이라고 생각해서는 안 된다. 여러분이 시작할 수 있는 질문 몇 가지는 다음과 같다.

왜 우리가 표적이 됐을까?

이 질문은 향후 조직을 보호하는 방법뿐 아니라 추가 침입을 확인하는 방법의 첩보를 제공한다. 공격자가 데이터의 무결성이나 기밀성 또는 가용성을 표적으로 삼았는지, 공격자가 네트워크에 연결된 타사에 접근하기 위해 공격했는지와 공격자가 찾고 있던 것을 찾은 다음에 취한 행동과 같은 공격의 본질은 여러분이 앞으로 나아가기 위해 찾아야 할 것들의 통찰력을 제공할 수 있다. 전술과 기법은 바뀔 수 있지만, 공격자의 목표는 거의 바뀌지 않는다.

누가 우리를 공격했을까?

이 질문은 임원들이 자주 물어보는 것이지만, 우리가 특정한 이유로 언급한 첫 번째 질문이 아니다. 여러분이 특정 범죄 집단의 표적이 된 이유가 무엇이든 그 그룹만이 여러분을 공격한 것이 아닐 수도 있다. 그래서 같은 데이터가 유사한 목표를 가진 다른 그룹의 표적이 됐을 수도 있다. 따라서 여러분이 우연히 이런 특별한 사례만 포착하고 더 중요한 위협을 놓칠 수 있으므로 특정 그룹에만 초점을 맞추는 것은 좋지 않다. 그러나 일단 공격자의 목표를 이해한 후, 특정 공격자를 좀 더 많이 아는 것이 유용할 수 있다. 공격자 첩보 분석은 공격자가 사용한 전술과 공격자가 목표로 삼은 것, 공격자가 얼마나 주의 깊고 신중한지, 공격자가 얼마나 활동했는지, 공격자가 사용한 기반 시설은 무엇인지, 공격자가 개인인지, 그룹인지 그리고 데이터를 분석함으로써 확인할 수 있는 다른 패턴은 무엇인지 등을 포함한다.

어떻게 공격을 막을 수 있었을까?

분석의 중요한 목표는 무슨 일이 일어났고, 왜 일어났는지 파악하는 것이며, 향후 이런 일을 막을 수 있어야 한다. 공격자가 이용한 패치되지 않은 취약점^{unpatched vulnerability}이 있었는가? 경고가 발동했지만, 아무도 조사하지 않은 침입탐지 시스템의 경고가 있었는가? 사용자가 과거와 관련 없는 침입으로 유출된 패스워드를 재사용했는가? 누구도 자신들이 잘못한 것을 보거나 듣는 것을 좋아하지 않기 때문에 이런 질문 분석은 대개 재미가 없다. 그러나 조직이 악성 코드가 어떻게 거기에 있게 됐는지를 설명하지 않고 악성 코드를 단순히 시스템에서 지워 버린다면, 근본 원인을 밝히지 못하기 때문에 전체 사고 대응 과정을 다시 거쳐야 할 수 있다.

어떻게 공격을 탐지할 수 있었을까?

이 질문에서 여러분이 수집한 모든 지표가 답을 제공한다. 공격을 어떻게 막을 수 있었는지를 분석하는 고통스러운 과정을 거친 후, 미래의 공격을 막거나 탐지하기 위해 취할 수 있는 조치를 알게 되는 것은 좋은 일이다. 여러분이 할 수 있는 일은 현재 갖고 있는 보안 시스템에 의존하는 것이다. 이 질문에 답하는 동안, 악성 코드의 해시 값과 명령 및 제어 IP 주소와 같이 특정 공격의 고유한 측면 외에 표적이 된 시스템 또는 공격자가 네트워크를 이용해 이동하기 위해 사용한 전술과 같이 일시적이지 않은 침입의 측면에 집중해야 한다.

확인할 수 있는 특정 패턴이나 동향이 있는가?

이런 질문에 답하기 위한 분석은 내부 사고를 첩보 공유 그룹이나 공개 출처 경로로 보고받은 사고와 비교할 때 매우 중요하다. 이 질문에 답할 때, 공격의 표적이 되는 조직과 관련된 패턴뿐 아니라 재사용하거나 공유된 공격용 기반 시설을 확인하기 위한 패턴이나 공격자가 사용한 사회공학적 수단의 패턴 등 다양한 수준의 패턴 확인을 시도할 수 있다.

이 단계에서 수행한 분석 결과는 위협 프로파일을 업데이트하거나, 시스템 패치를 하거나, 탐지를 위한 규칙을 만드는지에 상관없이 조치할 수 있어야 한다. 제시한 질문과 조직에 특화된 다른 질문이나 요구사항에 초점을 맞추면, 이 단계에서 수행하는 여러분의 작업이 F3EAD의 운용 단계로 되돌아가는 데 도움이 될 것이다.

분석하기

여러분은 첩보 수집 과정을 거치면서 무의식적으로 답하려고 하는 어떤 질문의 가설을 세울 가능성이 크다. 이것이 바로 분석의 시작이다. 분석은 여러분이 갖고 있는 모든 첩보를 취하고, 그 의미를 알기 위해 합성하고 해석하며, 그것을 위해 해야 할 일들을 포함한다. 해석적 판단^{analytic judgment}이 완전하고, 정확하며, 재현할 수 있으려면, 구조화된 절차를 따라 분석을 수행하는 것이 좋다.

데이터 강화하기

우리는 사고 대응과 후속 분석 절차 전반에 걸쳐 호스트 기반인지, 네트워크 기반인지에 상관없이 공격을 확인하거나 탐지하기 위해 사용할 수 있는 지표에 주로 초점을 맞췄다. 또한 분석을 수행하는 데 필요한 추가 첩보의 범주로 강화 데이터^{enrichment data}를 언급했다. 강화 데이터에는 일반적으로 탐지를 위해 사용하지는 않지만, 특정 지표와 그 지표를 볼 수 있다면, 그 의미를 이해하기 위한 추가 세부 사항이 포함돼 있다. 강화 데이터는 WHOIS와 자율 시스템 번호^{ASN, Autonomous System Number}, 웹 사이트 콘텐츠, 최근 및 과거 도메인 변환^{resolution} 내역[2], 관련 악성 코드 외에 다른 많은 추가 세부 사항을 포함할 수 있다. 강화 데이터의 핵심은 이미 확인한 지표를 중심으로 더 많은 정황 첩보를 수집해 그 의미를 더 잘 이해할 수 있도록 하는 것이다. 여러분은 강화 단계에서 하나의 특정 첩보에 너무 얽매이기보다는 데이터에서 나타나는 패턴에 초점을 맞춰야 한다. 많은 사람이 결국 거짓 긍정과 차단 목록에 있는 수십만 개의 지표로 끝나는 주된 이유는 강화 데이터를 지표로 삼기 때문이다.

강화 자원

사용하게 될 강화 데이터의 유형은 여러분이 조사하고 있는 지표와 분석 목표에 따라 달라진다. 대부분의 강화 자원^{enrichment source}은 여러 용도에 도움이 되는 첩보를 제공하지만, 그중 일부는 구체적이므로 특정 강화 자원을 파헤치는 데 상당한 시간을 허비하기 전에 여러분이 찾으려고 하는 것이 무엇인지 확인해야 한다. 모든 강화 자원을 사용할 때는 수집된 데이터가 미래에 변경될 수 있으므로 데이터를 확인한 날짜를 기록해야 한다. 분석에 핵심이 되는 첩보를 찾은 후 그 첩보가 변경된 다음에 언제, 어떻게 첩보를 찾았는지 확인할 수 없는 것보다 실망스러운 것은 없다. 강화 첩보^{enrichment information}의 유형과 출처는 다음과 같다.

WHOIS 첩보 공격에 사용한 도메인이나 IP 주소의 추가 정황을 얻는 가장 기본적인 방법 중 하나는 도메인이나 IP 주소를 등록했거나 소유하고 있는 사람의 첩보를 얻는 것

---

2   문자열로 된 도메인 이름을 IP 주소로 변환하는 작업 – 옮긴이

이다. RFC 3912[3]에 정의된 WHOIS 프로토콜은 인터넷의 시초인 ARPANET의 사용자와 관련된 추가 첩보를 전달하기 위한 것이었다. 초기에는 명령 줄 질의^{command-line query}로 WHOIS 첩보를 얻을 수 있었으며, 현재와 과거의 데이터를 갈무리하는 웹 사이트와 도구를 포함해 추가 자원을 사용할 수 있지만, 이 기능은 지금까지도 동작한다. WHOIS는 사용자 기반이 확장되고 인터넷의 범위가 크게 확대됨에 따라 몇 번의 업데이트를 거쳤다. 현재 WHOIS는 등록자의 이름과 이메일 주소 및 추가 연락처 첩보가 있다. WHOIS 첩보는 다음 몇 가지 방법으로 분석을 강화할 수 있다.

공격자 기반 시설 추적하기

(전부가 아닌!) 일부 공격자는 도메인을 등록할 때 첩보를 재사용한다. 악의적인 행위자가 사용하는 이름이나 가명을 확인하면 같은 공격자 그룹과 관련된 추가 악성 도메인을 확인할 수 있다.

침해당한 도메인 확인하기

대부분의 공격자가 합법적인 도메인을 침해한 후 해당 도메인을 사용하고 있다. WHOIS 첩보를 알면 도메인이 공격자가 운영하고 있는지, 방금 침해당한 것인지 확인할 수 있다.

연구자가 운영하는 기반 시설과 싱크홀[4] 확인하기

인터넷의 많은 연구자는 공격자와 유사한 활동을 하지만, 실제 공격자가 활동하기 전에 취약점을 연구하거나 확인하기 위해 활동하기도 한다. 많은 분석가는 이 연구에 사용되는 IP 주소를 WHOIS 기록으로 확인하므로 악의적이지 않은 IP 주소를 파헤치는 데 많은 시간을 허비하지 않아도 된다.

---

3   https://tools.ietf.org/html/rfc3912 – 옮긴이

4   https://bit.ly/2zaXBud – 옮긴이

수동 DNS 첩보 인터넷에서 호스트가 서로를 확인하고 통신할 수 있었던 원래의 방법은 모든 호스트의 이름과 IP 주소가 포함된 단일 텍스트 파일을 사용하는 것이었다. 이 파일은 HOSTS.TXT라는 이름으로 명명됐으며, 인터넷에 있는 모든 컴퓨터에 FTP로 전송됐다. 이는 그림 8-2와 같이 제한된 수의 호스트가 인터넷에 있는 경우에 지속 가능한 솔루션이었다. 그러나 유지보수가 어려웠으며, 파일이 커짐에 따라 전송하는 데 점점 더 넓은 대역폭이 필요하게 됐다.

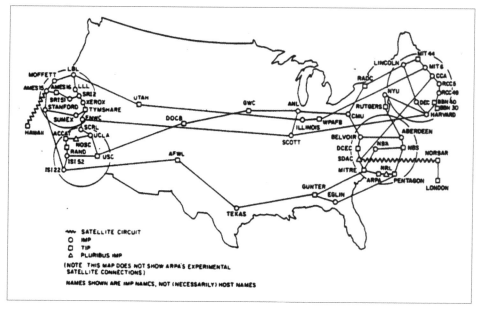

그림 8-2. ARPANET

도메인 이름 시스템^{DNS, Domain Name System}이라는 더욱 지속 가능한 솔루션이 개발됐다. DNS는 여전히 도메인과 호스트의 목록이지만, 모든 사람에게 공유되는 단일 파일이라기보다는 호스트가 뭔가를 찾아야 할 때 질의할 수 있는 도메인 이름 서버에 있는 목록이다. DNS는 RFC 1034[5]와 RFC 1035[6]에 정의돼 있으며, 2015년에 발표된 RFC

---

5   https://www.ietf.org/rfc/rfc1034.txt – 옮긴이

6   https://www.ietf.org/rfc/rfc1035.txt – 옮긴이

7719[7]는 최신 DNS 기술을 정의하고 있다. 원래 수동 DNS 복제[Passive DNS Replication]라고 불렸던 수동 DNS[Passive DNS]는 2004년 플로리안 바이머[Florian Weimer]가 전역 DNS[global DNS]에서 첩보를 수집하고 재구성하기 위해 발명한 기술이다. 2004년 FIRST 콘퍼런스에서 발표된 'Passive DNS Replication(수동 DNS 복제)' 논문에 따르면, 원래의 용도는 봇넷 명령 및 제어 서버의 IP 주소와 연관된 도메인 이름을 확인하는 것이었다. 바이머는 봇넷 명령 및 제어 서버가 하드 코딩[8]된 IP 주소들이 아니라 여러 도메인 이름을 자주 사용하며, 이런 도메인은 여러 IP 주소로 변화될 수 있으므로 필터링하는 것이 어려워질 수 있다고 언급했다. 주어진 시간에 도메인이 변환된 IP 주소를 확인하거나 IP 주소에 해당하는 도메인을 확인하는 것은 필요할 때 질의를 할 수 있어야 하므로 미리 첩보를 수집하고 데이터베이스에 저장해둬야 한다.

수동 DNS는 분석가에게 IP 주소와 도메인 첩보를 제공한다. 또한 행위의 본질에 관한 첩보도 제공한다. 수동 DNS 첩보는 IOC의 완벽한 그림을 얻기 위해 WHOIS 첩보를 함께 사용할 때 유용하다. WHOIS 첩보와 같은 수동 DNS 첩보는 정적이지 않기 때문에 타임라인에 주의를 기울여야 한다는 것을 기억하라.

악성 코드 첩보 악성 코드 첩보는 분석에 유용할 수 있으며, 수동 DNS 첩보와 마찬가지로 시간이 지남에 따라 악성 코드 주변의 많은 세부 사항도 변하는 경향이 있으므로 더 많은 첩보가 발견된다. VirusTotal 등은 살아 있는 자원으로, 새로운 엔트리가 만들어지거나, 새로운 탐지가 기록되거나, 사용자가 샘플 주변의 추가 세부 사항을 확인하면 첩보가 변경된다. 악성 코드 강화 첩보의 예는 다음과 같다.

탐지 비율

이 숫자는 시간이 지나면서 바뀌며, 확인된 샘플의 고유성을 나타내는 유용한 지표가 될 수 있다. 샘플을 처음 분석했을 때, 탐지 숫자 또는 해당 샘플을 악성으로 판

---

7   https://tools.ietf.org/html/rfc7719 – 옮긴이

8   소스 코드에 데이터를 직접 입력해 저장하는 것으로, 본문에서는 IP 주소를 DNS에 직접 입력해 저장한 것을 의미한다. – 옮긴이

단하는 바이러스 백신 업체의 수는 적지만, 시간이 지날수록 이 숫자는 늘어날 것이다.

파일 세부 사항

이에는 파일의 확인된 첩보가 포함돼 있으며, 더 많은 개인이나 조직이 샘플을 분석할 때 업데이트된다. 여러분이 직접 특정 악성 코드 샘플을 분석하더라도 다른 분석을 보는 것이 여러분이 갖고 있는 어떤 틈을 메우는 데 도움이 될 수 있으며, 배포가 얼마나 널리 퍼져 있는지 알 수 있다. 여러분의 네트워크에서만 사용되고 있는지, 여러 산업 분야의 많은 네트워크에서 사용되고 있는지 알 수 있다.

악성 코드의 습성

악성 코드 샘플의 해시 값과 같은 정적 첩보 외에도 악성 코드의 설치 장소나 악성 코드가 호출하거나 실행하는 데 필요한 다른 파일, 자동화되거나 스크립트로 만드는 작업이 필요한 추가 첩보를 확인할 수 있다. 이런 세부 사항으로 여러분의 네트워크에서 발견할 수 있는 다른 악의적인 행위를 이해하고, 공격자의 악성 코드가 고유하거나 일반적인 악성 코드 제품군의 변형인지 알 수 있다.

내부 강화 첩보 모든 강화 첩보가 외부의 출처에서 나오는 것은 아니다. 내부 강화 첩보 internal enrichment information 는 침해당한 호스트나 사용자 또는 계정과 같은 추가 세부 사항을 제공한다. 알고 있어야 할 내부 첩보는 다음과 같다.

사업 운영

사고 발생 당시 여러분의 네트워크와 조직에서 무슨 일이 일어나고 있었는지를 안다면 여러분이 왜 표적이 됐는지, 왜 공격이 성공했는지의 질문에 답할 수 있다. 최근에 새로운 동업 관계를 발표했는가? 새로운 합병이나 인수에 참여했는가? 이런 첩보는 공격의 본질을 파악하는 데 도움이 되는 세부 사항으로, 종종 여러분 조직 내에 있는 사람들과의 대화에서만 얻을 수 있다.

사용자 첩보

어떤 사용자가 표적이 됐는지, 침해당했는지를 확인하면 어떤 것들이 도난당했는지 확인하지 못한 경우 공격자가 어떤 첩보를 추적했는지 파악할 수 있다. 또한 사용자 첩보는 공격자의 전술 첩보를 제공할 수 있다. 예를 들어 공격자가 처음에 인사부 직원을 표적으로 했다면, 시스템 관리자와 같이 더 많은 접근 권한을 가진 사용자로 표적을 옮기려고 할 것이다.

첩보 공유 지표가 확인된 시기나 여부를 아는 것은 특정 사고를 더 넓은 관점으로 보는 데 도움이 될 수 있다. 여러분은 탐지 단계에서 이 첩보 중 일부를 확인해야 했지만, 분석에 사용하고 있는 지표 중 어떤 것이 변경됐는지, 새로운 첩보가 확인됐는지를 아는 데 유용하다.

이런 성격을 가진 시의적절하고 공개되지 않은 첩보의 좋은 출처는 다른 조직과의 공유 관계다. 공개 첩보는 분석에 사용돼야 한다. 그러나 첩보 공유 그룹은 지표가 언제 드러 났는지, 어떻게 확인됐는지 그리고 어떤 산업계에 나타났는지를 포함한, 공개되지 않은 세부 사항을 제공할 수 있다. 이는 특히 다른 조직이 이런 민감한 첩보를 공유할 때, 많은 조직에서 공개하고 싶지 않지만 파트너 조직과는 공유하려는 세부 사항의 유형이다. 이에는 정보공유분석센터, 정보공유분석조직^{ISAOs, Information Sharing and Analysis Organizations}[9], 공공/민간 동업 관계 및 첩보 그룹과 같이 공식화된 공유 그룹이 있다. 대부분의 공식 그룹은 산업계 또는 공유 관심 그룹을 중심으로 배치된다. 어떤 경우에는 공유 그룹에서 얻은 첩보를 사용해 악의적인 활동을 탐지할 수 있지만, 분석하고 있는 침입 사고의 이해를 높이기 위한 강화 출처^{enrichment source}로도 사용할 수 있다. 모든 첩보를 평가하고 강화한 후에는 가설을 세우는 단계로 넘어간다.

---

[9] 용어 사용 사례에 따라 '첩보공유분석조직'이라고 번역해야 하지만, 공식적으로 사용되고 있는 '정보공유분석조직'으로 번역했다. – 옮긴이

가설 수립하기

우리는 이 단계에서 가설을 명확하게 밝히는 실제 분석을 시작한다. 앞서 언급한 바와 같이, 수집 과정에서 여러분의 질문에 몇 가지 기본적인 답변을 제시하는 것으로 시작하는 것이 일반적이다. 가설 수립 단계hypothesis development phase에서는 여러분의 기본적인 답변이 얼마나 추측에 근거한 것인지, 설득력이 없는 것인지에 상관없이 그 답변을 만들면서 가설 수립이 시작된다. 나머지 분석 과정에서 명확하게 잘못된 아이디어를 제거할 것이다. 아이디어를 문서로 만들 때는 가능한 한 완벽하게 작성해야 한다. 그리고 수집 도중에 특정 첩보가 발견되면 그 아이디어가 무엇인지 기록해둬야 한다. 이는 미래의 어느 순간에 가설을 평가할 때 도움이 될 것이다. 아이디어를 명확하게 표현할 수 없거나, 너무 모호하거나, 여러분의 질문에 답할 수 없다는 것은 좋은 아이디어가 아니므로 다음 가설로 넘어갈 수 있다.

GLASS WIZARD 침입의 경우, 가장 먼저 알고 싶어하는 것은 표적이 됐는지의 여부다. 우리가 이 공격자를 지켜본 모든 것은 공격자가 의도적으로 목표를 세우는 정교한 위협 그룹이라는 것을 가리키지만, 우리 자신이 목표가 됐다는 것을 확신시켜줄 수 있는 데이터 분석이 필요하다. 조사 과정에서 수집한 첩보와 우리 회사의 누구를 목표로 삼았는지를 바탕으로 한 가설은 이 공격이 실제로 에너지 기술 첩보를 얻기 위한 목적을 가진 표적 공격이었다. 이 가설은 구체적이고 우리의 연구에 기반을 두고 있지만, 여전히 구조화된 나머지 분석 과정을 이용해 검증해야만 한다.

경력이 쌓이는 동안, 다음 몇 가지 이유로 가설을 수립하기가 쉬워질 것이다. 첫 번째 이유는 많은 사고가 유사성을 띠고 있으므로 특정 행동의 징후를 확인하기가 쉽기 때문이다. 가설 수립은 분석 절차를 수행하는 데 걸리는 시간을 줄일 수 있지만, 가설의 답변이 옳다고 생각하지는 않아야 한다. 이것은 여전히 가설일 뿐이다! 답이 분명하게 보일 때도 나머지 절차를 거쳐야 하고, 다음에 논의할 가정과 편향을 반드시 설명해야 한다.

두 번째 이유는 이 과정을 반복함으로써 여러분의 마음이 더 편해지기 때문이다. 분석가는 분석 과정을 거치고, 아이디어를 확인하고, 제거할 수 있다는 사실에 익숙해진 다음에야 모든 아이디어를 탐구할 수 있으며, 종종 우리가 이전에 확인하지 못했던 새로운 아이디어를 생각해낼 수 있다. 가설 수립이 쉽든, 어렵든 그 과정의 다음 단계는 가설의 바탕이 된 추정을 평가함으로써 그 가설을 판단 및 결론 단계로 이용하는 것이다.

주요 가정 평가하기

주요 가정[key assumption]은 기존의 판단이나 믿음에 의존하는 가설의 일부다. 분석을 계속하기 전에 팀이나 개인은 이러한 주요 가정을 확인하고, 유효한지 그리고 분석에 도움이 되는지 확인해야 한다. 예를 들어 분석가가 특정 공격을 막을 가설을 세웠다면, 이는 탐지와 위치 결정 및 종결 단계에서 확인한 공격 수행 방법의 가정을 기반으로 한다. 이가정이 올바른지를 평가하는 것은 상대적으로 쉬워야 하지만, 모든 분석가가 가설에 이바지한 첩보를 같은 수준으로 이해하도록 문서로 만든 후에 논의해야 한다.

CIA의 Tradecraft 입문서[10]는 주요 가정을 점검하는 방법과 이 과정을 이용해 얻을 수있는 여러 가지 이점을 설명한다. 이러한 이점은 가설에 이바지하는 주요 쟁점을 이해하고, 잘못된 논리를 확인하며, 분석가들의 토론을 자극하는 것을 포함한다. 주요 가정을 평가하는 과정은 다음과 같다.

1. 상황이나 가설 등 모든 주요 가정을 확인한다.

2. 가정이 만들어진 이유를 확인한다.

3. 가정의 신뢰도를 평가한다.

4. 신뢰도 등급이 어떻게 결정됐는지 확인한다.

5. 각 가정에 도전하고, 그 가정이 참인지 그리고 현재 상황에서도 참인지 결정한다.

---

10   Tradecraft는 스파이 활동에 필요한 지식이나 기술을 의미한다(자세한 내용은 관련 문서 https://bit.ly/1ZqD09g 참조). - 옮긴이

6. 참이 아니거나 신뢰도가 낮은 가정을 제거한다. 이런 가정을 분석에 사용해서는 안 된다.

GLASS WIZARD 침입이 우리를 표적으로 삼았다는 가설은 몇 가지 가정에 근거한다. 제일 먼저 우리를 표적으로 삼은 행위자가 GLASS WIZARD라고 가정한다. 이것은 주요 가정으로, 전술과 기술, 기술 지표 및 표적을 포함해 우리 네트워크에서 발견한 것이 행위자에게 얻은 첩보와 일치한다는 가정에 근거한다. 우리는 기술 세부 사항과 시기에 근거해 이 가정이 정확하다는 것을 확신한다. 우리는 추가 첩보, 특히 공격자의 기만 활동 첩보가 이 가정을 바꿀 수 있다는 것을 알고 있으며, 이러한 첩보가 확인되면 분석을 변경할 준비를 할 것이다. 가정은 평가하기 쉽지 않으며, 분석가의 판단을 쉽게 흐리게 할 수 있는 논리적인 오류나 사고의 결함이 되는 인지 편향^{cognitive bias}과 같은 것들을 포함한다. 분석에서 편향을 완전히 제거하는 것은 불가능하다.

편향

정보학의 창시자 중 한 명이자 『The Psychology of Intelligence Analysis』[11](Military Bookshop, 2010)의 저자인 리차드 호이어^{Richard Heuer}는 인지 편향을 '판단과 결정을 내리기 위해, 정신적으로 첩보를 처리하는 부담을 줄이고자 하는 전략 및 경험 법칙'이라고 설명했다. 인지 편향은 우리 삶속의 결정에 따른 전체 분석 절차를 거치지 않아도 된다. 대표적인 예로, 춥다고 불평하는 아이에게 즉시 스웨터를 입으라고 말하는 것을 들 수 있다. 몇 년 후, 성장한 아이는 추위를 느낄 때마다 스웨터를 입을 생각을 하게 된다. 그는 아마도 그의 아이에게도 스웨터를 입으라고 말할 것이다. 그의 마음은 가설을 세우는 전체 과정을 거치지 않아도 된다. '모자가 가장 좋을까?', '양말 한 켤레가 더 필요할까?'라는 상황을 생각해보자. 가설(확실히 양말 두 켤레로는 부족하다)을 테스트하고 결

---

11   https://bit.ly/1xy07nA – 옮긴이

론을 내린다. 그는 자신의 마음이 상황에 따른 적절한 반응이라고 생각하면서 지름길을 선택할 수 있다.

인지 편향이 항상 나쁜 것은 아니며, 많은 시간을 절약할 수 있지만, 인텔리전스 분석에서는 분석가가 가정하고 잘못된 판단을 하게 만들기도 한다. 인지 편향의 다른 예로는, GLASS WIZARD 침입에서 Poison Ivy와 같이 이전에 확인된 악성 코드를 사용하는 것을 들 수 있다. 공격자가 이전에 드러나지 않았던 악성 코드를 사용하는 몇 가지 예를 경험한 분석가는 자동으로 '이 행위자는 정교하지 않다'라고 가정할 수 있다. 이 경우, 분석가는 기준점^{anchoring}이라는 인지 편향을 사용해 건전한 분석적 판단 없이 증거의 한 부분이 증거의 다른 부분보다 더 우선시할 것이다.

이에는 많은 종류의 편향이 존재한다. 여기서는 인텔리전스 분석과 사고 대응에서 자주 나타나는 몇 가지 편향을 소개한다.

확증 편향 우리는 확증 편향 때문에 기존의 판단이나 결론을 뒷받침하는 증거를 찾거나 집중하게 된다. 만약 마음속 깊이 우리가 특정한 유형의 활동의 증거를 발견할 것이라 생각한다면, 그 결론을 뒷받침할 것으로 보이는 증거는 판단이 틀렸음을 입증하거나 의문을 제기하는 것보다 더 큰 비중을 차지할 것이다. 우리는 GLASS WIZARD 시나리오에서 공격자가 오래된 악성 코드를 사용했기 때문에 정교한 행위자가 아니라고 생각하는 분석가의 문제에 부딪혔을 수도 있다. 이 분석가는 이 가정을 증명하기 위해 정교하지 못한 행위자가 사용하는 패스워드 추측 기술$^{password-guessing\ technique}$을 확인할 수도 있다. 이 판단은 분석가로 하여금 정교한 행위자가 패스워드 추측을 사용했던 역사적인 사례를 무시하거나 비중을 적게 주도록 만든다. 확증 편향은 최종 판단에 도달하기 전에 주요 가정을 평가하는 연습을 하는 것이 중요한 주된 이유다.

기준점 편향 분석가는 기준점 편향 때문에 그들이 들은 첫 번째 첩보에 지나치게 의존적이거나 더 많은 비중을 둔다. 후속 첩보나 증거는 처음 증거와 비교되며, 분석가는 종종 새로운 증거가 첫 번째 증거를 지지하는지, 반박하는지를 논의할 때 무의식적으로 첩보의 첫 번째 부분을 조사의 중심으로 삼는다. 분석가가 침입 분석을 시작하면서 "우리는 공격자가 러시아라고 생각한다"라는 말을 했다면, 각각의 증거가 분석가가 답하고자 했던 질문을 뒷받침하지 않더라도 공격자의 국가가 러시아인지 여부가 분석가의 해석에 영향을 미친다. 기준점 편향은 로버트 리[Robert Lee][12]와 같은 일부 전문가도 분석가가 판단의 기준점으로 속성을 사용하기 때문에 참인 속성[true attribution](특정 정부나 민족주의자 속성)으로 분석가의 분석 업무가 더 어려워진다고 말하는 이유 중 하나다. 다시 한번 말하지만, 요구사항에 초점을 맞추는 과정을 이용해 실제로 어떤 질문을 하고, 가설을 세우고, 주요 가정을 평가하는 것은 분석가가 기준점 편향을 해명하고 대응하는 데 도움이 돼야 한다.

가용성 편향 가용성 편향[availability bias] 때문에 해당 첩보 자체의 분석 여부에 상관없이 사용 가능한 첩보를 과도하게 강조하게 된다. 호이어는 이 편향을 '선명한 기준[Vividness Criterion]'이라 부르는데, 이는 여러분이 개인적으로 경험하거나 가장 친숙한 첩보가 친숙하지 않은 첩보보다 더 중요하게 취급한다는 것을 의미한다. 또한 '나는 한 남자를 알고 있다'라는 편견이 있다면, "나는 하루에 한 갑의 담배를 피우는 남자를 알고 있는데, 100살까지 살았다. 따라서 흡연은 여러분에게 그렇게 나쁜 것이 될 수 없다"라고 말할 수 있다. "나는 한 남자를 알고 있다"라는 편향의 새로운 예로는 "나는 그것을 인터넷에서 봤다"를 들 수 있다.

특히, 사고 대응자와 인텔리전스 분석가는 이러한 편향 때문에 자신들의 이전 경험이 자신들에게 도움이 되기보다는 부정적인 영향을 미칠 수 있으므로 이 편향을 알아야 한다. 사고 대응자와 인텔리전스 분석가가 이전에 특정 증거를 본 적이 있으므로 가장 친숙한 증거에 초점을 맞춘다면 그들은 그 한 가지에 너무 많은 비중을 두거나 친숙하지 않은 다른 증거를 평가 절하할 수 있다.

---

12   https://bit.ly/2OX9Aqb - 옮긴이

편승 효과 편승^{bandwagoning} 때문에 많은 사람이 가정에 동의하면 그 가정이 참이 될 가능성이 크다. 증거의 일부를 분석한 후에 그룹 합의^{group consensus}에서 뭔가 할 말이 있더라도 다른 사람들이 지지하는 가정이 참이라고 믿게 되는 편승 효과^{bandwagon effect}가 발생한다. 편승의 흥미로운 심리학적 추론을 극복하기는 어렵지만, "모두가 그렇게 얘기하기 때문에"라고 말하는 것이 해당 가정을 정확한 것으로 분류하는 것을 유효하고 정당하게 만들지 않아야 한다. 그룹 합의를 뒷받침할 만한 증거가 있다면 모든 사람이 동의하는 사실보다는 증거를 따라야 한다.

또한 호이어는 '일관성의 과민성^{oversensitivity to consistency}'을 언급하면서 "첩보는 상관관계가 높거나 중복될 때에만 일관성이 있을 수 있으며, 이 경우 많은 관련 보고서가 단일 보고서보다 더 많은 첩보를 제공하지 못할 수도 있다"라고 말했다. 호이어는 이를 극복하기 위해 분석가가 샘플의 크기와 사용할 수 있는 첩보를 포함해 이전 분석에서 근거를 둔 증거 자체에 친숙해져야 하고, 더 큰 샘플이나 사용 가능한 많은 첩보에서도 일관된 결론이 나올 수 있는지 질문을 제기할 것을 권고하고 있다. 이는 특히 공격자의 언론 보도가 도움이 된다. 여러 언론 보고서는 모두 단일 사고를 기반으로 할 수 있으므로 여러 보고서가 있다고 해서 여러 사고가 발생했다는 것을 의미하지는 않는다.

반영 분석가는 반영^{mirroring} 또는 반영−이미지 편향^{mirror-image bias} 때문에 연구 대상이 분석가처럼 생각하므로 자신과 똑같은 결정을 한다고 가정한다. 이 편향으로 분석가가 본인의 개인적인 경험에 근거해 공격자가 무엇을 할 것인지, 하지 않을 것인지를 가정할 때 그 결과는 전혀 다를 수 있다. 이런 편향을 가진 분석가가 판단을 이끌어내기 위해 증거를 사용하지 않고, 논리적인 단계가 무엇이었는지 또는 가정이 옳은지 판단하기 위해 '내가 했을 것'이라는 자신의 의견을 사용한다. 반영은 아이디어를 낼 때 자주 사용된다. 그러나 평가 단계에서는 증거보다 반영이 가정의 기초가 될 때를 확인하고 분석에서 편향을 제거해야 한다.

판단과 결론

분석가는 가설을 뒷받침하는 증거의 가정을 평가하고 편향을 설명한 후에 가설의 판단과 결론을 내릴 수 있다. 분석가는 증거를 해석하고 가설이 참인지 거짓인지, 새로운 가설을 부분적으로 또는 전체적으로 세워야 할지를 확인하기 위해 여러 가지 방법을 사용할 수 있다.

분석 절차와 방법

앞서 킬 체인, 다이아몬드 모델 등을 사용해 발견한 것처럼, 데이터를 적용하는 절차나 방법을 알고 있다면, 데이터를 더 잘 처리할 수 있다. 이 절에서 설명한 절차와 방법은 분석을 위한 일반적인 접근 방식이며, 자체적으로 또는 조합해 사용할 수 있다.

구조화된 분석

구조화된 분석Structured analysis은 초등학교 과학 프로젝트의 기초를 형성하는 과학적인 방법과 유사하다. 질문하고, 기초적인 배경 연구를 하고, 가설을 세우고, 가설이 정확한지 테스트하거나 평가하고, 원래의 가설이 옳다는 것을 증명하지 못한다면, 결과를 보고하거나 새로운 가설을 세우는 것이다. 과학적 방법의 기본은 그림 8-3과 같다.

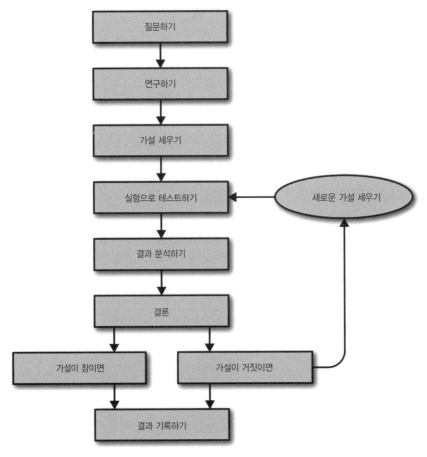

그림 8-3. 과학적 방법 다이어그램

구조화된 분석은 이와 같은 일반적인 접근법을 따른다. 그러나 가설 테스트와 평가는 항상 물리적 실험을 할 때와 같이 명확하지는 않다. 인텔리전스를 분석할 때는 주제와 관련된 주요 가정을 확인하고 평가하는 것이 중요한데, 종종 편향도 확인해야 한다. 이러한 주요 가정을 평가한 후, 서로 다른 다양한 가설에 비중을 두는 경쟁 가설competing hypothesis 분석을 포함해, 가설이 정확한지, 가능성이 있는지를 결정하는 방법이 몇 가지 있다. 분석은 명확하게 "예" 또는 "아니요"로 답하지 않으므로 분석가의 첩보 해석을 기반으로 가능성이 있는 가설에 신뢰성을 부여하는 단계를 추가해야 한다. 그림 8-4는 구조화된 분석의 기본 절차를 보여준다.

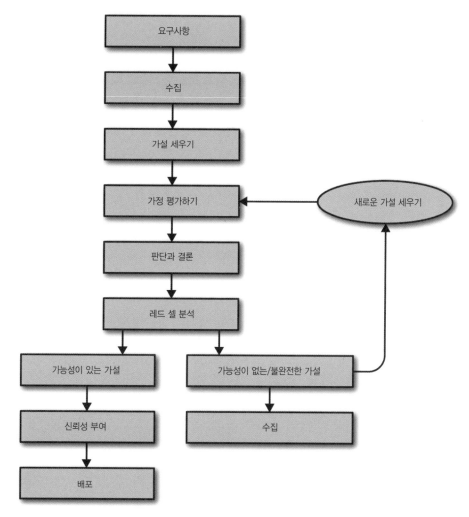

그림 8-4. 구조화된 분석 절차

구조화된 분석 절차의 각 단계는 다음과 같다.

1. 대답하고자 하는 질문을 만든다. 경영진의 특정 요구사항을 사용해 질문을 만드는 것이 이상적이다. 요구사항으로 제시되는 여러 질문에 답하기 위해 구조화된 분석을 여러 번 반복해야 할 수도 있다. 그러나 단일 실험에서 여러 변수를 테스트하지 않는 것처럼 같은 분석으로 여러 질문에 답하지 않는 것이 가장 좋다. 절

차가 거의 유사하더라도 판단을 흐리게 하거나 결론을 오염시키지 않도록 절차를 분리하는 것이 좋다.

2. 질문에 답하기 위한 가설을 세우는 데 필요한 모든 첩보가 있다는 것을 보장하기 위해 데이터를 수집한다. 이에는 추가 강화 첩보를 수집하고 필요한 또 다른 첩보가 없는지 확인하는 것뿐 아니라 조사로 얻은 첩보를 살펴보는 과정이 포함된다.

3. 평가할 가설을 세운다. 어떤 경우에는 가설이 명확해 보일 수 있지만, 여러분이 목표로 한 이유나 장기적인 공격 활동 의미의 질문에 답하려고 할 때는 지푸라기라도 잡고 싶은 심정일 것이다. 상황에 상관없이 여러분의 생각을 기록하고, 그 가설을 평가하는 절차를 진행한다.

4. 주요 가정을 평가한다. 이 단계는 전통적인 과학적 방법에서 벗어난 것이다. 우리는 손쉽게 측정할 수 있거나 평가할 수 있는 요소를 다루지 않기 때문에 우리의 생각이나 의견이 분석에 어떤 영향을 미치는지 확인해야 한다. 참이 되길 바라는 가설을 뒷받침할 수 있는 질적인 증거를 찾기는 쉽다. 우리는 편향을 확인하고 분석 주변의 주요 가정이 건전하다는 것을 보장하기 위해 이 단계를 추가한다.

5. 이제 여러분은 가설을 판단하기 위한 증거를 충분히 갖고 있다. 이를 평가하는 방법은 다양하며, 이를 8장의 뒷부분에서 좀 더 자세히 살펴본다.

6. 판단이 가설로 만들어지면, 구조화된 분석 절차의 다음 단계인 레드 셀Red Cell 분석으로 들어간다. 전쟁 게임에서는 종종 적은 빨간색, 우군은 파란색으로 표시한다. 레드 팀red team이라는 용어는 적이라고 생각하거나 블루 팀blue team에 도전하는 것을 의미한다. 레드 셀 분석은 이상적으로 다른 사람이 판단을 평가하고 질문할 기회를 제공한다.

7. 레드 셀 분석 후에 여러분의 가설이 적절치 않다고 판단되면, 원래의 가설을 무효화한 증거를 사용해 새로운 가설을 세워야 한다. 매번 처음부터 다시 시작할

필요는 없으며, 절차를 진행하면서 더 많은 것을 배울 수 있다. 가설이 정확할 가능성이 크다고 판단되더라도 그 평가를 여러분이 얼마나 확신하는지 결정하고, 왜 확신했는지 문서로 만들어야 한다. 그런 다음에야 분석을 완료하고 다음 질문으로 넘어갈 수 있다.

표적 중심 분석

로버트 클라크[Robert Clark]는 『Intelligence Analysis, a Target-Centric』(CQPress, 2003)에서 전통적인 인텔리전스 주기를 결정적인 비선형 절차를 선형 구조로 만들기 위해 표적 중심 분석[target-centric analysis]을 도입했다.

표적 중심 인텔리전스 분석 절차의 예는 그림 8-5와 같다.

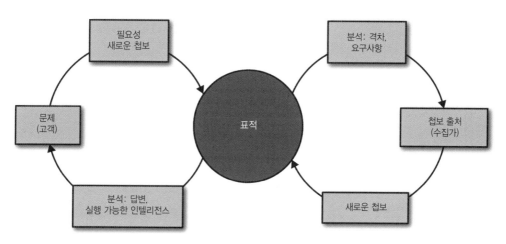

그림 8-5. 표적 중심 인텔리전스 분석

표적 중심 분석의 중심에는 개념 모델[conceptual model]이라고도 하는 표적 모델[target model]이 있다. 개념 모델은 분석가의 사고 과정을 추상화한 것으로, 분석 대상을 가능한 한 상세히 설명한다. 개념 모델은 범죄 조직의 계층이나 구조를 자세히 설명하거나 네트워크 침입의 타임라인을 설명할 수 있다.

개념 모델이 만들어지면, 우리가 만든 모델과 우리가 갖고 있는 답 그리고 여전히 우리가 필요로 하는 답에 기반을 둔 이해 절차process of understanding를 진행한다. 우리가 갖고 있는 답은 실행 가능한 인텔리전스actionable intelligence의 형태, 즉 실행할 수 있거나 질문에 답할 수 있는 형태다. 이 인텔리전스는 고객이나 인텔리전스를 사용할 누군가가 평가한다. 그리고 새롭거나 더 많은 첩보가 필요하다면, 모델을 업데이트하고 수집 및 분석 절차를 다시 진행한다.

표적 중심 분석은 분석가가 한 번에 하나씩 접근하는 방식으로, 분석 절차를 거쳐 가정을 만드는 것이 아니라 첩보를 수집하고, 제시된 질문에 답하는 데 첩보가 도움이 되는지 확인하기 위해 분석하고, 때로는 새로운 요구사항을 만드는 반복적인 절차다. 더 많은 첩보가 필요하다면, 분석가가 필요한 모든 첩보를 사용할 수 있도록 수집과 처리 단계를 다시 수행한다.

경쟁 가설 분석

경쟁 가설 분석ACH, Analysis of Competing Hypotheses은 호이어가 개발한 분석 방법으로, 여러 가지 대체 가설을 평가하거나 증거에 따라 가장 가능성이 큰 가설을 확인하는 데 사용한다. 경쟁 가설 분석은 직관에 기초한 가설을 확인하고 가설을 뒷받침하는 증거를 찾는 것이 아니라 분석가가 모든 가능성을 조사하는 것을 목적으로 하는 8단계 과정이다. 8단계는 다음과 같다.

1. 고려해야 할 가설을 확인한다. 호이어는 다른 배경과 관점을 가진 분석가 그룹으로 가능성을 브레인스토밍하는 것을 권장한다. 또한 증명되지 않은 가설unproven hypothesis과 이 단계에서 부정된 가설disproven hypothesis을 구별해야 한다. 증명되지 않은 가설은 가설이 옳다는 증거가 없는 가설이고, 부정된 가설은 가설이 틀렸다는 증거가 있는 가설이다. 경쟁 가설 분석은 사실이 아니더라도 증명되지 않은 가설을 포함하지만, 부정된 가설은 포함하지 않는다.

2. 각 가설을 뒷받침하거나 반박하는 중요한 증거 목록을 작성한다. 주요 가정을 평

가하는 과정을 거쳤다면 이 단계는 비교적 간단해야 한다. 여러분은 이미 다양한 가설에 영향을 미치는 주요 증거를 갖고 있다.

3. 위에는 가설을 적고, 그 아래에는 증거가 나열된 표를 만든 후, 각각의 증거가 각 가설을 뒷받침하는지, 반박하는지를 평가한다. 그림 8-6은 이 표의 예를 보여준다. 표를 채우는 데에는 몇 가지 방법이 있다. 호이어는 각각의 증거가 가설과 일치하면 C,[13] 일치하지 않으면 I,[14] 중립이거나 적용할 수 없으면 N/A[15]를 적는 것을 제안했다. 어떤 사람은 증거가 가설을 적절하게 뒷받침하면 1개의 더하기 기호(+), 강력하게 뒷받침하면 2개의 더하기 기호(++)를 사용하는 가중치 척도 weighting scale를 사용한다.

	1번 가설	2번 가설	3번 가설	4번 가설
1번 증거				
2번 증거				
3번 증거				
4번 증거				
5번 증거				
6번 증거				

그림 8-6. 경쟁 가설 분석 표의 예

	1번 가설	2번 가설	3번 가설	4번 가설
1번 증거	C	I	I	C
2번 증거	C	I	I	C
3번 증거	N/A	N/A	N/A	N/A
4번 증거	C	C	I	I

---

13 Consistency(일치)의 머리 글자 – 옮긴이

14 Inconsistency(불일치)의 머리 글자 – 옮긴이

15 N/A는 Not Applicable(해당 없음)을 의미한다. – 옮긴이

	1번 가설	2번 가설	3번 가설	4번 가설
5번 증거	I	I	I	I
6번 증거	C	C	I	I

그림 8-7. 완성된 경쟁 가설 분석 표

그림 8-7의 표에서는 3번 가설이 어떤 증거도 뒷받침해주고 있지 않기 때문에 표에서 삭제된다는 것을 알 수 있다. 이와 마찬가지로 3번 증거는 모든 가설을 뒷받침하지 않고, 5번 증거도 모든 가설과 일치하지 않으므로 분석가는 이 증거가 분석과 관련이 있고 정확한지 확인해야 한다. 결함이 있거나 편향된 증거를 평가 단계를 이용해 평가할 수 있으며, 이는 분석에서 뭔가를 고려해야 할지 확인할 수 있는 또 다른 기회다.

4. 표를 수정하기 위해 초기 분석^{initial analysis}을 한다. 3번 단계를 수행한 후, 표에는 몇 가지 내용이 표시돼야 한다. 어떤 가설은 모두 불일치(I 또는 -) 평가를 받았을 수도 있다. 이는 가설을 부정하는 것이 아니지만, 가설을 뒷받침하는 증거가 없다면 표에서 가설을 제거해야 한다(그림 8-7 참조). 이와 마찬가지로 증거가 N/A 평가를 받았다면 분석가는 표에서 증거를 제거해야 하며, 해당 증거가 주요 증거라면 고려해야 할 다른 가설이 있는지 재평가해야 한다.

사고 대응자가 가끔 마주칠 수 있는 일 중 하나는 조사 중인 사고와 다른 무관한 침입에서 나온 증거를 사고의 다른 증거와 거의 같은 시기에 확인했기 때문에 분석에 포함하는 것이다. 어떤 증거가 다른 어떤 증거와도 일치하지 않을 때, 진행 중인 분석에서 해당 증거를 제외하고, 그 증거만 따로 분석하는 것이 좋다.

5. 각 가설 가능성의 초기 결론^{initial conclusion}을 도출한다. 가설이 옳다는 것을 증명하기보다는 가설을 부정하는 데 초점을 맞춘다. 표를 처음 만든 후, 증거가 각 가설을 얼마나 뒷받침하느냐에 따라 각 가설의 가능성을 평가할 수 있다. 그림 8-7의 예에서 1번 가설은 가장 많은 증거를 갖고 있으며, 분석가가 5번 증거가 유효한 첩보가 아니라고 생각한다면 이 가설과 모순되는 증거는 없어진다. 따라서 1

번 가설은 가장 가능성 있는 가설이 될 것이다. 가설 2번과 4번은 모두 일치하는 증거와 일치하지 않는 증거를 갖고 있으므로 가능성이 더 낮다. 불일치로 표시된 증거가 해당 가설이 옳지 않다는 것을 증명한다면, 이 증거는 가설을 부정하는 것으로 봐야 한다. 가설이 전적으로 옳다고 증명하는 것보다는 가설을 부정하는 것이 더 쉽다.

6. 하나의 증거에 따라 결론이 얼마나 달라지는지 분석한다. 가장 가능성이 큰 가설의 판단을 이끌어내거나 가설을 부정으로 이끈 첩보를 다시 분석한다. 가중치를 너무 많이 준 증거가 있는가? 만일 그렇다면 그 증거를 얼마나 확신하는가? 이는 판단의 전반적인 신뢰성을 결정할 수 있다. 다양한 출처에서 나온 여러 증거가 어떤 가정을 강력하게 뒷받침한다면, 하나의 출처에서 나온 한두 개의 주요 첩보를 기반으로 한 판단보다 신뢰성이 더 높을 것이다.

7. 가장 가능성이 큰 가설뿐 아니라 모든 가설 가능성의 결론을 보고한다. 최종 판단을 이끌어낸 증거뿐 아니라 고려한 모든 가설을 기록하고, 보고해야 한다. 이는 분석이 레드 셀 분석 과정을 거쳐야 할 때 특히 중요하다. 또한 경쟁 가설 분석의 마지막 단계로 넘어갈 수 있는 새로운 첩보가 제공되는 경우, 분석을 재평가할 필요가 있는지 확인할 수 있다.

8. 분석을 재평가해야 하는 상황을 확인한다. 호이어는 "모든 분석은 잠정적인 것으로 간주해야 하며, 언제든지 새로운 분석이 필요한 새로운 증거가 나타날 수 있다"라고 말했다. 인텔리전스 격차는 확인됐고 첩보는 빠져 있지만, 판단을 바꿀 가능성이 있다면 나중에 분석할 수 있도록 문서로 만들어야 한다. GLASS WIZARD 침입의 예에서 이와 유사한 침입을 경험한 다른 조직의 첩보 또는 보안 조치로 공격자의 활동이 탐지된 첩보를 추가하는 것이다. 이런 상황에서는 새로운 로그 첩보에 접근할 수 있다. 이런 일이 생긴다면 판단을 재검토해야 할 것이다.

그래프 분석

가설을 세우거나 증거를 평가하기 위해서는 추가 분석이 필요하다. 첩보에서 패턴이나 관계를 찾고 있다면, 시각적으로 분석하는 것이 가장 좋다. 이와 같은 상황에서는 그래프 분석^{Graph Analysis}이 유용할 수 있다. 그래프는 소셜 네트워크나 그룹 간의 상호 작용을 분석할 때 특히 유용하다.

그래프 분석은 몇 가지 다른 이름이 있는데, 이에는 약간의 차이가 있다. 연관 매트릭스 ^{association matrix}와 소셜 네트워크 분석^{social network analysis} 및 링크 분석^{link analysis}은 모두 유사한 절차를 설명하는 이름이다. 테러 공격을 수행하거나 범죄를 저지르는 그룹 간의 관계를 파악하는 것이 중요하기 때문에 소셜 네트워크 분석은 법집행기관뿐 아니라 정보 기관에서도 널리 사용되고 있다. 이런 유형의 분석은 사이버 행위자가 종종 다른 사람들에게 의존하거나 필요에 따라 다른 그룹, 팀과 협력할 수 있으므로 사이버 행위자를 추적하는 데 유용할 수 있다. 그러나 그래프로 사람들의 관계만 분석할 수 있는 것은 아니다.

분석가는 인텔리전스 기반 사고 대응에서 개인보다는 개인 컴퓨터나 악성 코드와 관련된 활동을 살펴본다. 그래프 분석은 공격자가 침해한 호스트들 간의 관계를 살펴보는 데 사용할 수 있다. 그래프 분석을 이용하면 많은 호스트가 공격자의 명령 제어 노드와 한두 번만 통신하고, 적은 수의 호스트가 여러 명령 제어 노드와 반복적으로 통신한 것을 알 수 있다. 이제 공격자가 그 호스트에 왜 더 큰 관심이 있는지 알기 위해 내부의 강화 첩보를 사용해 호스트를 분석할 수 있다. 또한 그래프 분석을 이용하면 조사 중에 발견된 악성 코드와 관련된 도메인을 확인해 공격자의 행위를 더 잘 파악할 수 있다. 그래픽 분석은 증거를 더 잘 이해하거나 개발할 때 사용할 수 있으며, 경쟁 가설 분석이나 레드 셀 분석 등을 사용해 그래프나 소셜 네트워크 분석으로 뒷받침할 수 있는 가설을 검증해야 한다.

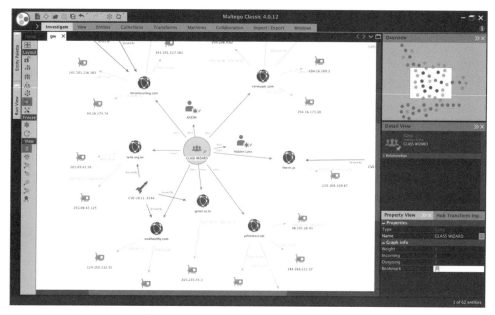

그림 8-8. Maltego를 이용한 GLASS WIZARD 그래프 분석

역발상 기법

인텔리전스 분석의 마지막 유형으로는 역발상 기법contrarian technique으로 간주하는 몇 가지 방법이 있는데, 이 방법은 상황에 따라 다른 견해를 제공함으로써 기존의 표준이나 규범에 반하는 것이 있는지 찾는 것을 의미한다. 어떤 경우에는 역발상 방법을 사용해 초기 분석을 수행하지만, 이와 다른 경우에는 모든 상황을 분석하고 있는지 확인하기 위해 기존의 판단에 의문을 제기하는 데도 사용한다. 이런 유형의 분석은 모든 경우에 수행해야 하는 것은 아니지만, 잘못된 판단이 심각한 결과를 초래할 수 있는 분석이나 논쟁이 예상되는 판단에는 반드시 사용해야 한다.

악마의 변호인

악마의 변호인devil's advocate[16]은 반대 관점으로 사용할 수 있는 증거가 진정으로 대안적인 관점alternative point of view을 부정하는지를 평가함으로써 상황을 널리 받아들여질 수 있는 분석에 도전하는 데 사용된다. 악마의 변호인 접근 방식은 대안적인 관점이 옳고, 받아들여진 분석이 틀렸다는 것을 증명하려는 것이 아니다. 그 대신 원래의 분석에서 어떤 약점을 드러내고, 설명할 수 없는 어떤 편향을 밝혀내며, 정밀한 조사를 견디는 데 도움을 준다.

'만약' 분석

'만약' 분석[17]은 상황에 새로운 변수를 대입해 분석이 어떻게 달라지는지 파악하기 위해 사용한다. 예를 들어 "만약 이 주요 증거가 기만 공격 중 일부라면 어떨까?"나 "만약 이 로그 데이터가 조작됐다면 어떨까?"라는 질문을 사용해 답을 찾아보는 분석 방법이다. 다시 말하자면, 이 유형의 분석은 직접 가설을 부정하려고 하는 것이 아니며, 실제로 특정 인텔리전스에 의문의 여지가 있을 때조차도 분석이 건전한지를 결정함으로써 전반적인 판단의 신뢰성을 평가할 수 있다. 이 방법은 분석가가 한두 개의 증거에 분석을 얼마나 이용하는지 결정하기 때문에 경쟁 가설 분석 절차의 여섯 번째 단계에서 유용할 수 있다.

레드 팀 분석

이 분석은 주어진 상황에서 적이 어떻게 생각하는지, 어떻게 행동할 것인지를 분석하기 위해 사용한다. 분석가는 자신을 공격자라 생각하고, "이 상황에서 내게 중요한 것은 무엇인가?" 또는 "어떤 행동이 나를 계획에서 벗어나게 할까?"와 같은 질문을 한다. 레드 팀 분석을 할 때는 적의 성격을 파악해야 한다. 이 분석은 분석가가 공격자의 생각이 자

16　열띤 논의가 이뤄지도록 일부러 반대 의견을 제시하는 사람, 즉 선의의 비판자 노릇을 하는 사람을 의미한다. – 옮긴이

17　'What if' 분석은 조건이 변할 때 그에 따른 결과를 확인하는 방법이다. – 옮긴이

기 생각과 다르다는 것을 확인하도록 함으로써 반영 이미지mirror-image나 반영 편향에 대응할 수 있다.

레드 팀 구성으로 분석가가 처음에 고려하지 않았던 추가 요인들을 확인할 수 있다. 레드 팀 구성은 정보보호 업계에서 잘 알려진 개념이며, 이런 유형의 분석은 '무엇이든 할 수 있다'라는 식의 접근 방식을 취하는 적색 팀 훈련과 달리, 적의 사회적, 정치적, 문화적 경향에 근거한 결정을 포함해 적의 이해에 의존한다.

결론

분석은 종종 직관적인 과정으로 간주한다. 분석에 능숙한 사람도 있지만 그렇지 않은 사람도 있다. 이런 믿음이 반드시 진실은 아니다. 셜록 홈즈Sherlock Holmes는 상황을 분석하는 재능이 있지만, 여전히 편향을 해석하고, 가설을 세우며, 그런 가설을 뒷받침하거나 부정하는 증거를 사용하는 절차를 따른다. 분석가도 사고나 조사의 특정한 질문에 답하기 위해 절차를 따른다. 이 절차는 모든 경우에 똑같이 적용되지 않지만, 때로는 강화 첩보가 필요하고, 경쟁 가설 분석을 해야 하며, 다른 경우에는 모든 첩보를 사용하고, 판단을 평가하기 위해 사용한다. 분석에 유연하게 대처하되, 어떤 단계도 완전히 건너뛰어서는 안 된다. 각각의 단계는 올바른 첩보를 바탕으로 건전한 분석적 판단이 이뤄지는 것을 보장하기 존재한다. 분석이 완료되면 고객에게 결과를 가장 잘 전달할 수 있는 방법을 찾아야 한다.

## 9장

배포

"사람들은 데이터로 두 가지 중 하나를 하는 경향이 있다. 데이터를 쌓아두는 사람과 사람들에게 버리는 사람…"

– 스탠리 매크리스털^{Stanley McChrystal} 장군

"알고 있는 것을 말해주세요. 알지 못하는 것을 말해주세요. 그리고 나서 무슨 생각을 하는지 말해주세요. 나는 당신에게 책임을 물을 것입니다."

– 콜린 파월^{Colin Powell} 국무장관, 2004년 9월 13일, 인텔리전스 개혁 청문회

어떤 시점에서는 다른 팀이나 조직에서 유용한 성과를 거두기 위해 조사를 끝내거나 멈춰야 한다. 지금까지 개발한 인텔리전스를 정리하고, 출판하고, 공유하는 것을 '배포'라고 한다. 배포는 그 자체로 설정된 기술이고, 다른 기술과 마찬가지로 절차가 존재하며, 개발하는 데도 시간이 걸린다. 배포가 잘못되면 인텔리전스가 엉망이 될 수 있다. 몇 시간 동안의 분석을 바탕으로 뭔가를 작성하는 것은 중요하지 않은 것처럼 보일 수 있지만, 모든 인텔리전스 팀이 첩보 배포 기술에 집중하고 구축하는 데는 시간을 투자할 만한 가치가 있다.

배포는 매우 중요한 기술이기 때문에 대규모 인텔리전스 팀은 자원을 배포 단계에만 집중해야 한다. 배포에 중점을 둔 분석가에게 필요한 사항은 다음과 같다.

- 전반적인 절차와 공유하고 있는 첩보의 철저한 이해

- 인텔리전스를 받게 될 이해당사자의 유형과 요구사항의 확실한 이해

- 훈련되고 명확한 작문 실력(인텔리전스 글쓰기는 전형적인 서술적 글쓰기와는 약간 다르다. 이는 9장의 뒷부분에서 다룬다)

- 중요한 인텔리전스 보고서^{intelligence product}와 자료를 보호하기 위한 운영 보안 ^{operational security}의 관심

두 가지 업무를 수행하는 컴퓨터비상대응 팀 분석가, 인텔리전스 분석가뿐 아니라 대규모 전담 팀까지 팀 구성 방식과 관계없이 글쓰기와 편집을 위한 절차를 개발하고 정기적으로 연습해야 한다. 배포와 그에 따른 출력물(인텔리전스 보고서^{intelligece product}라고도 함)은 이들이 기반으로 하는 분석만큼 좋을 수 있다. 또한 잘못된 인텔리전스 보고서를 작성하는 것은 좋은 분석을 무용지물로 만들 수 있다.

9장에서는 조직 내 배포를 위한 인텔리전스 보고서를 작성하는 방법을 다룬다. 우리는 효과적인 글쓰기 구조와 절차를 구축함으로써 독자가 실행할 수 있도록 하는 데 집중할 것이다.

인텔리전스 고객의 목표

인텔리전스 고객의 요구사항을 파악하는 목적은 고객의 목표를 이해하는 데 있다. 독자의 목표를 이해한다는 것은 독자의 요구사항을 파악하는 것을 의미한다. 이러한 두 가지 측면은 분위기뿐 아니라 구조, 시간 등 보고서의 거의 모든 것을 정의한다. 인텔리전스 보고서의 목표를 파악하는 것은 이해관계자가 보고서에서 얻을 수 있을 것이라 기대하는 모든 것이다. 예를 들어 일반적인 목표는 보안운영센터에 새로운 행위자의 전술, 기술, 절차와 관련된 인텔리전스를 제공한다. 이는 (표적 패키지로 알려진) 고도의 기술을 가진 독자 대상의 전술적 보고서가 필요하다는 것을 보여준다. 인텔리전스 팀은 고객이 자신의 목표를 달성하기 위해서는 어떤 종류의 보고서가 필요한지 파악해야 한다. 따라

서 보고서에 고객의 목표를 명확하게 언급한 후에 시작하는 것이 좋다. 이는 개인이 아닌 팀 단위로 보고서를 작성할 때 특히 유용하다. 언급된 목표(여러분이 하고자 하는 강령mission statement)는 공통된 목표를 제공한다.

독자

독자audience는 '고객'이라고도 하며, 모든 인텔리전스 보고서의 목표와 연관돼 있다. 목표의 실행은 근본적으로 여러분이 작성하고 있는 보고서의 이해관계자와 연관돼 있다. 모든 인텔리전스 작성자의 팀은 자신들이 작성하고 있는 보고서의 독자가 누구인지 알아야 한다. 독자가 누구인지 알아야만 유용하고 실행 가능한 보고서를 만들 수 있다. 이는 한 번의 연습으로 끝내서는 안 되며, 팀의 변화, 진화, 학습을 위해 작성해야 한다.

예를 들어 어떤 조직에 고도의 기술 보고서를 소화할 수 있고, 디스어셈블리를 즐기는 매우 전문적인 최고경영책임자가 있을 수 있다. 이는 인텔리전스 팀이 취할 수 있는 접근 방식을 바꾸는 데 도움이 된다. 경영진은 어떤 주제의 보고를 받더라도 보안운영센터 분석가들과는 전혀 다른 질문을 할 것이다.

모든 상황과 고객은 약간씩 다르지만, 몇 가지 공통된 점이 있다. 일반적인 고객의 유형으로는 임원이나 대표, 내부 기술 고객 및 외부 기술 고객이 있다. 이런 고객을 좀 더 자세히 알아보자.

임원/경영진 고객

많은 분석가가 인텔리전스 보고서를 제공하거나 제공하는 데 가장 위협적인 독자는 이사회의 C-레벨이나 경영진이다. 그 이유는 이런 경영진의 권한, 주요 자료 유출, 위협과 같은 심각한 상황이 초래하는 결과를 주요 지도부가 자주 브리핑하기 때문이다. 이해관계자는 대부분 높은 직급이다.

정량화할 수 없는 것을 정량화하기

임원/경영진, 고객에게 전략 주제와 관련된 인텔리전스 글쓰기는 종종 정량화할 수 없는 것을 정량화하려는 시도다. 이를 위해 추상적 개념을 상대적인 방법으로 설명할 수 있는 언어가 필요하다. 다행스럽게도 이 문제는 이미 해결됐다. CIA 도서관은 이 문제의 해답뿐 아니라 인텔리전스 커뮤니티가 이 문제를 해결한 과정, 즉 단어의 예상 확률(Word of Estimative Probability)[1]을 포함한 좋은 자료를 갖고 있다. CIA의 결과는 확실성(certainty)과 불확실성(uncertainty)을 설명할 수 있는 일련의 구체적인 단어들이다.

그 단어들은 다음과 같다.

- 확실: 100% 확률
- 거의 확실: 93% 확률, 오차는 약 ±6%
- 어느 정도 가능함: 75% 확률, 오차는 약 ±12%
- 50:50의 확률: 50% 확률, 오차는 약 ±10%
- 일어날 것 같지 않음: 30% 확률, 오차는 약 ±10%
- 일어날 확률이 거의 없음: 7% 확률, 오차는 약 ±5%
- 불가능: 0% 확률

이 예상 확률은 산문체[2]나 서면으로 된 인텔리전스가 여전히 유효할 때, 고객이 인텔리전스를 이해할 수 있고 정량화할 수 있는 비율로 받아들일 수 있는 전체 범위를 제공한다. 이런 단어를 고객이 이해하고 일관되게 사용하면 핵심 요소가 된다. 예를 들어 어떤 그룹에서 고객이 특정 용어를 어떻게 해석해야 하는지 알고 있는 동안에는 probable이라는 단어 대신 likely라는 단어를 사용할 수 있다. 예상 단어를 일관되게 사용하지 않으면, 이런 예상치는 혼동을 초래한다.

경영진은 항상 도전적이다. 모든 경영진은 상당한 범위의 기술과 기술적 통찰력을 지니고 있다. 한 경영진 그룹에는 상당한 기술 지식을 갖춘 전직 엔지니어와 기술자 대표 외에 기술 분야와는 관련이 없는 재무나 인사 분야의 전문가들이 있다. 이런 여러 분야의 독자들은 종종 목표에 도전한다. C-레벨 임원들의 일반적인 특징은 다음과 같다.

---

1   https://bit.ly/1KV5gtX – 옮긴이

2   율격과 같은 외형적 규범에 얽매이지 않고 자유로운 문장으로 쓴 글로, 소설이나 수필따위를 말한다. – 옮긴이

- 특정 분야의 전문 지식을 지니고 있으며, T자형 인재[3]라고도 한다. C-레벨 임원 대부분은 한 가지 전문 분야를 갖고 있지만, 대개 다른 분야(예를 들면 인사나 재무 등)에 상당한 지식을 갖고 있을 정도로 많은 것을 경험했다.

- 임원은 무엇보다 전략적으로 집중하는 경향이 있다. 임원이 사업을 운영하는 경우, 모든 결정은 돈을 벌거나 절약하는 데 초점을 맞출 것이다. 조직이 비영리 단체라면, 초점은 임무가 될 것이다.

 경영진을 기술적인 지식을 갖추고 있지 못한 집단이라 생각할 수 있지만, 많은 경영진이 위험을 무릅쓰고 이런 일을 해왔다. 경영진의 구성원이 숙련된 엔지니어로서 그들의 지위에 도달했을 수도 있다는 것을 잊기 쉽다. C 언어 코드와 주요 악성 코드의 디스어셈블리 코드를 여전히 잘 알고 있거나 이제 막 전기공학 석사 과정을 마친(실제 얘기다!) 최고경영책임자나 고위층 임원을 우연히 만나는 것도 드문 일은 아니다. 임원이 과도한 기술적 수행 능력을 갖추고 있다고 생각해, 전문 용어를 너무 많이 사용하는 것도 좋지 않은 일이므로 임원이 이를 이해하지 못했다고 가정한다.

고객에게 초점을 맞추는 것이 기술적인 이해보다 중요하다. 경영진, 특히 C-레벨은 자신만의 전문 분야가 있다. 최고재무책임자[CFO, Chief Financial Officer]는 회사의 기본 재정의 위협, (실제 및 잠재적) 사고와 관련된 비용 그리고 W-2[4] 사회공학과 같은 재무 관리 직원을 표적으로 하는 위협에 관심이 있다. 이와 반대로 최고기술책임자[CTO, Chief Technical Officer]는 아마도 W-2 절도 시도에는 관심이 없을 것이다. 결국, 최고기술책임자의 직원들은 W-2에 접근할 수 없겠지만, 기술 부서의 기능에 영향을 미칠 수 있는 DDoS 공격에는 관심이 있을 것이다.

단일 인텔리전스 보고서가 사업의 여러 측면에 어떤 영향을 미칠 수 있는지 고려해야 한다. 이는 2장, '인텔리전스의 기본 원리'에서 설명한 인텔리전스 주기의 피드백으로,

---

3 https://bit.ly/33HqA72 – 옮긴이
4 W2(Wage and Tax Statement)는 미국 직장인들이 매년 1월에 받는 급여 및 세금 명세서로, 우리나라로 치면 연말 정산을 위한 서류와 비슷한 것이다. – 옮긴이

고객이 최종 제품을 검토하고, 자신들의 통찰력을 공유한다. 이러한 통찰력은 인텔리전스와 관련된 것이 될 수도 있지만, 서식과 절차 그리고 고객의 반응에 세심한 주의를 기울여야 한다. 팀은 이러한 요인을 고려해 새로운 보고서를 작성할 때마다 제품을 개선해야 한다. 대표에게 보고할 인텔리전스 보고서를 작성할 때 가장 효과적인 특징은 다음과 같다.

- 사업 결정^{business decision}에 필요한 인텔리전스에 초점을 맞춘다. 일부 전문적인 기술 임원을 포함해, 전술 인텔리전스에 관심이 있는 경영진은 거의 없다. 그들의 주요 관심사는 더욱 나은 사업적 수준의 결정을 내리는 데 필요한 모든 것이다.

- 위협의 이야깃거리를 전달하기 위해 인텔리전스를 사용한다. 인텔리전스가 제대로 전달됐다면, 운영 인텔리전스^{operational intelligence}를 대표와 공유하는 것이 큰 가치가 있을 수 있다. 특히, 공격 활동과 관련된 운영 인텔리전스를 공유하는 이점은 사람의 사랑 얘기를 활용하는 데서 나온다. 운영 인텔리전스를 사용하면 좋은 사람과 나쁜 사람, 도구 그리고 행동이라는 얘기를 쉽게 공유할 수 있다(3장, '사고 대응의 기본 원리'에서 설명한 다이아몬드의 네 모서리를 생각해보라). 이야깃거리는 여전히 전략적인 측면에 초점을 맞춰야 하지만, 운영 측면에서는 강력하고 관련성이 있는 이야깃거리로 전략적인 측면을 지원할 수 있다.

- 요점을 벗어나지 않도록 한다. 보안은 독자의 유일한 관심사이며, 보안에 집중할 시간은 제한돼 있다. 긴 보고서는 인상적이고 빈틈없어 보이지만, 이 보고서는 읽히지 않은 채 책상 위에 놓일 것이다. 이는 두 가지 기술로 극복할 수 있다.
  - 의심스러울 때는 간략하게 줄인다. 50쪽 분량의 보고서 중 10%를 읽는 것보다 잘 작성되고 조밀한 한 쪽짜리 보고서 전체를 읽을 가능성이 더 크다.
  - 모든 보고서는 가장 중요한 사안을 다루는 개요로 시작해야 한다. 개요는 완전히 읽힐 수 있는 유일한 부분이므로 신중하게 작성해야 한다.

이런 기술은 대표뿐 아니라 임원에게도 가치가 있다. 언어의 경제성은 고객이 데이터를 소비하는 것이 아니라 데이터를 사용할 수 있게 해준다.

여러분의 인텔리전스 팀이 진실의 유일한 출처라고 생각하기 쉽다. 이는 특히 위험한 가정으로, 여러분의 이사회나 경영진에게는 더욱 그렇다. 많은 조직은 외부 고문을 고용하고 있다. 인텔리전스 보고서를 작성할 때는 이를 명심해야 한다. 여러분이 예상하는 것보다 훨씬 더 심도 있는 비평에 대비해야 한다.

내부 기술 고객

대부분의 분석가에게 가장 쉬운 고객은 다른 분석가다. 이는 우리가 온 마음을 다해 파악해야 하는 페르소나이기 때문이다. 즉, 우리 자신을 위한 보고서다. 우리의 개인적인 생각과 선호도 요구를 바탕으로 추측하기는 쉽지만, 여전히 분석가(여러분이 그중 한 사람일지라도)를 인텔리전스 보고서의 중요한 고객으로 생각해야 한다. 분석가를 연구하고, 피드백을 구하며, 가정에 의존하기보다는 고객의 요구를 충족하기 위해 보고서를 개선하는 것이 낫다.

일반적으로 보안운영센터 분석가와 사고 대응자, 사이버 위협 인텔리전스 분석가 등과 같은 내부 기술 고객technical consumer은 운영 수준operational-level의 보고서가 그들의 주된 업무인 침입탐지와 사고 대응에 도움을 줄 수 있길 바란다. 이런 보고서는 더 방어적인 제품이나 네트워크를 구축하려는 개발자와 아키텍처 중심 분석가, 엔지니어를 대상으로 한다. 이런 내부 기술 고객은 제품을 구축할 가능성이 큰 그룹으로, 다양한 요구와 사용처가 있다. 내부 기술 고객을 위해 만들어야 할 보고서 유형의 몇 가지 예는 다음과 같다.

- 보안운영센터 분석가를 진행 중인 주요 스피어 피싱 공격 활동에 익숙하게 만드는 것을 목표로 하는 운영 수준의 공격 활동 분석campaign analysis

- 시스템과 네트워크 아키텍처를 개선하려는 시스템 아키텍처와 취약점관리 팀을 위한 전년도 주요 침해사고의 전략적 논의

- 웹 프록시에서 차단될 가능성이 있는 거짓 긍정을 필터링한 후, 도메인 이름의 전술적 IOC 목록 작성

이런 모든 보고서 예제는 탐지를 향상하고 거짓 긍정을 최소화하는 데 중점을 두고 있다. 분석가는 (일반적으로) 나쁜 것이 어떻게 보이고, 실제로 그것이 (구체적으로) 어떻게 나쁜지 확인하는 방법을 알고 싶어 한다. 이는 동전의 양면으로, 분석가를 위한 보고서를 작성할 때에는 균형을 고려해야 한다.

분석가를 위한 글쓰기 접근 방식의 핵심은 데이터에 집중하는 것이다.

- 분석가의 메모를 이용해 이런 보고서를 작성할 것이다. 이런 접근 방식을 이용하면 실측 자료ground truth에 가까운 보고서를 만들 수 있다.

- 보고서는 매우 기술적이고 서술적이어야 하며, 외부 연구와 내부 원격 측정 참조를 포함해 풍부한 참고 자료를 갖고 있어야 한다. 분석가는 종종 개별 데이터를 원래의 출처로 추적하길 원하기 때문에 이들을 돕는 가장 좋은 방법은 쉽게 따라 할 수 있는 참조를 제공하는 것이다.

- 최고 품질의 보고서는 STIX 형식의 IOC나 YARA 시그니처와 같이 기계적으로 사용할 수 있는 보고서로 백업해, 조직 내의 다른 분석가도 기술적인 세부 사항을 검토할 수 있도록 해야 한다.

- 항상 내부 고객이 의견을 제시하고 질문할 수 있도록 해야 한다. 이는 여러분의 이메일 주소를 제공하거나, 특정 주제의 채팅방을 만들거나, 독자가 저자와 상호 작용할 수 있는 방법과 같이 간단해야 한다.

외부 기술 고객

첩보 공유는 강력할 수 있지만, 외부 기술 고객을 위한 보고서 작성은 고유한 도전 과제를 제공한다. 외부 기술 고객을 위한 글쓰기는 내부 기술 고객을 위한 글쓰기와 유사하

다. 핵심적인 차이는 업무 규칙[rules of engagement], 즉 외부 기술 고객과 상호 작용하는 방법의 절차에 있다.

허가받기

여러분의 조직과 내부적으로 공유하는 것은 어느 정도 민감할 수 있지만, 조직의 외부와 공유하는 것은 훨씬 더 위험할 수 있다. 위협과 사고 데이터는 대개 매우 민감한 것으로 간주하기 때문에 허가를 받지 않은 상태에서 다른 사람에게 보내면 안 된다.

공유하고자 하는 대상 알기

승인을 받은 후에 (파트너와 법집행기관, 정보공유분석센터 등) 특정 유형의 조직이나 특정 개인과 공유할 수 있다. 외부의 승인받은 개인과의 공유는 예기치 않은 사람에게 노출될 위험이 있다.

유출 위험

조직은 인텔리전스를 공유하려는 상대방을 확인하고 신뢰하지만(그리고 상대방이 받을 첩보를 보호하기 위해 가능한 모든 것을 하더라도), 유출이 발생한다. 인텔리전스 고객의 메일 계정이 해킹당하거나 내부자 위협(insider threat)으로도 인텔리전스가 유출된다. 인텔리전스 생산자로서 여러분이 공유하는 인텔리전스가 유출될 수 있다고 가정해야 한다. 유출 위험 때문에 조직이 첩보 공유를 꺼려서는 안 되지만, 강력한 암호를 사용하더라도 유출되지 않도록 신경 써야 한다는 것을 의미한다. 팀은 공격적이거나 둔감한 코드 이름, 전문적이지 않은 언어, 근거 없는 추측을 피해야 한다. 인텔리전스 보고서가 트위터에 공유될 경우에 발생하는 당혹감이나 부정적인 파급 효과를 생각해보라. 이런 일이 어떻게 일어날 수 있는지는 구글의 '수족관 보고서 조사(Looking into the Aquarium report)'[5] 유출 사례를 살펴보면 된다. 다음 단계의 유출로부터 보호하고 싶다면 여러분 조직의 홍보 팀과 협력하는 것을 고려해보기 바란다.

---

5   https://bit.ly/2TFzg9y – 옮긴이

변환할 수 있는 인텔리전스^{translatable intelligence}는 두 조직 모두에 유용할 수 있는 첩보다. 이는 주로 지표에 초점을 맞추고 있지만(예를 들어 Snort 시그니처는 침입탐지 시스템을 사용하는 다른 조직에 유용하지만, IP 주소는 거의 모든 조직에 유용하다), 타임라인이나 서술 첩보에도 적용할 수 있어야 한다. 파트너 조직을 파악하는 데 시간을 할애하면 이러한 인텔리전스 보고서를 작성할 수 있다.

의견을 제시하기 위한 방법 갖추기

내부적으로 공유한다는 것은 고객이 다양한 의견을 제시하는 방법을 찾는 것을 의미하지만, 외부 고객은 사용할 수 있는 채널이 거의 없다. 인텔리전스를 공유할 때는 채널과 형식, 기대치를 포함해 의견 제시 방법을 명시적으로 제시해야 한다.

때로는 인텔리전스 보고서의 고객이 두 명 이상일 수 있다. 보안운영센터는 사고 관련 데이터의 내부 기술 고객이 될 수 있지만, C-레벨도 간단한 설명을 원한다. 이때에는 각 고객에게 어떤 첩보를 제공하는 것이 필요한지를 파악하는 것이 중요하기 때문에 고객의 페르소나^{consumer persona}를 파악하는 것을 권장한다.

고객 페르소나 개발

인텔리전스 프로그램의 독자를 알기 위한 방법은 일반적인 마케팅 관행에서 나온 기술인 고객의 페르소나를 파악하는 것이다. 페르소나는 가상의 프로토타입 고객을 묘사하고, 고객의 요구를 해결할 수 있는 제일 나은 방법을 찾는 데 도움이 되는 고객의 특성과 도전 및 요구사항을 파악하는 데 초점을 맞춘다. 페르소나는 배포 단계에서 팀 구성원이 접근할 수 있는 곳에 보관한다.

이 접근 방식은 페르소나의 서식을 만드는 것에서 시작한다. 그림 9-1은 페르소나의 예제 서식이다.

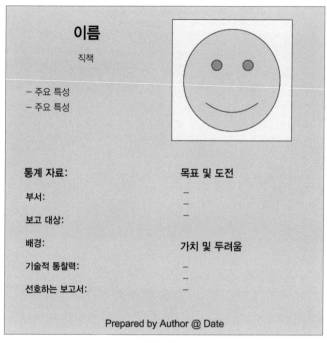

그림 9-1. 간단한 고객 페르소나 템플릿

올드 네이비[Old Navy]는 모든 가족의 고객 페르소나로 유명하지만, 주된 페르소나는 25~35세의 엄마인 제니[Jenny][6]다. 인텔리전스 보고서는 독자의 규모가 중요하다. 고객이 많은 인텔리전스 팀은 몇 가지 페르소나를 가질 수 있다. 다른 팀에게는 더 제한적인 숫자의 고객이 있고, 각 고객의 세부 페르소나를 만들 수 있다. 하이브리드 접근 방식은 대부분의 팀에 가장 좋을 가능성이 높다. 즉, 팀은 우선순위가 높은 고객을 위해 몇 가지 상세한 페르소나를 만들고, 다른 그룹은 페르소나를 일반화한다.

페르소나는 많이 알려지지 않았거나 일반화된 것을 명시적으로 정의할 수 있어야 한다. 최고경영책임자가 매우 기술적이어서 상세한 역공학 보고서를 읽는 것을 좋아하는가? 그렇다면 고객의 페르소나에 주목해야 한다. 보안운영센터 담당자가 짧은 한 쪽짜리 보

---

6   https://bit.ly/31MlPYg – 옮긴이

고서를 선호하는가? 그렇다면 고객의 페르소나에서 답을 찾아야 한다. 궁극적으로 페르소나는 고객에게 가장 유용하면서 이해관계자에게 관련 보고서를 제공하는 방법이다. 페르소나의 목표/도전 그리고 가치/두려움을 신중하게 고려(또는 조사 및 확인)할 시간을 가져야 한다. 이렇게 하면 가장 유용한 보고서를 제공할 수 있다.

그림 9-2는 실제 인텔리전스 고객 프로파일이다. 숀Shawn은 보안 담당 부사장VP. Vice President으로, 자연스럽게 (편향의 한 형태인) 특정 기대치를 이끌어낸다. 이 프로파일이 중요한 이유는 부사장의 프로파일과 우리의 가정이 상당 부분 틀렸기 때문이다. 숀은 매우 기술적이며, 보고서의 정확성과 깊이에 많은 기대를 하고 있다. 일부 부사장은 패킷과 지속성 메커니즘의 세부 사항을 불편해하거나 겁을 먹을 수 있겠지만, 숀은 그렇지 않다. 그의 가장 큰 관심사는 전형적인 전략 요구사항이다. 관심사를 모두 이해하면 부사장을 대상으로 한 맞춤형 보고서를 만들 수 있다.

그림 9-2. 실제 고객 프로파일

위협 인텔리전스의 모든 고객의 상세 프로필을 만드는 것이 중요하지는 않지만 페르소나를 만드는 것은 주요 이해관계자들을 위해 가치 있는 연습이 될 수 있다. 반면, 보안 운영센터 분석가와 같이 공통 이해관계자의 역할을 기반으로 일반 페르소나를 만드는 것은 가치가 있다. 이렇게 일반화된 프로파일은 인텔리전스 보고서를 만들 때 핵심 지침을 제공하고, 보고서가 이해관계자의 요구를 충족시키는지를 판단하는 중요한 잣대 역할을 한다.

 많은 팀이 페르소나를 만들고, 그 페르소나를 매우 중요한 것으로 취급한다. 페르소나는 그에 속한 사람이나 역할만큼 정적이어야 한다. 새로운 CFO가 부임했는가? 그 사람을 위해 시간을 들여 새로운 페르소나를 만들어보라. 이전 CFO와는 전혀 다를 수 있다.

저자

독자는 고객이 원하는 것을 지시하는 반면, 저자는 여러분이 효과적으로 얘기할 수 있는 것을 지시한다. 좋은 보고서는 저자의 역량과 독자의 요구사항을 모두 충족시킨다.

저술은 신뢰를 확립하고 유지하는 것이다. 고객(독자)은 그들이 믿는 보고서에서만 가치를 얻을 것이며, 이러한 믿음의 대부분은 저자에게 나온다. 분석에서 편향이 팀을 불신하게 만드는 것과 마찬가지로 여러분의 지식 범위를 벗어난 첩보의 보고서를 작성하려고 할 수도 있다. 추측을 과장하기보다는 잘 알고 있는 주제를 강력하게 쓰는 것이 좋다.

저자는 권위 있는 글을 쓸 만큼 충분한 지식을 갖추고 있어야 하며, 첩보를 전달받는 독자가 해당 첩보를 다른 독자에게 전달할 수 있을 정도로 글을 쓰기 위해서는 독자를 잘 알아야만 한다. 충분한 지식이 없다면 보고서는 (신뢰성을 떨어뜨릴 수 있는) 오류투성이가 될 것이며, 독자를 잘 알지 못한다면 좋은 첩보는 독자가 받아들이지 못해 버려질 것이다.

여러분은 보고서 작성자로서 분석을 바탕으로 인텔리전스 보고서를 작성할 것인지, 원하는 주제를 기반으로 작성할 것인지를 결정해야 한다. 보고서에서 다루고자 하는 여러 특정 주제로 시작하려면, 해당 주제가 다루는 다양한 요구사항을 해결할 수 있는 팀을 먼저 구성해야 한다. 팀을 구성한 경우, 보고서의 주제는 팀의 역량에 따라 제한돼야 한다.

인텔리전스 보고서에서 자동화된 보고서 첩보

인텔리전스 보고서 작성자가 사용하는 일반적인 기술 중 하나는 자동화된 도구에서 나온 첩보를 포함하는 것이다. 이 방법은 특히 악성 코드 분석에서 일반적이며, 많은 저자가 샌드박스와 온라인 악성 코드 분석 서비스의 결과를 보고서에 넣는다. 이런 방식은 특히 분석가와 저자의 경험이 많지 않을 때는 가치가 있겠지만, 이는 전후 사정이 없는 보통의 데이터일 뿐이다. 분석을 할 수 없게 만드는 안티 역공학 기법 때문에 자동화된 악성 코드 분석은 무용지물이 될 수 있다.

자동으로 생성된 첩보를 보고서에 넣을 때마다 다음 사항을 확인한다.

첩보를 완전히 이해한다

첩보를 이해하는 것은 보고서를 작성하는 데 중요할 뿐 아니라 보고서를 전달한 후에 그 내용을 말할 수 있어야 한다. 많은 분석가, 심지어 회사도 자동화된 산출물을 잘못 이해하고, 나쁜 데이터를 포함하는 실수를 저지른다.[7]

자동으로 생성된 첩보에 전후 사정을 추가한다

자동화된 보고서는 보고서의 얘기를 전달하는 부분이 돼야 한다. 전후 사정이 없다면 이러한 자동화된 보고서는 단지 데이터일 뿐이다.

참조와 업데이트를 위해 자동화된 분석에 링크를 넣는다

예를 들어 일부 샘플이 초기 VirusTotal에서 탐지율이 낮을 수 있지만, 공급 업체가 시그니처를 추가하기 시작하면 이 탐지율은 변한다. 이런 전후 사정이 중요하기 때문에 인텔리전스 보고서 고객이 직접 그 첩보를 쉽게 확인할 수 있도록 해야 한다.

이러한 세 가지 조치를 취해 자동화된 분석을 사용해야 고객을 혼란에 빠뜨리지 않고 인텔리전스 보고서를 개선할 수 있다.

---

7 8.8.8.8과 windowsupdate.microsoft.com은 공급 업체조차도 악의적인 것으로 언급하는 좋은 예다. 악성 코드가 종종 안티 포렌식 기법으로 인터넷에 접근할 수 있는지 확인하기 위해 해당 인터넷 주소로 접근하는 경우가 많으므로 동적 분석에서 해당 주소가 자주 나타난다. - 옮긴이

실행 가능성

인텔리전스 보고서는 실행할 수 있어야 한다. 보고서로 올바른 첩보를 올바른 형식으로 고객에게 제공해 고객이 보고서가 없을 때보다 더 좋은 결정을 할 수 있을 때, 보고서를 실행 가능^{actionable}하다고 한다. 고객이 네트워크방어 자세를 개선하기 위해 보고서에 있는 첩보를 사용할 수 없다면 아무리 좋은 인텔리전스 보고서라고 해도 쓸모 없게 된다. F3EAD 명명법에서 보고서가 적을 탐지하고, 위치를 결정하며, 종결시킬 수 있는 팀의 능력을 개선할 수 없다면 보고서는 핵심 구성 요소가 빠진 것이다. 결국, 모든 인텔리전스 보고서의 목적은 반드시 의미 있는 결정이나 행동으로 이어져야 한다.

인텔리전스 보고서의 실행 가능성을 위해 해야만 하는 몇 가지 행동은 다음과 같다.

- 고객이 마주칠 가능성이 있는 적을 쉽게 탐지하거나 대응하기 쉽게 만들어주는 적의 전술과 기술 및 절차의 인텔리전스를 제공한다.

- 고객이 악의적인 활동을 탐지하거나 사냥하기 위해 사용하기 쉬운 IOC와 시그니처가 보고서에 담겨 있는지 확인한다. 특히 Snort, Yara와 같이 여러 공급 업체가 사용하는 공개 형식^{open format}이 유용하다.

- 소비지의 요구와 관련된 특정 질문에 답한다(293쪽의 '인텔리전스 제공 요청 절차' 참조).

인텔리전스 보고서의 실행 가능성을 위해, 해서는 안 될 몇 가지 행동은 다음과 같다.

- 네트워크방어 팀이 사용할 수 있도록 의미 있는 세부 사항 없이 지나치게 폭넓은 활동 설명은 자제하라. 예를 들어 공격자의 이메일 주소나 제목 줄, 첨부 파일 또는 악성 링크 첩보가 포함되지 않은 공격자의 피싱 공격을 참조해서는 안 된다.

- 인텔리전스 보고서에서 첩보를 복사하는 데 방해가 되는 도구나 방법을 사용하지 말라. 예를 들어 많은 공급 업체는 자신들의 보고서를 텍스트 형태에서 이미지로 변환한 후에는 고객이 보고서에서 첩보를 복사해 붙여넣기할 수 없다. 그

결과, 해시 값과 도메인 및 IP 주소의 목록을 복사할 수 없게 된다.

- 해당 공급 업체의 제품에서 유용한 공급 업체 전용 형식을 사용해 정황 첩보를 배포하거나 네트워크 도구만 갖고 있는 고객에게 호스트 탐지에만 사용할 수 있는 첩보를 공유하는 것은 생략한다.

- 첩보를 너무 지나치게 기밀로 분류해 사용할 수 없게 만들지는 말라. 이는 정부 분류government-classified와 신호등 프로토콜 환경 모두에서 일어날 수 있다(다음 '검은색 신호등 프로토콜 사용하지 않기' 참조).

검은색 신호등 프로토콜 사용하지 않기

앞서 민감한 인텔리전스를 보호하기 위한 신호등 프로토콜을 설명했다. 어떤 분석가는 공식적으로 지정된 빨간색과 노란색, 초록색, 흰색 외에 검은색 신호등 프로토콜로 첩보를 참조한다. 이런 비공식적인 지정은 가장 높은 민감도를 전달하기 위한 것으로, 민감도가 높기 때문에 어떤 식으로든 행동해서는 안 되며, 행동을 전후 사정과 관련 짓기 위해서만 공유해야 한다. 검은색 신호등 프로토콜은 비밀스럽고, 스파이와 같은 느낌을 들게 하지만, 검은색 신호등 프로토콜의 인텔리전스는 검은색의 정의상 실행할 수 없으므로 거의 유용하지 않다. 가능한 한 검은색 신호등 프로토콜은 사용하지 말라.

실행 가능성은 미묘하기 때문에 고객 및 그들의 인텔리전스 프로그램의 성숙도에 따라 크게 달라진다. 어떤 경우에는 보고서를 완벽하게 만들 수 있지만, 고객이 이미 위협을 잘 알고 있다면 보고서는 거의 실행할 수 없을 것이다. 이와 반대로 같은 보고서가 위협을 막 발견한 다른 팀에게 공유됐을 때에는 실행 가능성이 매우 클 것이다. 실행 가능성을 개선하기 위해서는 이해관계자의 말을 듣고, 고객의 성격을 이해해야만 한다.

요구사항

이해관계자가 어떤 문제를 지니고 있고, 그들이 어떤 질문에 답하려고 하는가?

기술

이해관계자는 어떤 도구를 사용할 수 있는가?

성숙도

이해관계자 팀의 기술 수준과 효과적으로 행동할 수 있는 능력은 어느 정도인가?

방법론

이해관계자가 팀 업무에 어떻게 접근하는가?

이러한 모든 특성을 이해해야만 이해관계자가 효과적으로 행동하는 데 도움이 되는 보고서를 만들 수 있다.

글쓰기 절차

많은 사람이 좋은 글쓰기는 좋은 작가가 된 결과라고 생각한다. 훌륭한 작가가 되는 요소 중 하나는 타고난 능력이지만, 대부분의 사람들에게 글쓰기는 천천히 배우고, 인내심을 갖고 연습해야 하는 기술이다. 디지털 포렌식 사고 대응, 인텔리전스 또는 엄격한 분석 요구를 위한 글쓰기는 스타일 감각뿐 아니라 특별한 절차가 필요하다.

이 절에서는 인텔리전스 보고서 작성을 위해 일반화된 절차를 다룬다(전문 인텔리전스 생성 조직expert intelligence-generating organization은 머시허스트Mercyhurst 대학의 정보학 연구소에서 펴낸 「Analyst's Style Manual」[8]과 같은 상세한 가이드를 만들어야 한다).

글쓰기에는 계획, 초안, 편집의 세 가지 주요 단계가 있다. 이제 각 단계를 알아보자.

계획

인텔리전스 작성은 항상 계획으로 시작한다. 펜을 종이 위로 가져가는 것만으로도 시작할 수 있지만, 이렇게 해서는 최상의 결과물을 만들 수 없다. 인텔리전스 보고서는 이해관계자에게 가능한 최고의 가치를 제공할 수 있도록 사려 깊고, 논리 정연하게 구성해

---

8   https://bit.ly/2KWE9XE – 옮긴이

야 한다. 이를 위해 계획 단계에서의 인텔리전스 보고서에서 중점을 둬야 할 주요 요소는 다음과 같다.

독자

누구를 위해 글을 쓰는가? 독자들의 목표와 요구사항은 무엇인가? 인텔리전스를 효과적으로 사용하기 위해서는 이를 잘 알고 있어야 한다.

저자

누가 글을 쓰고 있으며, 글 쓰는 사람에게는 어떤 기술이 있는가? 인텔리전스는 내용을 잘 알고 전후 사정을 잘 관련 지을 수 있는 저자를 의미한다.

실행 가능성

인텔리전스를 받은 사람이 취해야 할 조치는 무엇인가? 인텔리전스는 항상 의사결정(그리고 일반적으로 변경)으로 이어져야 한다.

이 세 가지 개념 모두는 보고서에 포함해야 할 항목과 형식을 계획할 수 있다. 고객에게 전달되는 인텔리전스 보고서를 만드는 여러 단계에서는 이 개념을 명심하기 바란다.

초안

인텔리전스 보고서를 작성할 때의 초안 작성 절차^{drafting process}는 사람마다 다르다. 대부분의 사람은 자신만의 접근 방식과 절차를 갖고 있다. 그러나 접근 방식에 상관없이 대부분 사람은 보고서를 시작하는 처음 몇 단어를 선택하는 데 어려움을 겪는다. 예를 들어 이 절의 첫 번째 문장을 초안^{draft}에 작성하는 데는 45분이 걸렸지만, 그리 좋은 문장이 아닐 수도 있다. 대부분의 작가는 첫 번째 초안을 시작하는 가장 좋은 방법으로 뭔가를 적어 넣은 후, 여기서부터 시작해야 한다는 것에 동의한다. 초안 작성에 여러분만의 접근 방식이 없다면, 절차를 시작하기 위한 몇 가지 전략을 소개한다. 이런 접근 방식 중에서 여러분에게 적합한 한 가지 또는 몇 가지 방식을 사용할 수 있다.

방향 제시 문장으로 시작하기

방향 제시 문장^{direction statement}은 전체 보고서를 한 문장으로 요약한 것으로, 인텔리전스 보고서 작성을 시작하기에 좋은 문장이다. 방향을 제시함으로써 결과 보고서가 이해관계자의 요구에 적절한지 쉽게 확인할 수 있다. 방향 제시 문장을 보고서의 처음에 위치시킨 후, 방향을 알려주는 증거를 제시하고, 사실과 평가를 이끌어낸다. 어떤 경우에는 보고서의 개별 요소로 방향 제시 문장을 두는 것이 합리적일 수 있지만, 반드시 따를 필요는 없다. 이는 단지 시작점일 뿐이다.

인텔리전스 글쓰기에서 서술체 사용하기

사람은 얘기 듣는 것을 좋아한다. 얘기는 우리가 익숙하게 사용하고, 편안함을 느끼는 형식이다. 우리는 그 캐릭터가 어떤 모습인지 알아내고, 캐릭터가 하는 일과 다른 캐릭터는 어떻게 관련돼 있는지에 관심이 많다. 이런 서술체 형식은 인텔리전스 생산자와 고객 모두에게 자연스러운 것이다. 이런 본능은 그냥 받아들이는 것이 좋다. 얘기는 기억하기 쉬우며 간단한 문장보다 더 큰 영향을 미친다. 사람들은 얘기와 관련돼 있으므로 서술체를 사용하는 것이 좋다.

사실로부터 시작하기

보고서를 시작하는 다른 방법은 조사에서 확인된 사실 목록으로 시작하는 것이다. 이 방법은 보고서 작성자가 메모하고 있을 때 특히 유용하다. 형식과 산문체에 집중하지 말고, 보고서에서 모든 사실과 시간, 지표 그리고 구체적인 첩보를 얻을 수 있도록 해야 한다. 사실을 모두 사용할 수 있다면, 사실을 재배치하고, 조정하고 산문체로 만들기 쉽다.

개요 또는 글머리 표로 시작하기

개요를 만드는 것은 여러분의 생각을 보고서에 넣기 위한 좋은 방법이다. 이 시점에서 개요의 각 절에 내용을 채우는 것은 중요하지 않다. 그냥 보고서에 다루게 될 주요 주제들을 채워 넣는다.

여러분이 찾아낸 것들의 구조나 순서를 이해하기에 너무 이르다면, 글머리 표로 시작하라. 글머리 표는 사실 분석과 고려 사항 및 개인적인 진술을 포함해 다양한 주제를 다룰 수 있다. 첩보를 써 내려가기 시작하면, 첩보를 배치하는 가장 좋은 방법이 종종 생긴다.

편집

초안이 최종 보고서가 돼서는 안 된다. 좋은 초안에서 진짜로 좋은 보고서를 만들기 위해서는 좋은 편집이 필요하다. 짧은 보고서의 편집은 거의 초안을 만드는 시간만큼 걸릴 수 있다.

편집은 혼자만의 작업이 아니다. 편집은 어려우며, 사람의 마음에는 여러 가지 결함이 있으므로 편집 과정에서 여러 문제가 발생할 수 있다. 가장 나쁜 점은 읽는 동안 빠진 단어들을 추가하거나 잘못 배치된 단어들을 무시하는 것이다. 간단히 말해, 보고서의 내용을 여러분의 마음속에서 대신 말하고자 하는 것으로 대체하는 것이다. 여러분이 내용이 익숙해질수록 이러한 실수를 할 가능성이 더 커진다. 이런 실수를 막기 위해 다음과 같은 기술을 포함한 다양한 방법을 사용할 수 있다.

자신을 믿지 말라

가장 확실한 방법은 다른 분석가(더 큰 조직에서는 전문 편집자)가 여러분의 보고서를 읽게 하는 것이다. 두 번째 눈은 종종 원작자가 볼 수 없는 것을 볼 수 있다. 편집자와 함께 작업하는 공식적인 절차를 갖추는 것은 매우 유용하다.

떠나라

여러분이 직접 본문을 썼더라도 본문을 생기 넘치게 만드는 한 가지 방법은 약간의 여유를 갖는 것이다. 책상에서 벗어나 커피(또는 기호에 따라 음료수)를 한 잔 마시면서 마음을 정리하는 데는 15분 정도가 걸린다. 다시 돌아와 본문을 다시 읽게 되면, 아마도 새로운 관점을 갖게 될 것이다.

큰 소리로 읽어라

보고서를 눈으로만 읽는다면, 의미가 약한 단어들을 그냥 지나칠 것이다. 이는 빠르게 읽어야 할 때는 유용하지만 교정할 때에는 좋지 않다. 한 가지 해결책은 큰 소리로 읽는 것이다. 약간 이상하게 느껴질지 모르겠지만, 눈으로만 읽을 때는 그냥 지나친 작은 단어에서 얼마나 자주 실수를 하는지 확인할 수 있을 것이다.

자동화하라

글 쓰는 사람에게 도움이 되는 도구는 많다. 철자 검사기와 문법 검사기는 많은 문서 편집기에 내장돼 있다. 문서 편집기 외에 다른 도구를 사용할 수도 있다. write-good[9]과 같은 도구는 모호한 말(really나 very와 같이 많다는 것을 묘사하지 않는 단어)을 포함하거나 문장의 시작을 So나 There is/are와 같은 구절로 사용하는 것을 포함해 문법적으로는 옳지만, 효율적이지 않거나 역효과를 내는 구성을 확인한다. 보고서를 자동으로 편집하는 도구는 전체 팀의 인텔리전스 생산자에 맞춰 확대할 수 있다.

편집은 철자가 잘못된 단어나 마침표 대신 쉼표로 끝나는 문장을 확인하는 것 이상으로 진행돼야 한다. 좋은 편집은 구성을 개선해야 하고, 정확성을 보장하며, 주제를 더욱 쉽게 이해할 수 있도록 해야 하고, 원작자가 최종 고객의 요구에 집중하는 데 도움을 줘야 한다.

인텔리전스 글쓰기에서 접할 수 있는 일반적인 함정은 다음과 같다.

수동태

직접 목적어 + 동사 + 주어 형식의 문장을 '수동태'라고 한다. 수동태는 종종 문장을 혼란스럽게 하지만, 행동은 부드럽게 한다. 인텔리전스 보고서는 보다 직관적으로 주어 + 동사 + 직접 목적어의 형태를 사용해 행동을 전달하고, 독자가 이해하기 쉽게

---

9   https://github.com/btford/write-good – 옮긴이

만들어야 한다. 예를 들어 'The ball was liked by the child(그 공은 아이가 좋아했다).' 대신, 'The child liked the ball(그 아이는 공을 좋아했다).'이라는 문장을 사용하는 것이다.

잘 사용되지 않는 용어와 머리글자

독자의 기술 숙련도를 고려해야 한다. 잘 사용하지 않는 용어를 사용하면 독자는 흥미를 잃게 된다. 기술적으로 어떻게 해야 할지 잘 모른다면 고객의 페르소나를 봐야 한다. 의심스러울 때는 용어의 정의나 설명을 추가하라.

유도 표현이나 객관적이지 않은 표현

고객을 오도하지 않도록 주의해야 한다. 주관적인 표현에서 편향을 확인하고 평가와도 일치시켜야 한다.

알려진 것과 의심스러운 것의 부정확성

인텔리전스 보고서를 작성할 때 여러분이 저지를 수 있는 가장 위험한 실수 중 하나는 알려진 것과 의심스러운 것을 혼동하는 것이다. 고객은 분석가의 의심(분석가의 경험과 편향을 활용하는 것)을 원하지만, 의심스러운 것과 사실인 것을 둘러싼 혼란은 치명적인 결과를 가져올 수 있을 뿐 아니라 이해관계자의 잘못된 결정을 초래할 수 있다.

편집은 내용의 정확성과 완전성을 모두 확인하는 단계이기도 하다. 이는 특히 고객이 직접 사용할 수 있는 IOC나 다른 데이터에 특히 중요하다. 많은 경우에 현수 분사^{dangling} ^{participle}[10] 구문은 잘못 입력된 IP 주소보다 보안운영 팀에 큰 문제가 되지 않는다. 좋은 편집자는 단지 실수를 찾아내는 것만 아니라 첩보의 차이나 혼란스러운 설명 또는 다른 접근 방식으로 콘텐츠의 이점을 살릴 수 있는 위치를 찾아낼 수 있다. 텍스트만 사용하는 것이 아니라 데이터를 시각화하거나 그래프 추가를 고려하라. '천 마디 말보다 한

---

10 주절의 주어와 부사절의 주어가 일치하지 않는 데서 발생하는 문법적인 오류를 의미한다. - 옮긴이

번 보는 것이 더 낫다$^{\text{A picture is worth a thousand words}}$'라는 속담은 좋은 충고다. 가능한 한 첩보를 그래프나 이미지로 대체하면 데이터를 더욱 쉽게 이해할 수 있을 뿐 아니라 기억에도 오랫동안 남는다. 그래픽 디자이너의 도움이 없다면 맞춤형 그래프를 만드는 것이 어렵겠지만, 클립아트도 유용한 통찰력을 제공할 수 있다.

좋은 편집자가 제공하는 마지막 측면은 편집자가 무엇을 추가하는지가 아니라 무엇을 없애느냐다. 인텔리전스 보고서의 이점은 간결함이다. 즉, 좋은 편집자는 중복된 첩보에 더 많은 주의를 기울여 보고서를 깔끔하게 만들 수 있는 기회에 더 많은 관심이 있다.

인텔리전스 보고서의 형식

계획을 수립한 후, 앞에서 논의했던 특성(목표와 저자, 독자 및 실행 가능성)에 따라 우리가 사용할 문서의 구조를 정의할 수 있다. 구조^{structure}는 머리글과 길이 그리고 데이터 형식을 포함한 인텔리전스 보고서의 실제 형식 및 배열 구성^{layout}이다. 특히 독자와 실행 가능성 측면은 자연스럽게 특정 보고서와 일치할 것이다.

즉석에서 보고서를 만드는 것은 의심스러운 작업이다. 독자의 요구를 무시하거나 중요하면서 실행 가능한 첩보를 놓칠 수 있다. 성숙한 인텔리전스 프로그램은 분석가가 선택할 수 있는 인텔리전스 보고서 서식 라이브러리와 서식을 선택하는 방법의 지침을 갖고 있다.

보고서 서식을 만드는 것은 예상되는 독자와 요구사항 및 기조의 이해에 의존하는 조직에 특화된 작업이다. 이런 맞춤형 작업은 고객과 분석가의 의견 제시를 기반으로 계속 진화하고 있다.

이러한 보고서가 어떻게 생겼는지 알기 위한 가장 좋은 방법은 우리의 보고서 서식 예제를 살펴보는 것이다. 이런 서식은 팀이 다양한 이해관계자를 위해 만들 수 있는 보고서의 종류를 보여준다. 우리는 이러한 서식을 공유함으로써 여러분이 서식을 사용해 이해관계자를 위한 보고서 작성을 시작하는 데 도움을 줄 수 있다. 9장에서 설명한 모든 샘플 보고서는 깃허브[11]에서 얻을 수 있다.

단문 보고서

단문 보고서short-form report는 일반적으로 한두 쪽 길이의 인텔리전스 보고서로, 특정 전술이나 운영 인텔리전스 요구사항을 충족한다. 단문 보고서는 여러 가지 면에서 인텔리전스 제공 요청과 직접 연결된다. 단문 보고서는 신속하고 빠른 실행 가능성에 초점을 맞춘 유사한 형태의 질문에 응답하는 시간이 종종 늘어난다. 단문 보고서는 종종 고객의 요구사항에 직접 대응하거나 조직의 다른 사람에게 적의 행동을 경고하기 위해 만들어진다. 단문 보고서는 뚜렷한 목표를 갖고 있으며, 일반적으로 포괄적이지는 않지만, 조사의 특정 측면 세부 사항을 제공하거나 주어진 사건이나 행위자 주변의 특정 요구를 충족시키기 위한 것이다.

사고와 행위자 이름

단문 보고서와 장문 보고서(long-term report)를 만들 때, 분석가는 종종 현재나 과거의 사고 또는 사고 뒤에 있는 행위자를 참조할 방법이 필요하다. 이는 '작년의 그 이메일' 또는 '그 도구를 사용하는 그 나쁜 놈들'이라고 언급하는 것보다 훨씬 쉽다. 행위자의 이름이나 기억에 남는 사고의 이름을 갖는 것은 사람들이 얘기와 캐릭터 그리고 특정 사건들을 좋아한다는 개념에 부합한다.

이런 이름은 중요하므로 신중하게 선택해야 한다. 코드 이름은 공개될 수 있으므로 대중에게 친숙해야 한다. 또한 출처를 알 수 없는 코드 이름을 사용해야 한다. 그렇지 않으면 마케팅 용어가 된다.

좋은 작명법의 훌륭한 예는 마이크로소프트 위협 인텔리전스 센터(MSTIC, Microsoft Threat Intelligence Center)의 규칙으로, 주기율표의 원소를 사용해 악성 활동을 그룹화한다. 이 이름은 독특하고 기억에 남으며, 다양한 옵션을 사용할 수 있다.

우리는 이벤트 요약event summary부터 시작해 다양한 보고서를 살펴볼 것이다.

---

11 https://bit.ly/2HbtZl6 – 옮긴이

이벤트 요약

이벤트 요약은 사고 대응과 위협 인텔리전스와의 간격을 메워주는 일반적인 보고서다. 이 단문 보고서는 진행 중인 사건을 한두 쪽 분량의 보고서로 제공해 사고 대응자와 보안운영센터 분석가 또는 관리 담당자가 상황에 신속하게 대응하는 데 유용하다. 이 보고서는 시간 제한이 있고 특정 행위와 연결돼 있어야 한다. 이와 관련된 샘플은 예제 9-1과 같다.

예제 9-1. 이벤트 요약 형식의 예

```
# 이벤트 이름

## 요약

> 대부분의 보고서는 포괄적인 요약으로 시작한다.
> 이는 고객이 관련성을 신속하게 결정할 수 있으며,
> 대부분 요약은 많은 고객이 보고서에서 읽을 수 있는
> 유일한 부분이기 때문에 중요하다.

## 타임라인

- 2000-01-01 이벤트 1 설명
- 2000-01-02 이벤트 2 설명
- 2000-01-03 이벤트 3 설명

## 영향

> 어떤 자원이 영향을 받았으며,
> 그것이 운영에 어떤 영향을 미치는지 설명한다.

## 권장 사항

- 완화 조치 제안 1
- 완화 조치 제안 2
- 교정 조치 제안 1
- 교정 조치 제안 2
```

```
## 진행 중인 조치

- 지금 진행되고 있는 조치 1
- 지금 진행되고 있는 조치 2

## 참조

- www.example.com/1
- www.example.com/2
- www.example.com/3
```

GLASS WIZARD에 기반을 둔 이벤트 요약의 예는 부록을 참조하기 바란다.

표적 패키지

이벤트 요약이 최근에 일어난 일에 초점을 맞추지만, 종종 출처를 알 수 없는 표적 패키지는 어떤 행위자의 이벤트가 관찰됐는지에 상관없이 그 행위자의 설명이다. 표적 패키지는 종종 공급 업체의 보고서에서 가져온 첩보를 요약하는 데 유용하다.

표적 패키지는 가장 보편적으로 유용한 보고서 중 하나이며 종종 다양한 고객에게 유용하다. 좋은 표적 패키지는 속성에 쉽게 빠져들지 않는다. 이는 추정 분석estimative analysis에 지나치게 의존해서는 안 된다는 사실에 기반을 둔 프로젝트다. 표적 패키지의 샘플 형식은 예제 9-2와 같다.

예제 9-2. 표적 패키지 형식의 예

```
# 표적 이름

## 요약

> 대부분의 보고서는 포괄적인 요약으로 시작한다.
> 이는 고객이 관련성을 신속하게 결정할 수 있으며,
> 많은 경우에 요약은 많은 고객이 보고서에서 읽을 수 있는
> 유일한 부분이기 때문에 중요하다.
```

대체 이름	출처
대체 이름 1	회사 1
대체 이름 2	회사 2
대체 이름 3	회사 3

전술과 기술 및 절차

- 전술과 기술 및 절차 1
- 전술과 기술 및 절차 2
- 전술과 기술 및 절차 3

도구

이름	설명	메모
도구 1		
도구 2		
도구 3		

피해자 프로파일

- 피해자 유형 1
- 피해자 유형 2
- 피해자 유형 3

추론 첩보의 예

관련된 행위자

이름	유형	메모
행위자 이름 1	그룹	
행위자 이름 2	개인	

참조

- www.example.com/1
- www.example.com/2
- www.example.com/

IOC 보고서

IOC 보고서는 일반적으로 보안운영센터와 사고 대응자가 지표의 정황을 공유하기 위한 매우 전술적인 보고서다. IOC 보고서는 특히 새로운 탐지나 (새롭게 감시 대상 명단에 추가된 지표와 관련해) 경고와 함께 사용될 때 유용하다. 지표가 인텔리전스가 되기 위해서는 정황이 필요하다는 점을 고려하면, IOC 보고서는 종종 필요한 정황을 제공할 수 있다.

IOC 보고서에 포함된 참조는 외부 출처가 될 수도 있지만, 참조가 내부 출처를 가리킬 때는 더욱 가치가 있다. 예를 들어 관련된 행위자와 관련된 표적 패키지를 참조하거나 해당 IOC가 발견된 시간의 이벤트 보고서를 참조하는 것이 타당할 것이다. 여러 보고서를 참조해 추적하는 것은 종종 분석가가 복잡한 사건을 파악하는 데 필요한 정황을 제공한다. IOC 보고서의 샘플은 예제 9-3과 같다.

예제 9-3. IOC 보고서 형식

```
# IOC 보고서

## 요약

> 대부분의 보고서는 포괄적인 요약으로 시작한다.
> 이는 고객이 관련성을 신속하게 결정할 수 있으며,
> 많은 경우에 요약은 많은 고객이 보고서에서 읽을 수 있는
> 유일한 부분이기 때문에 중요하다.

## 지표

| 지표    | 정황  | 메모  |
|:------|:-----|:-----|
| 지표 1 |      |      |
| 지표 2 |      |      |
| 지표 3 |      |      |

## 관련된 전술과 기술 및 절차
```

- 전술과 기술 및 절차 1
- 전술과 기술 및 절차 2

참조

- www.example.com/1
- www.example.com/2
- www.example.com/3

장문 보고서

장문 보고서는 다양한 요구사항을 다루는 여러 쪽의 인텔리전스 보고서로, 종종 다수의 분석가가 작성한다. 단문 보고서는 엄격한 적시성이 요구되는 경향이 있다. 장문 보고서는 마감일이 있을 수 있지만, 시간의 제약이 훨씬 덜한 경향이 있다. 단문 보고서는 24시간 이내에 나올 수 있지만, 장문 보고서는 제출될 때까지 몇 주에서 몇 달이 걸릴 수 있다. 시간이 오래 걸리는 이유는 대개 보고서의 분량 때문이며, 주로 5쪽 이상으로 상한선이 없는 경우가 많다. 단문 보고서는 종종 소규모 팀이나 한 명의 분석가가 작성하는 반면, 장문 보고서는 주로 역공학자에서 그래픽 디자이너까지 다양한 기술과 능력을 갖춘 팀이 작성한다.

장문 보고서는 주어진 주제에 완전한 견해를 제공할 것으로 기대한다. 최초의 주요 장문 보고서 중 하나는 맨디언트 APT1 보고서[12]다. 이는 중국 APT 그룹인 인민해방군 육군 부대 61398을 대상으로 한 수년간의 조사와 분석으로 작성된 공격 활동 분석 보고서다. APT1 보고서에서 다양한 피해자의 다양한 견해를 담았으며, 행위자와 행위자의 공통 전략과 기술 및 절차를 설명했고, 그들의 기반 시설을 탐사해 동기를 분석했다.

12　https://bit.ly/2ookhjX – 옮긴이

장문 보고서는 다른 보고서와 마찬가지로 효과적인 사용을 위해 상당한 고객 맞춤화와 노력이 필요하다. 심오한 기술과 글쓰기, 편집 및 전반적인 노력의 요구사항을 고려하면, 장문 보고서는 일반적으로 더욱 성숙한 인텔리전스 팀에서 주로 사용하지만 그리 자주 사용하지는 않는다. 이런 장문 보고서는 분량이 많지만, 전략에 중점을 두기 때문에 전략적인 고객(주로 경영진)은 자신들과 관련된 부분만 읽을 수 있다는 사실을 기억해야 한다. 따라서 주요 사항을 다루는 광범위한 요약과 이해관계자가 그들에게 유용한 측면으로 뛰어들 수 있도록 포괄적인 색인으로 시작해야 한다.

일반적인 장문 보고서 서식 3개(전술 보고서, 운영 보고서 및 전략 보고서)는 다음과 같다.

악성 코드 보고서

전술적인 장문 보고서의 예는 악성 코드 보고서malware report다. 일반적으로 역공학 분석의 결과물인 악성 코드 보고서는 보안운영센터 분석가와 함께 진행 중인 공격을 확인하기 위해, 이 첩보를 이용할 사고 대응자, 방어를 하기 위해 이 첩보를 이용하는 시스템 구성 담당자 등 여러 팀에 다양한 이점을 제공한다.

이러한 전술적 장문 보고서에는 샌드박스처럼 자동화된 도구의 결과물을 포함해야 한다. 장문의 보고서는 유용하지만, 이 보고서에 사용할 수 있는 IOC 사냥의 대응 조치는 느린 편이다. 악성 코드 보고서의 형식은 예제 9-4와 같다.

예제 9-4. 악성 코드 보고서 형식

악성 코드 보고서: 샘플

키	값
역공학자	분석가 이름
날짜	2019
요청자	
관련 침입 집합	

요약:

> 대부분의 보고서는 포괄적인 요약으로 시작한다.

> 이는 고객이 신속하게 결정할 수 있으며,

> 많은 경우에 요약은 많은 고객이 보고서에서 읽을 수 있는

> 유일한 부분이기 때문에 중요하다.

기본 정적 분석:

- 파일명:
- 파일 형식: 이식 가능한 실행(PE, Portable Executable) 파일 형식[13]
- 파일 크기 : 0

해시 값:

> 피벗팅에 유용한 정적 파일 해시 값

해시 알고리즘	해시 값
MD5	ddce269a1e3d054cae349621c198dd52
SHA1	7893883873a705aec69e2942901f20d7b1e28dec
SHA256	13550350a8681c84c861aac2e5b440161c2b33a3e4f302ac680ca5b686de48de
SHA512	952de772210118f043a4e2225da5f5943609c653a6736940e0fad4e9c7...f41
Ssdeep	<F00>

현재 백신의 탐지 능력:

> VirusTotal에서 수집한 내용은 조직 전체의 탐지를 이해하는 데 유용하다.

공급자	샘플
공급자 1	Signature.xyz

흥미로운 문자열:

> Yara 시그니처와 같은 탐지 규칙을 만드는 데 도움이 되는 고유한 정적 파일 문자열

---

13 다른 운영 체제로의 이식성을 좋게 하려는 의도로 개발됐지만 실제로는 윈도우 운영 체제에서 사용되는 실행 파일, DLL, object 코드, FON 폰트 파일 등을 위한 파일 형식이다(자세한 내용은 https://bit.ly/2NdWr9U 참조). - 옮긴이

- `foo`
- `bar`
- `baz`

기타 관련 파일 또는 데이터:

- `c:/example.dll`
- `sysfile.exe`

기본 동적 분석:

> 자동화된 샌드박스에 입력

행위 특성:

> 악성 코드가 킬 체인 방법을 기반으로 주요 목적을 달성하는 방법 설명

배달 메커니즘:

> 악성 코드가 피해 시스템에 도달한 방법

지속 메커니즘:

> 시스템이 시작될 때 악성 코드가 실행되고 계속 실행되는 방법

확산 메커니즘:

> 악성 코드가 시스템 간에 이동하는 방법

유출 메커니즘:

> 악성 코드가 데이터를 피해 네트워크 외부로 이동시키는 방법

명령 및 제어 메커니즘:

> 악성 코드가 공격자로부터 임무를 부여받는 방법

종속성:

> 악성 코드를 실행하기 위한 시스템 수준의 요구사항

지원 운영 체제:
- 운영 체제 1

필요한 파일:
- `c:/example.dll`

2단계 다운로드:
- `c:/example.dll`

레지스트리 키:
- `/HKEY/Example`

탐지:

> 감염을 확인하는 데 유용한 샘플의 강화 첩보

네트워크 IOC:

> 네트워크 문자열, 도메인, URL, TLS 인증서, IPv4, IPv6 주소 등

- 10.10.10.10
- example.com

파일 시스템 IOC:

> 파일 문자열, 파일 경로 서명 인증서, 레지스트리 키, 뮤텍스[14] 등

- `foobar`

대응 권고:

> 악성 코드를 일시 중지시키고 제거하기 위한 사고 대응 중심의 단계

---

14   상호 배제(mutual exclusion)의 약자로. '임계 영역'이라고도 한다. 서로 다른 두 프로세스 또는 스레드 등의 처리 단위가 함께 접근하면 안 되는 공유 영역을 의미한다. - 옮긴이

완화 단계:
- Excepteur sint occaecat cupidatat non proident.[15]
- Sunt in culpa qui officia deserunt mollit anim id est laborum.

박멸 단계:
- Excepteur sint occaecat cupidatat non proident.
- Sunt in culpa qui officia deserunt mollit anim id est laborum.

관련 파일:

> 취약점 공격과 드로퍼(dropper), 원격 접속 트로이 목마 등의 관계를 설정하는 데 중요하다.

- C:/example.dll

GLASS WIZARD의 이식 방법 중 하나의 보고서는 부록을 참조하기 바란다.

공격 활동 보고서

가장 일반적인 운영상의 장문 보고서는 공격 활동 보고서로, 전체 침입 공격 활동의 종단간end-to-end 분석 보고서다. 이 보고서는 분석의 격차(팀이 공격자의 행위를 완전히 파악하지 못하는 곳)를 확인하는 데 유용하며, 이는 인텔리전스 제공 요청으로 이어질 수 있다. 또한 이 보고서는 빠진 대응 조치를 확인하는 데도 유용하다. 더욱이 이 보고서는 새로운 사고 대응자나 인텔리전스 분석가 또는 다른 이해관계자를 장기간 계속돼온 조사에 신속하게 참여시킬 수 있다. 공격 활동 보고서는 분석 정기적으로 작성하는 가장 긴 보고서다. 공격 활동 보고서의 서식은 예제 9-5와 같다.

---

15 Lorem Ipsum. 줄여서 립숨(Lipsum)이라고도 하는 글의 마지막 두 문장으로, 출판이나 디자인 분야에서 폰트나 레이아웃 등의 예시를 보여줄 때 사용하는 글이다. 문서 디자인에 의미 있는 글을 담으면 사람들은 양식을 보지 않고 글 내용에 집중하는 경향이 있으므로 글 내용보다 디자인을 보여주는 데 집중하고자 의미 없는 단어를 어딘가 라틴어처럼 보이도록 조합해 만든 글이다(출처: https://bit.ly/2lEetvW). – 옮긴이

공격 활동 보고서: 샘플

키	값
수석 분석가	분석가 이름
분석 팀	분석가 이름 1, 분석가 이름 2, 분석가 이름 3
날짜	2019
요청자	
관련 침입 집합	

요약

> 공격 활동과 영향을 한 문단으로 요약

설명

> 악성 코드의 행위와 행위자 그리고 사고대응 팀의
> 대응 조치를 포함한 전체 사고와 관련된 포괄적이고
> 여러 문단으로 된 요약

킬 체인

> 공격 활동은 킬 체인 지도를 보여주고
> 각각의 공격 활동을 다이아몬드 모델 특성으로 분리한다.

정찰

> 공격자가 공격하기 전에 첩보를 수집하는 방법

다이아몬드 모델

- __적:__ 공격자 또는 공격자 페르소나
- __능력:__
  - 능력/전술과 기술 및 절차 1
  - 능력/전술과 기술 및 절차 2
- __기반 시설:__
  - 기반 시설 자원 1

- 기반 시설 자원 2
- __피해자:__ 이 단계의 표적 대상자/시스템

무기화

> 공격의 설정 및 구성 설명

다이아몬드 모델

- __적:__ 공격자 또는 공격자 페르소나
- __능력:__
  - 능력/전술과 기술 및 절차 1
  - 능력/전술과 기술 및 절차 2
- __기반 시설:__
  - 기반 시설 자원 1
  - 기반 시설 자원 2
- __피해자:__ 이 단계의 표적 대상자/시스템

배달

> 표적/피해자 환경에 취약점 공격을 하기 위해
> 사용한 방법 설명

다이아몬드 모델

- __적:__ 공격자 또는 공격자 페르소나
- __능력:__
  - 능력/전술과 기술 및 절차 1
  - 능력/전술과 기술 및 절차 2
- __기반 시설:__
  - 기반 시설 자원 1
  - 기반 시설 자원 2
- __피해자:__ 이 단계의 표적 대상자/시스템

취약점 공격

> 취약점 공격 방법, 공격자가 표적 시스템을
> 어떻게 장악했는지를 소개한다.

다이아몬드 모델

- __적:__ 공격자 또는 공격자 페르소나
- __능력:__
  - 능력/전술과 기술 및 절차 1
  - 능력/전술과 기술 및 절차 2
- __기반 시설:__
  - 기반 시설 자원 1
  - 기반 시설 자원 2
- __피해자:__ 이 단계의 표적 대상자/시스템

설치

> 공격자가 취약점 공격 후 지속성을 달성한 방법 설명

다이아몬드 모델

- __적:__ 공격자 또는 공격자 페르소나
- __능력:__
  - 능력/전술과 기술 및 절차 1
  - 능력/전술과 기술 및 절차 2
- __기반 시설:__
  - 기반 시설 자원 1
  - 기반 시설 자원 2
- __피해자:__ 이 단계의 표적 대상자/시스템

명령 및 제어

> 공격자가 침해한 자원과 통신한 방법

다이아몬드 모델

- __적:__ 공격자 또는 공격자 페르소나
- __능력:__
  - 능력/전술과 기술 및 절차 1
  - 능력/전술과 기술 및 절차 2
- __기반 시설:__
  - 기반 시설 자원 1
  - 기반 시설 자원 2

- __피해자:__ 이 단계의 표적 대상자/시스템

표적의 활동

> 공격자의 궁극적인 목표와 목표 달성을 위해 사용하는 도구와 기술

다이아몬드 모델

- __적:__ 공격자 또는 공격자 페르소나
- __능력:__
  - 능력/전술과 기술 및 절차 1
  - 능력/전술과 기술 및 절차 2
- __기반 시설:__
  - 기반 시설 자원 1
  - 기반 시설 자원 2
- __피해자:__ 이 단계의 표적 대상자/시스템

타임라인

번호	날짜 및 시간	행위자	행위	메모
1	20170101 12:00+00	행위자1	행위1	
2	20170102 12:00+00	행위자2	행위2	
3	20170103 12:00+00	행위자3	행위3	

IOC

> 강화와 피벗팅 및 유용한 시그니처를 포함해
> 확인된 모든 IOC

네트워크 지표

> 개별 네트워크 IOC

- 10.10.10.10
- example.com
- www.example.com/path

호스트 지표

> 개별 호스트 IOC

- /HKEY/foobar
- example.exe
- `foobar`

네트워크 시그니처

> 개별 네트워크 탐지 시그니처(Snort 등)

__10.10.10의 시그니처:__
```
alert ip any any -> 10.10.10.10 any(msg: "나쁜 IP가 탐지됐다.",)
```

호스트 시그니처

> 개별 호스트 탐지 시그니처(Yara 등)

__foobar의 규칙 예제__
```
rule example : example
{
meta:
description = "이 규칙은 단순한 예제다."
thread_level = 3
in_the_wild = true
strings:
$a = "foobar"
condition:
$a
}
```

관찰

> 우발성 관측과 분석가 메모를 추적하는 데 유용하다.

날짜 및 시간	분석가	관찰
20170101 12:00+00	분석가 1	관찰 1
20170102 12:00+00	분석가 2	관찰 2
20170103 12:00+00	분석가 3	관찰 3

관련 보고서

> 기타 관련 인텔리전스와 단문 또는 장문 보고서

내부 보고서

> 내부적으로 작성된 관련 인텔리전스 보고서

- 보고서 1
- 보고서 2
- 보고서 3

외부 보고서

> 대부분은 외부 공급 업체 보고서를 보유하는 것이 유용하다.

- www.example.com/product.pdf

인텔리전스 평가

인텔리전스 평가intelligence estimate는 주요 전략적 문제를 포괄적으로 분석하는 장문 보고서다. 이 보고서는 미국 중앙정보국CIA, Central Intelligence Agency의 선도자 중 하나인 국무부의 국가평가원ONE, Office of National Estimates에서 유래했다. 국가평가원은 미국의 주요 전략적 위협을 확인하고 분석하기 위해 연방 정부 차원의 보고서인 인텔리전스 평가National Intelligence Estimate를 매년 작성했다.

전형적인 인텔리전스 평가 형식의 보고서는 최고 수준의 이해관계자를 대상으로 연중 전략적인 의사결정에 필요한 정황을 제공하기 위한 광범위한 전략적 보고서다. 모든 경우에 완벽하지 않아 연중 보완됐지만, 인텔리전스 평가는 기준선을 설정하고 이해관계자가 다양한 문제를 이해하기 위한 출발점을 제공한다.

맞춤화된 문서인 인텔리전스 평가 샘플 대신, 미국 중앙정보국의 일부 기밀 해제된 사례[16]를 살펴보는 것을 추천한다.

인텔리전스 제공 요청 절차

인텔리전스 제공 요청[17]은 상황 인식의 필요성에 대응하기 위해 특정 질문에 답하기 위한 특수 보고서다. 요청자는 인텔리전스 팀에 매우 짧은 질문을 제출한다. 이 시점에서 인텔리전스 팀은 (가능하다면) 이미 수집된 첩보를 기반으로 직접 답변하거나 이 질문을 수집하기 위한 요청으로 처리해 새로운 인텔리전스 주기를 시작한다. 절차를 질서정연하고 일관성 있게 유지하기 위해, 대응 보고서뿐 아니라 초기 요청에도 서식을 사용할 수 있다. 그림 9-3에 예시된 인텔리전스 요청 보고서 절차에 집중할 필요가 있다. 인텔리전스 제공 요청 보고서는 전술적, 운영적 그리고 전략적 요청에 사용될 수 있다.

---

16 https://bit.ly/2KGli3j. 이와 관련된 내용은 필립 E. 테틀록, 댄 가드너의 『슈퍼 예측, 그들은 어떻게 미래를 보았는가』(알키, 2017)를 추천한다. – 옮긴이

17 첩보 제공 요청(Request for Information)(용어 번역 사용 사례에 따라 번역했지만, '정보 제공 요청'으로 널리 사용되고 있다)과 약어가 같다. 첩보와 인텔리전스를 크게 구분하지 않는 경우에는 혼동이 없겠지만, 이 둘을 명확하게 구분해야 할 경우에는 전체 용어를 사용하는 것이 좋다. – 옮긴이

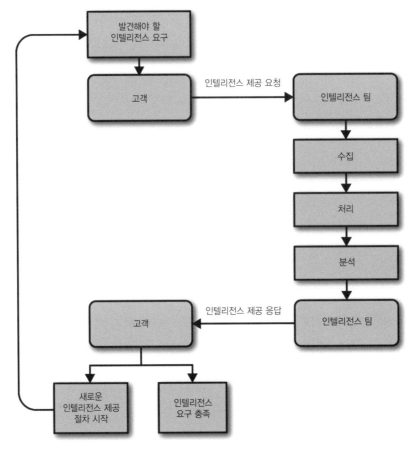

그림 9-3. 인텔리전스 제공 작업 흐름(인텔리전스 절차 포함)

인텔리전스 제공 절차를 시작하는 가장 쉬운 방법은 이메일을 사용하는 것이다. 고객이 팀 서식을 사용해 rfi@company.com과 같은 공용 이메일 주소로 요청을 보내면, 인텔리전스 팀이 요청을 받을 수 있다. 인텔리전스 제공 요청은 요청과 응답의 두 부분으로 이뤄지기 때문에 2개의 서식이 있다.

인텔리전스 제공 요청

고객의 요구는 예제 9-6에서 보는 것처럼 엄격하고 제한된 구조를 따른다.

- _보낸 사람:_ 요청자
- _받는 사람:_ 인텔리전스 팀
- _응답 마감:_ 2019-11-12

_요청:_

> 인텔리전스 제공 요청은 좋은 답변이 무엇인지
> 명확한 설명이 있는 직접적인 질문이어야 한다.

_요청 참조:_
- www.example.com/request_source_1
- www.example.com/request_source_2

'받는 사람To'과 '보낸 사람From' 항목은 고객이 인텔리전스 팀에게 직접 요청하도록 해야 한다. '응답 마감Response By' 항목은 고객이 인텔리전스를 얼마나 빨리 필요로 하는지 지정한다. 대안으로는 높음, 중간, 낮음과 같은 심각도 수준을 사용하는 것이다. 다음은 '요청'이다. 요청은 구체적인 대답을 가진 직접적인 질문이어야 한다. 마지막으로 요청자는 인텔리전스 팀의 출발점으로 '요청 참조Request Reference'나 질문의 기타 배경을 제공할 수 있다.

인텔리전스 제공 요청 응답

응답도 예제 9-7에서 볼 수 있듯이 엄격하고 제한된 구조를 따른다.

예제 9-7. 인텔리전스 제공 요청 응답 서식

- _보낸 사람:_ 인텔리전스 팀
- _받는 사람:_ 요청자
- _신호등 프로토콜:_ 빨강/노랑/초록/하양
- _응답 날짜:_ 2019-11-13

_응답:_

> 응답은 완료돼야 하지만 간결해야 하며

> 요청의 질문에 직접 대답해야 한다.

_응답 참조:_
- www.example.com/response_source_1
- www.example.com/response_source_2

'보낸 사람'과 '받는 사람' 항목은 응답을 원신청자에게 다시 보낸다. 신호등 프로토콜 항목은 응답 수신자가 따라야 하는 공유 규칙을 지정한다. 또한 참조 및 측정에 관해 고객에게 보낸 '응답 날짜$^{Response\ At}$'도 알려야 한다. 인텔리전스 제공 요청의 성공은 요청자의 요청에 의미 있는 응답으로 되돌려 보내는 인텔리전스에 달려 있다. 이 요청은 요청받은 특정 질문을 다뤄야 하며, 다른 문제로 넘어가서는 안 된다. 마지막으로 인텔리전스 팀이 인텔리전스 제공 요청에 사용한 첩보 출처를 '응답 참조'로 포함하는 것이 유용하다.

인텔리전스 제공 요청 흐름의 예

다음은 전형적인 인텔리전스 작업 흐름$^{intelligence\ workflow}$ 요청의 예다. 우리는 고객의 요청부터 시작한다.

인텔리전스 제공 요청 유용한 인텔리전스 제공 요청은 다음과 같다.

- 보낸 사람: 보안운영센터

- 받는 사람: 인텔리전스 팀

- 응답 마감: 2019-02-20

요청:

X-Agent 악성 코드를 탐지하는 데 유용한 네트워크 IOC는 무엇인가?

요청 참조:
- http://bit.ly/2vsOsdE

RFI 응답 이제 (2장, '인텔리전스의 기본 원리'에서 설명한 인텔리전스 주기를 거친 후에) 응답은 다음과 같다.

- 보낸 사람: 인텔리전스 팀

- 받는 사람: 인텔리전스 보안센터

- 응답 마감: 2019-02-22

우리는 APT28 X-Agenct 악성 코드 탐지를 위해 오픈 소스를 기반으로 다음과 같은 네트워크 IOC를 추천한다.

- Snort `alert tcp $HOME_NET any -> $EXTERNAL_NET $HTTP_PORTS (msg:"Downrage_HTTP_C2", flow:established,to_server, content:"POST", http_method, content:"=", content:"=|20|HTTP/1.1", fast_pattern, distance:19, within:10, pcre:"/^\/(?:[a-zA-Z0-9]{2,6}\/){2,5}[a-zAZ0-9]{1,7}\.[A-Za-z0- 9\+\-\_\.]+\/\?[a-zA-Z0-9]{1,3}=[a-zA-Z0-9+\/]{19}=$/I",)`

- http://23.227.196[.]215/

- http://apple-iclods[.]org/

- http://apple-checker[.]org/

- http://apple-uptoday[.]org/

- http://apple-search[.]info

추가 인텔리전스는 후속 요청으로 제공될 수 있다.

응답 참조:
- http://bit.ly/2uiuqEb

- http://bit.ly/2uJ9erk

다른 실제 사례인 GLASS WIZARD에 기반을 둔 다른 인텔리전스 제공 요청의 부록을 참조하길 바란다.

날짜와 시간 형식

일관성 없는 날짜 및 시간 표현만큼 보안운영 팀에 많은 실망과 혼란을 가져다주는 것도 거의 없다. 미국에서는 일반적으로 월/일/년(MM/DD/YYYY) 형식을 사용하는 것이 익숙하지만 사용하기가 어렵다. 유럽의 관습은 일반적으로 일/월/년(DD/MM/YYYY) 형식으로 더 직관적이다. 안타깝게도 이 두 가지 형식 모두 정렬하기가 어려우며, 종종 날짜와 시간을 읽을 때마다 어려움을 겪을 수 있으므로 인텔리전스 보고서에 문제가 발생할 수 있다. 그 대신 읽기 쉽고, 타임라인에서 쉽게 정렬하기 쉬운 연월일(YYYYMMDD) 형식을 사용하라. 또한 시간은 정렬할 수 있을 때 더 좋으므로 24시간 프레임워크를 사용하고, UTC를 사용해 일관된 표준 타임라인을 사용하는 것이 좋다. 예를 들면 20190219 22:02+00와 같은 날짜와 시간이다. 또한 이런 형식은 스크립트와 도구에서 쉽게 사용할 수 있다.

자동 소비 보고서

자동 소비 보고서^{automated consumption product}는 (사람이 읽을 수 있는 IOC 보고서와 달리) 경고 또는 분석 시스템과 같은 도구에서 사용되는 그룹 IOC다. 유용한 정황을 제공하는 서면 보고서^{written report}와 함께 사용되는 자동화된 소비 보고서를 사용하면 위협 데이터를 효과적으로 사용하고, 정확도를 높일 수 있다.

자동 소비 보고서는 다음과 같이 네 가지 범주로 나눌 수 있다.

- 비정형^{unstructured}/준정형^{semistructured} IOC
- Snort 네트워크 시그니처
- Yara 파일 시스템 시그니처
- 자동 IOC 형식

다음 절에서는 모든 유형의 자동화된 소비 보고서를 살펴본다.

비정형/준정형 IOC

일반화된 IOC는 (데이터와 정황으로 된) 지표의 그룹이다. 일반적으로 기본적인 텍스트 기반의 목록으로 다른 도구나 형식에 통합할 수 있다. 자동화된 소비를 위해 스크립트나 도구로 첩보를 공유할 때 가장 중요한 고려 사항은 보고서를 사용할 도구나 스크립트다. OpenIOC나 STIX[18] 같이 다양하고 복잡한 표준은 표현력이 매우 뛰어나지만, 이러한 표준을 구현하는 도구에만 국한된다. 고객이 이런 형식을 사용할 수 없다면, 문제가 더 많이 발생할 것이다. 이러한 보안 중심 표준security-centric standard이 도입된 후에도 대부분의 IOC 공유는 여전히 텍스트 파일의 목록이나 준정형의 CSV 파일을 사용하고 있다. 전후 사정이 빠져 있지만, 이러한 형식은 사용하기 쉽고 (컴퓨터뿐 아니라) 사람이 쉽게 읽을 수 있으며, 스크립트도 쉽게 작성할 수 있다.

GLASS WIZARD 비정형 IOC 일반화된 IOC는 매우 간단하다. GLASS WIZARD의 해시 값 예제[19]는 다음과 같다.

```
Family, sha256
ZoxFamily,
0375b4216334c85a4b29441a3d37e61d7797c2e1cb94b14cf6292449fb25c7b2
ZoxFamily,
48f0bbc3b679aac6b1a71c06f19bb182123e74df8bb0b6b04ebe99100c57a41e
...
Plugx,fb38fd028b82525033dec578477d8d5d2fd05ad2880e4a83c6b376fa2471085c
Plugx,ff8dbdb962595ba179a7664e70e30e9b607f8d460be73583af59f39b4bb8a36e
...
Gh0st,ff19d0e8de66c63bcf695269c12abd99426cc7688c88ec3c8450a39360a98caa
Poison
Ivy,ffc3aa870bca2da9f9946cf162cb6b1f77ba9db1b46092580bd151d5ed72075f
...
ZxshellModule,
6dc352693e9d4c51fccd499ede49b55d0a9d01719a15b27502ed757347121747
...
```

---

18   https://stixproject.github.io/ – 옮긴이

19   https://bit.ly/2H72LvV – 옮긴이

이 형식은 매우 단순하지만 다른 도구에 사용할 수 있도록 스크립트로 쉽게 만들 수 있다. 이 IOC 목록은 대부분 일반적인 텍스트 파일이나 마크다운 또는 엑셀/CSV 파일로 공유한다.

Snort 네트워크 시그니처

일반적으로 우리가 네트워크 시그니처를 참조할 때에는 Snort 시그니처를 의미한다. Snort는 가장 오래된 침입탐지 시스템 중 하나였으며, 텍스트 기반의 개방형 시그니처 형식을 사용한다. Snort는 다른 여러 공급 업체에서 채택하고, 많은 도구로 구현된 장황하고 효과적인 시그니처 언어로 네트워크 트래픽을 설명하는 표준이 됐다. Snort 시그니처는 간단한 텍스트 파일로 공유되기 때문에 다양한 도구에 사용하기 쉽고, 스크립트를 사용해 쉽게 관리할 수 있다. 간단한 Snort 시그니처는 예제 9-8과 같다.

예제 9-8. Snort 시그니처 샘플

```
alert tcp any any -> 10.10.10.10 any (msg:"Sample Snort Rule",
sid:1000001, rev:1,)
```

이에는 GLASS WIZARD 네트워크 시그니처와 GLASS WIZARD 시그니처가 있다. 특히 GLASS WIZARD의 Hikit 악성 코드의 Snort 커뮤니티 시그니처[20]는 다음과 같다.

```
alert tcp $HOME_NET any -> $EXTERNAL_NET any (msg:"MALWARE-BACKDOOR
Win.Backdoor.Hikit outbound banner response",
flow:to_client,established,
content:"|5D 00 20 00|h|00|i|00|k|00|i|00|t|00|>|00|",
fast_pattern:only, metadata:impact_flag red, policy balanced-ips
drop, policy security-ips drop, ruleset community, service http,
service ssl, reference:url,www.virustotal.com/en/file/aa4b2b448a5e24\
```

---

20   https://bit.ly/2PO2GAz - 옮긴이

```
6888304be51ef9a65a11a53bab7899bc1b56e4fc20e1b1fd9f/analysis/,
classtype:trojan-activity, sid:30948, rev:2,)
```

Snort 시그니처의 동작 방법이 기억이 잘 나지 않는다면, 5장, '위치 결정'을 참조하라. 몇 가지 핵심 요소는 다음과 같다.

```
alert tcp $HOME_NET any -> $EXTERNAL_NET any
```

GLASS WIZARD가 사용한 Hikit 악성 코드는 피해자 네트워크 비무장지대^{DMZ,} demilitarized zone의 서버에 있으며, 공격자는 외부에서 악성 코드에 접속했다. 이는 조금 특이한 구성인데, 많은 원격 접속 트로이 목마는 피해자 네트워크의 내부에서 외부의 명령 및 제어 노드로 전화를 걸기 때문이다. 이를 모델링하기 위해 Hikit Snort 시그니처는 $variables를 사용하므로 다른 네트워크 위치의 네트워크 범위를 쉽게 설정할 수 있다. $HOME_NET은 전형적으로 조직의 범위이며, $EXTERNAL_NET은 기본적으로 다른 모든 범위다. 결과적으로 Hikit 시그니처는 서버($HOME_NET 내부 시스템, 일반적으로 피해자의 DMZ)가 메시지를 클라이언트(공격자 시스템은 $EXTERNAL_NET의 외부 어딘가에 있는 공격자 시스템)로 보내고 있을 때만 동작한다.

위 시그니처에서 중요한 것은 '포트'다. 포트가 하드 코딩돼 있다면, 악성 코드에 따라 서버 포트를 변경하는 것은 공격자에게 간단한 일이 될 수 있다. 클라이언트 포트는 거의 항상 임의로 설정된 일시적인 포트(높은 포트 번호로부터 무작위로 선택됨)[21]가 되기 때문에 일반적으로 올바른 포트를 지정하는 것은 어려울 수 있다. 공격자가 포트를 추측하면, 공격자는 탐지를 쉽게 피할 수 있다. 콘텐츠의 비트 문자열과 방향성의 특이성을 고려할 때, 포트에 와일드카드를 사용하면, 거짓 긍정은 발생하지 않을 것이다. 포트 지정은 (TCP 445번 포트를 사용하는) SMB[22]와 같은 특정 서비스에 영향을 미치는 시그니처에 중요할 수 있다.

---

21 https://bit.ly/2TEOz2c – 옮긴이

22 서버 메시지 블록(Server Message Block) 서비스는 DOS나 윈도우 운영 체제에서 파일이나 디렉터리 및 주변 장치들을 공유하는 데 사용되는 메시지 형식이다(출처: https://bit.ly/30p2ls8). – 옮긴이

```
flow:to_client,established;
```

이런 flow 규칙의 특징으로 alert 규칙의 받는 사람/보낸 사람처럼 유사한 방향성을 모델링할 수 있다. 핵심은 이 규칙에 established가 추가된 것인데, 이 시그니처는 연결의 처음 몇 개의 패킷에 동작하면 안 된다는 것을 의미한다. 이렇게 하면 정확도가 개선되고 누군가가 다음과 같은 Hikit 문자열을 사용해 패킷 만드는 것을 막을 수 있다.

```
content:"|5D 00 20 00|h|00|i|00|k|00|i|00|t|00|>|00|";
```

이 서명의 두 번째 핵심 요소는 통신의 바이트 시그니처로, 이 바이트 시그니처는 악성 코드가 구어체 이름을 얻은 곳이다. 이 바이트의 조합은 항상 Hikit 악성 코드(적어도 그 기반이 되는 샘플은 VirusTotal를 참조로 지정돼 있다)의 명령 및 제어 통신에서 볼 수 있다.

이러한 세 가지 특성(방향성과 흐름 사양 및 콘텐츠)은 Hikit 악성 코드의 포괄적인 시그니처를 만들어낸다.

Yara 파일 시스템 시그니처

첩보 분석가는 파일 콘텐츠를 설명할 때, Yara를 사용한다. Yara는 자신의 태그라인 tagline[23]인 악성 코드 연구자(그리고 다른 모든 사람)를 위한 패턴 매칭 스위스 칼The pattern matching swiss knife for malware researchers (and everyone else)에 충실하면서, 악성 코드의 (해시 값이 있는) 개별 파일뿐 아니라 전체 패밀리를 확인하는 데 유용한 다양한 패턴을 쉽게 만들 수 있다. Yara 시그니처는 오픈 소스 Yara 탐지 라이브러리를 구현하는 모든 도구에 사용할 수 있다. 따라서 이는 데이터를 공유하는 이상적인 방법이라 할 수 있다. Yara는 다양한 명령 줄 도구와 자동화 도구, 호스트와 네트워크 탐지 도구 그리고 VirusTotal 인텔리전스의 샘플 사냥에도 사용할 수 있다.

---

23 광고 문안 중에서 가장 알리고 싶은 것을 정곡을 찌르듯 나타낸 말로, 기업에서 자사의 브랜드를 더욱 선명하게 만드는 역할을 한다(출처: https://bit.ly/2N8PA1n). – 옮긴이

또한 Yara 시그니처는 Snort 시그니처와 같이 간단한 텍스트 파일로 공유돼 다양한 도구에 쉽게 사용할 수 있으며, 스크립트를 사용해 쉽게 관리할 수 있다. Yara 시그니처의 샘플은 예제 9-9와 같다.

예제 9-9. Yara 시그니처 샘플

```
rule sample_signature : banker
{
    meta:
        description = "이것은 단순한 예제다."
    strings:
        $a = "foo"
        $b = "bar"
        $c = {62 61 7a}

    condition:
        $a or $b or $c
}
```

자동 IOC 형식

OpenIOC와 STIX처럼 완전히 자동화되고 포괄적인 형식은 이런 형식을 위해 만들어진 도구를 사용하는 (또는 이런 표준을 사용하는 도구를 만들 능력이 있는) 팀에만 유용하다. 이런 형식은 일반적인 인텔리전스 소비로 사용될 수 있지만, 더욱 접근 가능한 형식으로 바꿔야 할 수도 있다. 과거에 공급 업체의 외부에서 이런 형식의 채택을 제한했던 이유는 OpenIOC와 STIX 버전 1이 모두 XML^Extensible Markup Language에 기반을 두고 있기 때문이다. XML은 몇 년간 데이터 형식이었지만, REST[24] 인터페이스가 SOAP[25]을 따라잡았던 것처럼 JSON^JavaScript Object Notation이 따라잡고 있다.

---

24 Representational State Transfer의 약자로, 자원을 이름(자원의 표현)으로 구분해 해당 자원의 상태(인텔리전스)를 주고받는 모든 것을 의미한다(출처: https://bit.ly/33FFfjh). – 옮긴이

25 Simple Object Access Protocol은 일반적으로 널리 알려진 HTTP, HTTPS, SMTP 등으로 XML 기반의 메시지를 컴퓨터 네트워크 상에서 교환하는 프로토콜이다(출처: 위키피디아). – 옮긴이

시대에 따라 STIX 형식은 JSON 형식으로 업데이트되고 있다. Oasis의 깃허브[26]에 기반을 둔 명령 및 제어 IOC는 예제 9-10과 같다.

예제 9-10. (FireEye의 Deput Dog 보고서[27]에 기반을 둔) STIXv2 명령 및 제어 IOC

```
{
"type": "bundle",
"id": "bundle--93f38795-4dc7-46ea-8ce1-f30cc78d0a6b",
"spec_version": "2.0",
"objects": [
  {
    "type": "indicator",
    "id": "indicator--36b94be3-659f-4b8a-9a4d-90c2b69d9c4d",
    "created": "2017-01-28T00:00:00.000000Z",
    "modified": "2017-01-28T00:00:00.000000Z",
    "name": "IP Address for known Deputy Dog C2 channel",
    "labels": [
      "malicious-activity"
    ],
    "pattern": "[ipv4-addr:value = '180.150.228.102']",
    "valid_from": "2013-09-05T00:00:00.000000Z"
  }
 ]
}
```

STIX는 다양한 고객에게 지표를 공유할 때 특히 가치가 있으며, 저자는 고객이 사용하는 도구나 형식을 알지 못한다. STIX는 US-CERT의 Grizzley Steppe 보고서[28]와 같은 공개 보고서에 특히 유용할 수 있다. 이 경우 지표를 광범위하고 효율적으로 만들기를 원했던 US-CERT는 STIXv1을 비롯해 다양한 형식의 지표와 함께 (우리의 공격 활동 보고서와 유사한 형식의) 서면 보고서를 발표했다. 이 보고서의 저자는 고객이 원하는 형식

---

26   https://bit.ly/2YYAjHi – 옮긴이

27   https://bit.ly/2Zd6gLA – 옮긴이

28   https://bit.ly/2JU8V1Z – 옮긴이

을 알 수 없었기 때문에 흰색 교통 신호등 프로토콜의 일반 공개 보고서인 STIX를 사용한 것이 적절했다. STIX는 위협 인텔리전스 팀이 사용할 수 있는 중간 지점을 제공하므로 일부 팀이 이를 신속하게 사용할 수 있다.

리듬 찾기

인텔리전스 팀은 인텔리전스 보고서를 발표하기 위해 자신만의 리듬을 찾아야 한다. 어떤 보고서는 상황 인식 보고서와 인텔리전스 평가와 같이 정기적인 발표의 이점이 있지만, 다른 보고서는 인텔리전스 제공 요청처럼 진행 중인 사건에 기반을 둔 임시적인 성격으로 발표하는 것이 더 합리적이다. 정기적으로 발표되는 보고서는 이해관계자의 관심을 유지하고 의사소통의 수단을 마련하는 데 유용하다. 즉, 일반 보고서의 발행주기와 길이 및 내용을 교정하기 위해 이해관계자와 협력해야 한다. 분석 팀은 너무나 자주 고객에게 거의 가치가 없고, 고객의 시간만 낭비하며, 궁극적으로는 고객의 관심을 잃게 만드는 보고서를 발표하는 결과의 위험을 무릅쓴다. 이와 반대로 인텔리전스 보고서가 너무 드물게 발표되면, 앞으로 나아가는 추진력을 얻을 수 없으며, 새로운 보고서가 발표될 때마다 고객의 방향을 다시 잡는 데 많은 시간을 허비해야 한다.

배부

보고서를 작성하고 편집하고 나면, 고객에게 배부할 수 있다. 배부는 배포 절차 dissemination process의 다른 모든 측면과 마찬가지로 청중이 사용할 수 있어야 하며, 이와 동시에 보고서의 콘텐츠를 효과적으로 표시해야 한다.

배부의 용이성은 인텔리전스 보고서 보호와 균형을 이뤄야 한다. 정부 분류 시스템 government classification system은 인텔리전스 보고서 보호의 한 예다. 정교한 시스템을 구축하는 것이 유용할 것 같지만, 이는 많은 경우 가치가 있다기보다는 더 많은 문제를 갖고 있다.

분석 팀 내에서 포털은 인텔리전스 보고서를 배부하는 데 효과적이다. 위키^{Wiki}나 마이크로소프트의 셰어포인트^{SharePoint}와 같은 고객 관계 관리$^{CRM, Customer Relationship Management}$ 소프트웨어는 첩보를 만들고, 업데이트하고, 공유하기 위한 중앙 집중화를 제공한다. 이들은 일반적으로 검색할 수 있으므로 지표 주변의 전후 사정을 아는 데 유용하다. 인텔리전스 팀은 격리된 비공식 보안운영센터나 인텔리전스 팀 네트워크와 같이 고객 관계 관리를 오프라인에서 구축할 수 있다.

민감도에 따라 임원을 위한 보고서는 다양한 방법으로 배부할 수 있다. 이메일과 같은 일반적인 채널은 덜 민감한 보고서, 특히 정기적으로 배부되는 보고서에 유용하다. 많은 임원은 인텔리전스 보고서에 많은 시간을 할애할 수 없으므로 이메일이나 인쇄된 보고서가 가장 효과적이다. 발표 자료$^{presentation deck}$ 또한 유용하다.

의견 제시

인텔리전스 글쓰기 절차의 마지막 단계이자 가장 자주 간과되는 것은 의견 제시 단계다. 의견 제시 단계에서 인텔리전스 고객은 미래의 보고서를 더욱 유용하게 만들 수 있다. 이 단계는 크게 두 가지 범주로 나뉜다.

기술 의견 제시

고객의 의견 제시 중 가장 중요한 첫 번째는 원래의 목적이 달성됐는지와 이해관계자가 필요한 첩보를 얻었는지 여부다. 많은 경우, 이러한 질문에 단순히 "예"나 "아니요"로 대답할 수 없다. 더욱 구체적인 요구사항을 만들어내고 새로운 방향을 제공하는 것이 그 나름대로 성공이라 할 수 있다.

형식 의견 제시

의견 제시의 또 다른 형태는 보고서가 이해관계자에게 유용했는지 여부다. 많은 경우, 인텔리전스 자체는 유용하지만 보고서의 형식이 원래의 고객이나 새로운 고객에게 더 좋을 수 있다. 예를 들어 공격 활동 보고서는 보안운영 팀에 유용하지만 보안운영 팀은 임원을 대상으로 한 새로운 단문 보고서를 요청할 수 있다.

인텔리전스 팀은 공개된 통신 라인을 구축하고 고객의 의견을 얻음으로써 크나큰 혜택을 얻는다. 정기적인 의견 제시는 절차와 형식, 규칙 및 인텔리전스 팀의 변경 사항을 안내한다.

의견 제시를 받는 것은 어려운 문제일 수 있다. 가장 단순한 방법은 인텔리전스 고객에게 연락해 의견 제시를 요청하는 것이다. 더 나아가길 원하는가? 인텔리전스 보고서의 의견 제시를 받아 고객의 페르소나를 개선하라. 이런 인터뷰로 다양한 인텔리전스 보고서를 개선할 수 있으며, 일단 의견 제시를 받기 시작하면 인텔리전스 보고서 개선을 포함해 다양한 주제의 첩보를 쉽게 수집할 수 있다.

정기 보고서

인텔리전스 보고서를 만드는 리듬을 찾는 비결 중 하나는 정기 보고서를 만드는 것이다. 많은 성공적인 인텔리전스 프로그램은 정기 보고서를 사용해 큰 효과를 거둔다. 정기 보고서가 영향을 미치는 이유는 다음과 같다.

- 정기 인텔리전스 보고서는 임박한 위협과 보안 뉴스가 포함된 상황 인식 항목 그리고 인텔리전스 팀 및 사고대응 팀의 활동과 같은 중요한 주제를 고객에게 알려 준다.

- 정기 인텔리전스 보고서는 인텔리전스 제공 요청이나 정식 요청에 상관없이 인텔리전스 팀이 고객의 마음을 사로잡을 수 있도록 지원함으로써 향후 보고서에 관심을 두게 한다.

- 정기 보고서를 발간한 인텔리전스 팀은 고객이 사고 대응과 전혀 관련 없는 경우에도 고객의 관심을 보안의 높은 순위에 둬야 한다.

인텔리전스 보고서의 리듬을 찾는 것은 전적으로 사고대응 팀의 운영 속도와 정기 인텔리전스 보고서 발간 주기 및 고객의 요구에 크게 좌우된다. 시작할 수 있는 한 가지 방법은 주간 위협 보고서를 발간하는 것이다. 이 한 쪽짜리 보고서는 보안 뉴스의 형태로 진행 중인 조사 및 사고와 상황 인식에 초점을 맞춰야 한다. 이 유형의 보고서는 보안운영센터 분석가뿐 아니라 C-레벨 이해관계자 등 다양한 고객에게 가치가 있다. 주간 보고서는 고객에게 인텔리전스를 제공하고, 모든 사람이 긴급한 문제의 (내부 또는 외부) 상태를 인식하고, 인텔리전스 및 사고 대응을 위한 대화 참가자 역할을 한다.

결론

분석가에게는 인텔리전스를 효과적으로 공유하기 위한 보고서가 필요하다. 효과적인 배포는 예상 고객에게 초점을 맞추고, 고객이 첩보를 사용해 계획을 세우는 방법을 이해하고, 그에 따라 계획을 세움으로써 정확하고 실행 가능한 보고서를 만드는 데 시간을 투자해야 한다.

좋은 인텔리전스 보고서는 일반적으로 다음과 같은 특징을 갖고 있다.

- 정확도

- 고객 중심

- 실행 가능성

또한 분석가는 자신들이 작성하는 인텔리전스 보고서가 잘 전달되고 인텔리전스 고객의 요구사항을 충족시킬 수 있도록 글쓰기 과정에서 다음과 같은 다섯 가지의 질문을 해야 한다.

- 목적은 무엇인가?

- 고객은 누구인가?

- 적절한 보고서의 길이는 얼마인가?

- 인텔리전스의 수준은 전술적, 운영적, 전략적으로 어느 정도인가?

- 사용할 수 있는 언어의 말투와 유형은 기술적 또는 비기술적으로 어떤 것인가?

이런 질문의 대답은 모두 최종 보고서의 첩보를 제공한다. 목적과 고객을 함께 짝짓는 것을 배우는 것은 공식이 아니라 기술이다. 이 문제에 접근하는 방법을 이해하기 위해서는 시간을 투자해야 한다. 계획을 세우고, 초안을 만들고, 콘텐츠를 수정하는 방법을 구축하면 전체 절차가 획기적으로 빨라진다.

전체 배포 과정^{dissemination process}은 분석가와 편집자 및 고객 간의 연속적인 의견 제시 순환^{feedback loop}을 만드는 것에 달려 있다. 이런 주기를 이용해야 절차를 개발하고, 보고서를 개선하고, 인텔리전스 프로그램을 성숙시킬 수 있다.

## 3부

성공으로 가는 길

인텔리전스 기반 사고 대응은 최종 사고 보고서가 전달됐을 때 끝나는 것이 아니라 전반적인 보안 절차의 일부가 된다. 3장은 개별 사고 대응 조사 외에 인텔리전스 기반 사고 대응의 전체적인 상황을 다룬다. 이에는 보안운영 전체를 지원하는 인텔리전스 팀의 구현뿐 아니라 절차를 지속적으로 배우고 개선하는 전략 인텔리전스가 포함된다.

## 10장

전략 인텔리전스

"우리의 보고서는 너무 구체적이고, 전술적이기 때문에 우리의 사고가 전술적으로 변했다. 우리는 오늘날의 문제에 너무 집중하고 있기 때문에 전략적 우위를 상실하고 있다."

— 존 하이덴리치[John G. Heidenrich]

때때로 사고 대응자는 온몸이 오싹해지는 것을 느끼면서 조사를 시작한다. 어떤 사람은 이를 불길한 예감이라 하고, 어떤 사람은 데자뷰[deja vu]라고 하지만, 조사가 끝나면 예상한 결과와 일치한다.

사고 대응자는 한 달 전이든, 1년 전이든 같은 상황을 똑같은 방식으로 대처하고 있다는 사실을 알게 된다. 같은 취약점, 같은 측면 이동, 심지어는 도난당했거나 재사용된 패스워드일 수도 있다. 이 시점에서 많은 사람이 하늘에 대고 주먹을 휘두르며 어떻게 이런 일이 발생했는지 묻는다. 지난 사고에서 우리가 배우지 않았는가? 이 문제를 해결하지 못했는가? 불행하게도 그 대답은 "아니요"다. 마지막 사고를 해결했을 때, 걱정해야 할 다른 문제와 IT 관리자와 최고정보책임자[CIO, Chief Information Officer] 등 모든 사람이 관심이 있는 다른 문제가 있었으며, 문제가 '해결되고' 나서는 그것에 신경 쓸 겨를이 없었다. 교훈을 얻지 못하고, 약간의 변화가 있었더라도 새롭고, 긴급한 문제가 우선순위를 차지해 조직의 보안에 지속적인 영향을 미칠 수 없었다.

전략 인텔리전스에 대한 오해로 전략 인텔리전스가 간과되고 있다. 이런 현상은 사이버 보안이나 사고 대응 영역에만 국한되지 않으며, 수십 년 동안 인텔리전스 분야에서 목격됐다. 그 오해는 단순히 전략 인텔리전스를 수행할 시간이 없다는 것이다. 매일 그리고 때로는 사고 대응의 세계에서는 매시간, 너무나 많은 일이 발생하기 때문에 많은 사람이 전술적 수준에서 따라잡으려는 노력으로 스트레스를 받는다. 종종 '가져야 할 필요가 있다'라기보다는 '갖고 있으면 좋다'라고 여겨지는 전략 인텔리전스는 시간이 있을 때 해야 할 일로 전략했고, 시간은 거의 없다. 그러나 전략 인텔리전스는 우리의 업무 수행 능력에 중요하며, 전략 인텔리전스가 일일 비상사태에 대응할 시간을 뺏을지라도 우리가 그런 비상사태를 더 잘 다룰 수 있도록 해주기 때문에 못 본 체해서는 안 된다. 10장에서는 전략 인텔리전스란 무엇이고, 왜 인텔리전스 기반 사고 대응 절차에서 중요한지 설명한다.

전략 인텔리전스란 무엇인가?

전략 인텔리전스는 전략 인텔리전스가 다루는 주제, 일반적으로 장기적 영향을 미치는 높은 수준의 첩보 분석뿐 아니라 전략 인텔리전스의 고객에게 그 이름을 얻었다. 전략 인텔리전스는 의사결정권자에게 행동 능력과 권한을 부여하기 때문에 이런 유형의 인텔리전스는 앞으로 나아갈 수 있도록 정책과 전략의 형태를 띠어야 한다. 그렇다고 해서 임원만이 이러한 통찰력의 이익을 얻을 수 있는 것은 아니다. 전략 인텔리전스는 모든 수준의 개인에게 매우 유용하다. 왜냐하면 전략 인텔리전스는 개인이 자신의 수준에서 다루는 문제의 주변 정황을 파악하는 데 도움이 되기 때문이다. 이상적으로 특정 정책이 만들어진 이유 또는 특정 영역에 중점을 두는 이유를 개인이 이해할 수 있도록 돕는 것이 자신의 역할을 보다 효과적으로 수행하는 데 도움이 된다.

존 하이덴리치[John Heidenrich]는 'The State of Strategic Analysis'[1]라는 논문에서 '전략은

---

1   https://bit.ly/2GHrTa9 – 옮긴이

실제 계획이 아니라 계획을 끌어내는 논리'라고 썼다. 그 논리가 존재하고 명확하게 전달될 때, 분석가는 각각의 개별 상황을 자체적인 개체로 취급하기보다는 전략적 노력의 배후에 있는 중요한 목표를 지원하는 방식으로 문제에 접근할 수 있다.

전략 인텔리전스는 분석가가 대응의 우선순위를 정하고, 침입이 조직에 특히 중요한 시기를 확인하고, 각 사고로부터 배운 교훈을 분석하고, 실행할 수 있도록 인텔리전스 기반 대응 절차를 지원한다. 전략 인텔리전스 없이도 인텔리전스 기반 사고 대응은 여전히 사고 대응 절차의 통찰력과 지원을 제공할 수 있다. 그러나 전략 인텔리전스를 통해 조직의 이해력과 태도를 획기적으로 개선해 후속 침입을 방지하고, 확인하며, 대응할 수 있다.

셔먼 켄트: 미국 인텔리전스 분석의 아버지

셔먼 켄트(Sherman Kent)는 인텔리전스의 대부로 알려져 있으며, 인텔리전스 분석을 주제로 책을 썼다. 그는 인텔리전스 분야에 매우 중요한 역할을 했기 때문에 새로운 인텔리전스 분석가를 양성하는 CIA의 학교를 '인텔리전스 분석을 위한 셔먼 켄트 학교'라고 부른다.

켄트는 예일대학교에서 역사학 박사학위를 받았으며 제2차 세계대전 때까지 학생을 가르치다가, 1941년 신설된 정보조직국(COI, Coordinator of Information)[2]의 연구분석지국(R&A, Research and Analysis Branch)에 합류했으며, 정보조직국은 전략사무국(OSS, Office of Strategic Services), 전략사무국은 중앙정보국(CIA, Central Intelligence Agency)으로 바뀌었다. 그곳에서 켄트는 역사학자로서 자신의 경험을 활용해 경제학자와 과학자 그리고 군대 구성원을 모아 전쟁에서 가장 영향력이 있는 분석을 수행했다. 켄트와 연구분석지국의 분석가는 작전이나 전술적 교전을 구상하지 않았다. 그들은 적과 운영 환경의 토대를 분석했다. 그들은 미국이 국가 전략에 가장 큰 영향을 미칠 행동을 결정할 수 있도록 문화와 (음식과 재정 및 운송 등) 이용 가능한 자원을 분석했다. 그들은 하나의 임무가 아니라 전쟁 전체에 도움이 되는 전략 인텔리전스를 생산했다.

많은 경우, 전략과 전술 또는 현재 인텔리전스 간의 가장 큰 차이 중 하나는 모델링 절차다. 전술과 현재 인텔리전스에서 분석가는 모델이 행위자와 관련된 문서인지 내부 네

---

2   용어 번역 사용 사례에 따라 '첩보조직국'으로 번역해야 하지만, 공식적으로 사용된 '정보조직국'으로 번역했다. – 옮긴이

트워크 지도인지에 관계없이 사용 가능한 모델을 사용해 당면한 문제를 해결한다. 전략 분석에서 해당 모델은 종종 처음으로 업데이트되거나 개발되고 있다.

표적 모델 개발

표적 모델^{target model}은 초점 영역을 나타낸다. 표적 모델은 정부 구조^{government structure} 나 절차 또는 논리적인 네트워크와 같은 것을 설명할 수 있다. 이런 모델을 개발하는 데 는 오랜 시간이 걸릴 수 있으며, 표적이 크거나 더 복잡할수록 모델도 더 복잡해진다. 또한 모델은 거의 정적이지 않으므로 주기적으로 업데이트해야 한다. 예를 들어 네트 워크 지도의 경우, 최신 상태를 유지하려면 자주 업데이트해야 한다. 조직 구조를 사용 하면 조직이 재편성될 때마다, 주요 임원이 바뀌거나 퇴사할 때마다 업데이트해야 할 수 있는데, 이는 네트워크 변경만큼 자주 발생할 수 있는 업데이트다. 모델 개발은 투 자다.

모델 개발 시간이 오래 걸린다면, 왜 모델을 개발하는 데 신경을 쓰지 않는가? 모델은 상황의 공통된 이해를 개발하는 데 중요하며, 이 공통된 이해는 사람들이 공통의 목적 을 향해 일관된 방식으로 상황에 대처하는 법을 배우도록 한다. 사업에서 그 공통의 목 적은 대개 수익 증가이며, 네트워크방어는 지적 재산과 브랜드 손상 및 사고 대응 비용 의 손실을 초래하는 데이터 유출을 방지해 목적을 달성한다. 정부나 군대의 목적은 국 가 전략을 지원하고 국가 안보를 보장하는 것이다. 그러나 이런 것이 의미하는 바를 알 지 못하면 그 목적을 지원하는 방식으로 대응하기 어려울 수 있다. 모델 개발은 운영과 전술 분석뿐 아니라 의사결정에 영향을 미치는 전략 인텔리전스의 핵심 영역이다. 모델 을 개발하고 업데이트하는 데 시간을 들이는 것은 가치가 있다.

계층 모델

조직 구조와 같은 일부 첩보 집합은 계층 모델^{hierarchical model}이 가장 적합하다. 이 모델 은 목표의 명령 프레임워크나 경영진의 구조를 설명하기 위해 상위-하위 관계를 이용한다. 이 모델을 이용하면 애로 사항이나 병목 현상을 확인할 수 있다. 이 인텔리전스는 많은 출처에서 수집할 수 있으며, 개인이나 조직의 구조가 변경될 때마다 주기적으로 업데이트해야 한다. 그림 10-1은 계층 모델의 예다.

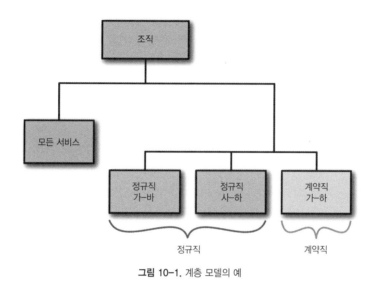

그림 10-1. 계층 모델의 예

계층 모델은 전통적으로 직원의 역할을 보여주기 위해 사용됐으며, 계층 모델의 고유한 응용 중 하나는 조직에 중요한 데이터를 확인하기 위해 사용하는 것이다. 데이터에 대한 계층 모델은 재무 첩보, 고객 첩보 및 민감한 회사 첩보와 같은 광범위한 범주의 데이터를 포함한다. 우리가 지난 몇 년에 걸쳐 많은 랜섬웨어 사례에서 살펴봤듯이 조직에는 가치가 있고, 공격자가 접근하거나 영향을 미칠 첩보를 확인해야 한다.

주요 범주를 확인한 후의 단계는 첩보의 모든 하위 범주를 확인하는 것이다. 재무 첩보는 신용카드 정보와 직원의 급여 정보 그리고 회사의 선물 예측으로 더 세분화할 수 있다. 이 모든 데이터는 조직 내에서 서로 다른 위치에 위치하며, 다른 팀이 유지보수 및 보안을 담당한다. 각 데이터 유형의 소유자 첩보도 모델에 넣어야 한다. 이런 유형의 모델은 조직이 보호 중인 데이터와 데이터의 위치를 파악할 수 있으며, 내부 첩보와 외부 첩보를 사용해 가장 목표가 되는 데이터 유형을 확인하는 데도 사용할 수 있다. 또한 이 모델은 네트워크 모델과 중첩해 이 데이터가 네트워크의 어디에 있는지 확인할 수 있다.

네트워크 모델

네트워크 모델[network model]은 개인과 그룹 간의 관계나 상호 작용을 표현할 때 유용하다. 또한 네트워크 모델은 조직 자체의 네트워크와 공격자의 기반 시설 모두에서 컴퓨터 네트워크 구성도를 만드는 데도 사용할 수 있다. 네트워크 모델은 피해자 간의 관계뿐 아니라 공격자 그룹 간의 관계를 보여주기 위해 사용했다. 네트워크 모델은 자주 변하고 움직이는 부분이 많으므로 여기서 다루는 데이터 유형 중에서 가장 자주 업데이트해야 한다. 그림 10-2는 네트워크 구성도의 예다.

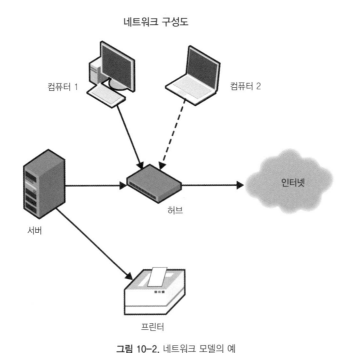

그림 10-2. 네트워크 모델의 예

절차 모델

절차 모델process model은 구조화된 절차를 구성하는 다양한 행위와 의사결정 지점을 보여준다. 구조화된 인텔리전스 분석 모델은 절차를 완료하기 위해 밟아야 하는 단계를 보여주는 절차 모델의 한 유형이다. 사이버 침입 킬 체인은 또 다른 유형의 절차 모델이다. 4장, '탐지'와 5장, '위치 결정' 그리고 6장, '종결'에서 사이버 침입 킬 체인은 특정 사고의 지표를 포착하는 데 사용됐지만, 킬 체인은 또한 공격자가 표적 모델을 개발하기 위해 더 전략적 수준에서 취하는 단계를 문서로 만들기 위해서도 사용할 수 있다.

타임라인

타임라인timeline은 시간에 기반을 둔 활동 간의 관계를 보여주는 선형 모델이다. 사고 대응자는 사고 발생 동안 특정 조치를 했을 때 나타나는 공격 타임라인에 가장 익숙하지만 다른 많은 타임라인도 사고 대응 상황에 도움이 될 수 있다. 취약점 발견에서 개선에 이르는 타임라인을 이해하면 네트워크방어자는 취약점이 특정 공격에 얼마나 취약한지 알 수 있으며, 의사결정자는 언제 행동해야 하는지 결정할 수 있다. 특정 취약점 공격이나 도구를 사용하는 여러 행위자 그룹이 발견된 시점을 표시하는 타임라인은 분석가가 악성 코드의 위협을 결정할 수 있을 뿐 아니라 도구를 확인한 후 해당 도구가 얼마나 빨리 또는 천천히 재사용되는지 알 수 있다. 외부 GLASS WIZARD 보고 및 내부 GLASS WIZARD 활동 타임라인의 예는 그림 10-3과 같다.

그림 10-3. GLASS WIZARD 타임라인 예

시간에 따른 다양한 활동을 시각화하면 분석가는 시간에 따라 조직의 목표에 어떤 영향을 미치는지 알 수 있다.

전략 인텔리전스 주기

2장에서는 인텔리전스 주기를 광범위하게 설명했지만, 주요 초점은 특정 위협 및 즉각적인 위협에 대응하기 위한 주기를 따르는 전술적이고 운영적인 수준의 인텔리전스였다. 전략적 수준에서 인텔리전스 주기는 같은 절차를 따르지만, (요구사항 설정부터 배포에 이르는) 각 단계는 즉각적인 위협을 처리할 때와는 다르다. 이제 그 차이를 살펴보자.

전략 요구사항 만들기

전략적 수준에서 요구사항을 만드는 것은 전술 인텔리전스보다 더 모호하게 보일 수 있다. 전술 인텔리전스를 사용하면 집중해야 할 특정 위협이 있으며, 이는 직접적인 요구사항을 만드는 데 도움이 된다. 그러나 전략 인텔리전스를 사용할 수 있는 경우는 드물다. 그리고 요구사항이 아래로 전달되면 "우리가 알아야 할 것을 알려주세요"와 같이 모호한 말이 된다. 범위와 기간이 더 넓어지더라도 요구사항은 항상 구체적이어야 한다.

전략 요구사항은 종종 지휘관의 군사적 개념을 따른다. 지휘관의 의도는 대규모의 분산된 부대가 언제, 어떻게 작전을 수행할 것인지 결정하는 것이다. 전략 절차의 일부로 개발된 모델을 사용해 지휘관이나 최고경영책임자 또는 정보보호최고책임자는 (의도라고 하는) 자신의 목표와 목적을 말할 수 있으며, 모든 의사결정자가 함께 이해하고, 일일이 관여하지 않고 해당 목표를 지원할 수 있도록 조치할 것이라고 믿을 수 있다. 예를 들어 회사가 신제품으로 시장을 선점하는 것이 목적이라면, 제조 설계도와 마케팅 계획 그리고 다른 민감한 첩보가 유출되지 않도록 하는 것이 지휘관의 의도에 부합하는 것이다. 민감한 첩보를 목표로 하는 공격자 모델을 개발하는 것은 해당 첩보를 보호하는 기능을 지원하는 데 필요한 전략 인텔리전스 요구사항이다.

전략 요구사항은 전술 또는 운영 요구사항과는 달리 시간적 여유가 있다. 요구사항은 조직의 요구에 따라 범위를 더 크게 또는 더 넓게 미리 계획할 수 있으며, 요구사항은 시기나 주기성을 지정할 수도 있다. 예를 들어 전략 요구사항은 회사의 위협 모델을 1년에 두 번 업데이트하는 것과 새로운 위협이 새로운 시장이나 새로운 지리적 영역으로 이동하면 사업에 어떤 영향을 미칠 수 있는지 분석하는 것이다. 전략 요구사항을 만들 때, 요구사항이 진행 중인지, 분석을 끝내야 하는지 그리고 발견된 것을 얼마나 자주 검토하거나 업데이트해야 하는지 확인해야 한다. 또한 전략 요구사항이 여전히 적절하고 필요한지 확인하기 위해 해당 전략 요구사항을 주기적으로 검토해야 한다. 전술 그리고 운영 요구사항과 마찬가지로 전략 요구사항이 더는 관련이 없어지면 새롭지 못할 수 있다. 그러나 전략 요구사항이 낡았다는 것을 깨닫기까지 시간이 오래 걸릴 수 있다.

수집

지금까지 이 책에서 우리가 집중적으로 다뤘던 수집은 로그와 위협의 공급원 및 첩보 공유와 같은 외부 출처를 중심으로 이뤄졌다. 이런 유형의 수집은 여전히 전략 인텔리전스에 일익을 담당하지만, 여러분이 수집하는 장소와 대상의 범위는 많이 늘어날 것이며, 인텔리전스 중독자인 우리에게는 꽤 흥미진진한 일이 될 것이다. 여러분의 요구사항(구체적으로 제시한 것이 맞는가?)에 따라 경제적, 정치적 그리고 문화적 자료 또는 다른 많은 자료에서 첩보를 얻는 자신을 발견할 수 있다. 또한 이런 유형의 수집은 몇 시간 또는 며칠 전의 오래된 첩보가 폐기될 수 있는 전술적 수집보다 더 광범위하다.

전략적 전술을 사용해 추세를 파악하거나 변화를 찾기 위해 몇 년 전의 첩보를 검색할 수도 있다. 다음 절에서는 수집할 유형의 전략 첩보를 설명한다.

지정학적 출처

지정학 인텔리전스geopolitical intelligence는 분쟁과 동맹, 긴장 그리고 특정 지역의 국제 관계와 관련된 다른 요소를 포함해, 세계에서 진행되고 있는 일에 관한 첩보를 제공한다. 많은 사람, 어쩌면 이 책을 읽고(또는 쓰고) 있는 사람조차도 사고 대응에 관해서는 지정학geopolitics을 무시한 적이 있다. 어디서든 네트워크를 해킹할 수 있는데, 세계의 특정 지역에 분쟁이 있다고 해서 왜 문제가 될까? 사고 대응에 있어 지정학이 중요한 데는 여러 가지 이유가 있는 것으로 밝혀졌다. 세계 어느 곳에서나 네트워크에 접속할 수는 있지만, 지역 분쟁이나 국제적 긴장이 침입 목표와 계획에 아무런 영향도 미치지 않는다는 것을 의미하지는 않는다. 지난 10년 동안 여러 번에 걸쳐 지정학 인텔리전스가 사이버 공격을 이해하고 대응하는 데 중요한 역할을 했다. 몇 가지 예는 다음과 같다.

- 2008년 러시아Russia와 그루지야Georgia 간의 지속적인 갈등은 그루지야 주 정부를 대상으로 한 일련의 DDoS 공격으로 확대됐으며, 특히 통신과 금융 전용 사이트와 함께 대통령의 웹 사이트를 표적으로 삼았다. 이런 공격이 시작된 직후, 전통적인 군사 작전kinetic operation이 시작됐다. 이는 사이버와 전통적인 합동 공격 작전의 첫 번째 공식 사례가 됐다.

- 2011년 캘리포니아 플러턴Fullerton에 있는 노숙자를 경찰관이 때려 숨지게 한 사건에 대중의 거센 항의가 있었다. 경찰관을 대상으로 한 조사와 청문회가 진행됨에 따라 시와 경찰국의 웹 사이트는 분산서비스거부 공격의 표적이 됐으며, 시 자산을 목표로 한 다른 공격도 있었다. 공격자는 적어도 한 번 경찰국의 웹 사이트를 다운시켰다.

세상에서 일어나고 있는 일은 우리 집 뒷마당에서 일어나든, 전 세계에서 일어나든 전략적 사이버 위협 인텔리전스에 중요하다. 정치적인 환경과 분쟁, 촉발 그리고 적의 전술을 알면 전략적 계획을 세울 수 있다. 국제 위협에 초점을 맞추는 것이 일반적이지만, 지정학의 일부 측면은 국지적이므로 잘 고려해야 한다. 지정학 인텔리전스의 좋은 출처는 상호 검토된 글과 백서, 평가 보고서다. 이런 유형의 인텔리전스를 위해 상황의 현재 첩보뿐 아니라 역사적인 첩보를 찾아보는 것도 종종 유용하다. 추세와 패턴을 알면, 역사가 종종 반복되는 것처럼 보이는 지정학 인텔리전스에 특히 유용하다.

뉴스는 인텔리전스일까?

뉴스에서 현재 사건과 관련된 많은 첩보를 얻을 수 있는데, 이를 지정학 인텔리전스로 해석하기 쉽다. 그러나 제공된 첩보는 상황의 완전한 평가가 아니므로 주의해서 사용해야 한다. 분석가는 조사해야 하는 위협을 이해하기 위해 현재의 사건과 뉴스를 사용해야 하지만 여기서부터는 학술지 및 백서와 같이 상호 검토된 출처를 사용해 사건과 그 의미를 조사할 수 있다.

경제적 출처

경제 인텔리전스economic intelligence는 네트워크방어에 엄청나게 중요하다. 부의 생산과 소비 및 이전과 관련된 연구인 경제학은 상황 인식 외에도 많은 위협 행위자의 동기를 파악하는 데도 유용하다. 대부분의 침입은 직접적인 수익 창출을 위해 신용카드 정보를 훔치거나 전략적인 경제 이익을 위해 지적 재산을 훔치는 것과 같은 경제적인 동기를 가지며, 경제 인텔리전스 자료는 공격자의 동기의 통찰력을 제공할 수 있다.

경제 인텔리전스 자료는 도난당한 첩보가 어떻게 수익을 창출하는지, 범죄자가 표적으로 삼은 첩보의 유형, 산업 스파이가 표적으로 삼은 첩보의 유형 그리고 여러분을 표적으로 삼거나 과거에 여러분을 표적으로 삼을 가능성이 있는 국가와 관련된 경제의 첩보 등과 같이 매우 다양하다. 경제학의 폭넓은 이해를 갖추면 이런 유형의 첩보는 조직이 직면한 전략적 위협을 파악할 수 있다. 전문 지식은 네트워크보안 팀에서 경제학을 전문으로 하는 사람을 찾기가 힘들 때, 높은 수준의 통찰력을 제공할 수 있다.

역사적 출처

사이버 위협에 대응할 때 과거의 분쟁에서 국가 전술이나 우선순위와 같은 역사 자료historical sources는 인텔리전스 분석의 측면에서 종종 간과된다. 인터넷은 상대적으로 새로운데 어떻게 역사 자료가 사이버 위협 인텔리전스를 지원할 수 있을까? 우리가 사이버 영역을 물리적 세계의 연장선이라고 생각한다면, 물리적 세계에서 일어나는 모든 활동이 사이버 영역에서도 나타나게 될 것이다. 이런 이유로 역사가 중요하다. 인터넷이 생겨나기 전에 공격자가 조직을 어떻게 표적으로 삼았는지 알 수 있다면, 우리는 공격자가 새로운 전술과 새로운 매체를 사용해 같은 목표를 달성하려고 시도하는 방법을 생각해낼 수 있다.

이는 손자의 손자병법^{Art of War}에서 칼 클라우제비츠의 전쟁론^{On War}까지 군사 교리가 사이버 보안 발표에서 자주 언급되는 이유 중 하나다. 이 책들이 현대의 사고 대응보다 한참 오래전에 쓰였다고 해서 새로운 영역에서 공격을 예방하고 탐지하는 것과 관련이 없다는 것을 의미하지 않는다.

사기꾼은 이메일이 발명되기 한참 전부터 활동하고 있었고, 이들이 사용한 많은 전술은 현대의 피싱 사기^{phishing scam}와 유사하다. 역사 자료를 전략 인텔리전스 분석에 통합하는 데 도움이 되는 전술 중 하나는 직원을 표적으로 삼은 피싱 이메일이나 기업 첩보를 획득하고자 하는 표적 침입과 같이 가장 흔한 위협을 자세히 살펴본 후, 이런 공격이 과거에 어떻게 이뤄졌는지를 찾아보는 것이다. 이런 유형의 분석 목표는 조직이 위협을 더 잘 이해하고 그 위협을 방어하기 위해 조직이 갖춰야 할 교훈이나 패턴을 확인하는 것이다.

사업적 출처

전략 인텔리전스가 사업 운영을 지원하기 위해 사용될 때, 전략 인텔리전스는 방어 조직이 사업에 얼마나 많이 알고 있는지에 달려 있다. 많은 보안 전문가는 사업이 직면한 문제나 운영에 중요한 첩보를 이해하기 위한 시간이 없으므로 전략적 수준의 사업 결정을 지원하는 데 애를 먹는다. 사업을 이해할 수 없다면, 인텔리전스 분석가나 사고 대응자는 임원이 조직의 보안에 관해 최상의 결정을 내리는 데 필요한 전략 인텔리전스를 생산할 수 없다.

보안과 관련된 모든 업무와 마찬가지로 사업 운영과 우선순위는 고정돼 있지 않으므로 새로운 첩보를 업데이트하고 수집하는 것이 중요하다. 사업 자료^{business sources}는 조직이 운영하는 시장과 경쟁자, 사업 도전, 사업을 확장하려는 새로운 지역이나 시장, 주요 인사 인텔리전스 변경 그리고 중요한 것으로 확인된 사업 운영의 다른 측면의 첩보를 포함한다.

 10장의 앞부분에서 설명한 다른 수집의 출처보다 더 전략적으로 초점을 맞춘 지정학, 경제, 역사 그리고 사업 첩보는 출처 외에도 이전 사고부터 얻은 첩보를 전략 분석에 통합하는 것도 중요하다. 이렇게 하면 분석가는 조직이 직면하고 있는 위협에 영향을 미칠 수 있는 역사적이고, 정치적이며, 경제적 추세에 추가 통찰력을 결합해 네트워크에서 보고 있는 전체적인 그림을 제공할 수 있다. 이 모든 첩보는 전략적 분석 단계에서 수집할 것이다.

분석

전략적 수준에서의 분석은 8장, '분석'에서 설명한 것과 같은 절차를 따른다. 명확히 명시된 요구사항에 따라 수집과 처리를 하고, 가설을 세운 후 가설을 뒷받침하거나 반박하는 증거를 연구하고 검토함으로써 가설을 테스트한다. 그러나 전략 인텔리전스 팀은 반드시 대규모의 다양한 데이터를 분석해야 하므로 다양한 배경과 경험을 갖춘 더 큰 팀을 활용해야 한다. 전략적 수준의 분석을 수행할 때는 다음과 같은 점을 염두에 둬야 한다.

- 고려해야 할 증거는 네트워크 첩보로부터만 나오는 것이 아니라 종종 사고 대응의 경우처럼 분석가가 사안의 전문성이나 실질적인 지식을 갖고 있거나 갖추지 못했을 수도 있는 많은 출처에서 나온다. 이런 경우 분석가가 종종 첩보를 액면 그대로 받아들이기 때문에 첩보의 출처를 파악하는 것이 매우 중요하다. 상호 검토되고 평판이 좋은 출처에서 나온 첩보를 찾아라. 경쟁 가설 분석과 같은 과정에서 특정 증거가 핵심으로 여겨지는 경우, 같은 첩보를 보고하는 2개 이상의 출처를 찾는 것이 가장 좋다.

- 전략 인텔리전스에는 편견이 있을 수 있는데, 이 인텔리전스의 경우에는 전술적 증거의 양은 적고, 해석에 따른 증거는 더 많다.

전략 인텔리전스를 위한 절차

일부 특정 절차는 전략적 수준의 인텔리전스에 더 도움이 되며, 다른 절차는 이 수준에서 덜 효과적이다. 예를 들어 침입을 조사하거나 운영과 작전 수준에서 일하는 분석가의 자산인 표적 중심 모델은 전략 수준에서 유용하지 않다. 왜냐하면 우리가 설명한 것만큼 많은 표적 모델이 분석 중에 개발되고 있기 때문이다.

몇몇 분석 모델과 절차는 SWOT 분석과 브레인스토밍 그리고 살인 위원회murder boarding[3]를 포함한 전략 인텔리전스에 특히 유용하다.

SWOT 분석 강점Strength과 약점Weakness, 기회Opportunity 그리고 위협Threat의 머리글자를 따서 만든 SWOT는 위험 관리에 일반적으로 사용되는 모델이다. SWOT는 외부 측면(기회와 위협)과 아울러 내부 측면(강점과 약점)을 고려한다. 또한 SWOT는 많은 경우에 해결해야 할 큰 그림big-picture 문제와 우려를 확인할 수 있기 때문에 네트워크보안과 방어에 관한 전략 인텔리전스에 특히 도움이 된다. SWOT는 조직이 핵심 역량을 확실히 이해하고, 직면한 문제에 정직하고 앞서며, 직면하고 있는 외부 위협을 이해할 것을 요구한다. SWOT 분석[4]의 기본 개요는 그림 10-4와 같다.

---

3 미국 군대에서 사용하는 용어로, 제안서를 비판적으로 검토하거나 어려운 프로젝트를 준비하는 데 도움이 되는 질문을 하는 자문 위원회를 의미한다. - 옮긴이

4 http://www.discoveryresearchgroup.com/swot 원서에서 링크로 연결된 주소는 현재 연결되지 않아 나무위키의 링크(https://bit.ly/30eljRg)로 대체한다. - 옮긴이

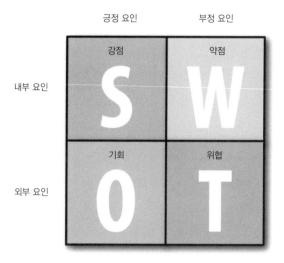

긍정 요인 　　　 부정 요인

	강점	약점
내부 요인	**S**	**W**
외부 요인	기회 **O**	위협 **T**

그림 10-4. SWOT 분석

예를 들어 보고서에서 네트워크에 성공적으로 침입한 사고의 90%가 피싱 이메일에서 비롯된 것이라고 하면, 이는 조직이 해결해야 할 약점을 보여준다. 강점을 확인하면 이런 약점을 완화하기 위해 취할 수 있는 단계를 결정할 수 있다.

SWOT 분석은 조직의 강점과 약점을 결정하는 데만 유용한 것이 아니다. SWOT 분석은 외국 정부와 범죄 조직 또는 공격자 그룹을 분석하는 데도 사용할 수 있다. 이런 분석을 수행하기 위해서는 수집 단계에서 실행한 연구를 참고해야 한다. 이런 유형의 SWOT 분석을 활용할 때 중요한 점은 공격자의 강점이 여러분 조직의 약점과 일치하는 곳을 찾는 것이다.

브레인스토밍 전략 인텔리전스 분석이 한 개인의 업무가 돼서는 안 된다. 앞에서 언급했듯이 조직은 향후 중대한 영향을 미칠 문제를 확인하는 데 초점을 맞춘 다양한 배경을 가진 분석가를 많이 보유하는 것이 좋다(누군가는 분석의 분석이라는). 과거의 인텔리전스 실패 분석은 인텔리전스 실패가 집단 사고group think의 결과라는 사실을 여러 번 발견했는데, 이는 창의력을 떨어뜨리고 고정관념에서 벗어나지 못하게 한다. 제임스 매티스James Mattis 장군은 집단 사고, 특히 국가 정책에 관해서는 집단 사고가 필요 없다고 말했다. "여러분이 알고 있듯이 국가 안보 의사결정 과정은 강하게 논쟁하기 위한 다른 생각이 필요하다. 집단 사고의 합의에 따른 횡포를 원치 않을 것이다."

브레인스토밍, 특히 여러 분야에서 온 그룹과 함께 문제에의 새롭고 창의적인 접근을 장려함으로써 집단 사고에 대응하는 좋은 방법이다. 브레인스토밍은 그 자체로도 사용할 수 있지만, 거의 모든 다른 분석 방법과 함께 사용할 수 있다. 구조화되지 않은 것처럼 들릴지도 모르지만, CIA의 Tradecraft 입문서[5]는 브레인스토밍이 가장 효과적이기 위해서는 구조화돼야 한다. 성공적인 브레인스토밍의 가장 중요한 요소 중 하나는 그룹이 다양한 가능성을 살펴볼 수 있도록 브레인스토밍을 시작할 때 그룹에 충분한 시간을 주는 것이다. 한 그룹이 시간 제약을 받거나 서둘러야 한다고 느낄 때, 그룹은 문제의 새로운 통찰력을 만들어낼 수 있는 더 큰 가능성을 살펴보기보다는 현실적으로 들리는 더 작은 가설을 선택할 가능성이 크다. 또한 브레인스토밍 팀에 다른 역할이나 접근 방식을 가진 사람을 적어도 한 명 참여시키는 것도 좋다. 브레인스토밍을 위해 사고 대응자를 한 그룹으로 만드는 것은 한 가지 이상의 관점을 제공할 수 있겠지만, 여전히 사고 대응자의 전형적인 경험에 제약을 받을 수 있다. 시스템 관리자나 보안 설계자 또는 인사부 직원 등 외부인을 브레인스토밍에 불러들임으로써, 그룹이 새롭고 다양한 관점을 갖추면 집단 사고를 막고 다른 팀원에게 새로운 시각을 갖도록 할 수 있다.

브레인스토밍은 반드시 새로운 가설을 만들어내야 하고, 그 시점에서 팀은 가설을 뒷받침하거나 반박하기 위해 수집된 첩보로부터 특정 증거를 확인하는 데 초점을 맞추고 경쟁 가설 분석과 같은 분석 방법을 사용해 분석을 끝낼 수 있다. 전체 그룹이 분석을 끝낼 수 없더라도 괜찮다. 브레인스토밍의 가장 중요한 측면 중 하나는 새로운 가설을 확인하고, 근거 없는 가정을 모으며, 분석 과정의 초기 단계에서 편향을 확인하는 것이다. 분석을 한 명 이상의 분석가가 이끈다면 때때로 그룹과 상담하거나 점검하는 것이 중요하다.

---

5   Tradecraft는 스파이 활동에 필요한 지식이나 기술을 의미한다(자세한 내용은 관련 문서 https://bit.ly/1ZqD09g 참조). - 옮긴이

살인 위원회　살인 위원회^{murder board}라는 용어는 원래 후보자의 구두 발표 준비에 도움이 되는 과정을 설명하기 위해 만들어졌다. 살인 위원회 과정에서 분석가가 조사 결과를 검토 위원회에 제출하면, 검토 위원회는 결과뿐 아니라 그 결론에 도달하기 위해 사용한 분석 과정에 의문을 제기한다. 이 과정은 분석에 존재하는 모든 편향과 검증되지 않은 주요 가정 그리고 증거로 발견되지 않은 분석적 비약을 확인할 수 있다. 분석이 건전하고 명백한 오류가 없더라도 살인 위원회는 많은 인텔리전스 분석가가 활용하고 있는 방법을 설명하는 데 도움을 준다. 특히 전략적 수준에서 많은 변수가 연결된 어떤 결론에 의문을 제기했을 때, 분석가는 종종 모호한 용어나 일화를 사용하는 등 분석 방법을 제대로 설명하지 못한다. 그리고 그런 유형의 설명은 종종 의사결정자에게 확신을 심어주지 못한다. 결론뿐 아니라 분석 과정 자체를 설명할 준비가 돼 있다는 것은 시간을 들여 연습해야 하는 기술이다.

영국의 분석가 롭 다트날^{Rob Dartnall}은 그의 발표 'Conventional Intelligence Analysis in Cyber Threat Intelligence(사이버 위협 인텔리전스에서의 전통적인 인텔리전스 분석)'[6]에서 살인 위원회의 중요성을 상기시켰다. 여러분이 수행한 분석이 중요하고 잠재적으로 과감한 행동으로 직접 이어질 때, 여러분의 분석은 건전해야 할 뿐 아니라 면밀한 조사에 방어할 준비가 돼 있어야 한다.

입구에서 여러분의 자아를 확인하세요

전략 인텔리전스 분석은 여러분의 자존심을 위한 것이 아니다. 이런 유형의 분석 목표는 의사결정자가 행동할 수 있는 인텔리전스를 제공하는 것으로 의사결정자가 분석가의 신뢰 수준과 인텔리전스 격차를 확인하고 결과를 바꾸는 새로운 첩보를 확인할 때 평가를 업데이트하는 것을 의미한다. 자존심이 개입하면, 신뢰성과 같은 것을 객관적으로 평가하기가 어려워지고, 실수를 범했거나 첩보가 변경됐을 때 이해관계자에게 돌아가 인정하는 것이 어려워진다. 살인 위원회와 같은 절차는 방정식에서 자존심을 제거하는 데 도움이 된다. 그러나 발표자의 자존심만 확인해서는 안 된다는 것에 유의해야 한다. 살인 위원회에 참가해서 질문하는 개인 또한 자신의 자존심에 방해되지 않도록 하고 자신의 판단을 흐리지 않도록 조심해야 한다. 자존

6　https://bit.ly/2KFdPlZ – 옮긴이

심을 위해 '발표자의 잘못을 증명'하려고 시도할 수 있는데, 이는 위원회 구성원의 편견을 만연하게 만들 수 있다.

배포

배포는 전략적 수준에서 약간 다른데, 그 차이는 전략 인텔리전스의 범위와 성격 때문이다. 현재 시행되고 있는 권장 사항은 향후 사업 운영에 상당한 영향을 미칠 가능성이 있으므로 특정 시간 요구사항이 없는 한 정확성과 철저함이 속도보다 우선시된다.

9장, '배포'에서 설명한 것과 같은 많은 원칙을 전략적 수준에서 배포에 직접 적용할 수 있지만, 몇 가지 독특한 측면도 있다. 구체적으로 다음과 같다.

- 이 수준에서 독자가 핵심이므로 최종적으로 전달 가능한 보고서를 작성하거나 만드는 절차를 시작하기 전에 독자가 누구인지 확인하는 것이 중요하다. 다수의 독자가 여러 방법으로 첩보를 받는 것을 좋아한다면 첩보를 각각의 독자에게 가장 유용한 방식으로 제공하는 것이 좋다. 그러나 인텔리전스 보고서의 다양한 버전이 같은 얘기를 하는지 확인해야 한다. 조직 내의 다른 임원이 분석과 그 의미를 다르게 해석하기를 바라지 않기 때문이다.

- 전략 인텔리전스에서는 특히 인텔리전스 격차를 불러내거나 분석에 변화를 초래할 수 있는 이벤트를 촉발하는 것이 중요하다. 경영진에게 분석 결과에 의심의 여지가 있음을 알리는 것이 어려울 수 있겠지만, 그런 기대치를 설정하면 이런 일이 발생했을 때 변경 사항을 쉽게 전달할 수 있다.

결론

우리는 전략 인텔리전스가 이 계획의 이면에 있는 논리라고 생각하며, 많은 사고 대응자가 이런 수준의 분석을 수행할 시간을 만드는 데 어려움을 겪고 있다는 것에는 의심의 여지가 없다. 많은 조직에서 사고 대응자는 계획을 세우는 데 애를 먹고 있으며, 계획의 이면에 있는 논리를 파악하는 것도 어려워할 것이다. 경영진이 전략 인텔리전스를 제대로 분석하고 채택했을 때, 전략 인텔리전스는 조직에 장기적인 위협을 알릴 뿐 아니라 사고 대응자에 조직의 요구를 충족시키는 그들의 능력을 지원하는 정책과 절차를 제공할 수 있다. 사고 대응을 위한 전략 인텔리전스는 여러분이 네트워크의 가시성에 관해 현명한 결정을 할 수 있도록 만들 뿐 아니라 전술 및 운영적 수준의 분석 요구사항에 직접 영향을 미친다. 전략 인텔리전스는 여러분이 다음을 아는 데 도움을 줄 것이다.

- 사고 대응의 우선순위를 정하고 그 위협에 중점을 두게 하는 가장 의미 있는 위협

- 수집하는 데 중요한 첩보의 유형과 정보보호최고책임자나 다른 임원에게 간략한 설명을 보증하는 것

- 지역 수준에서 처리할 수 있는 상황

일어날 수 있는 모든 행동은 전략 요구사항과 맞물려 있을 수 있다. 여러분이 요구사항의 논리를 이해하면, 상황이 변했을 때 전체 절차를 다시 밟지 않고도 적응하거나 대응할 수 있다. 전략 인텔리전스는 시간이 걸리지만, 제대로 완료하면 장래의 성공을 위해 전체 프로그램을 설정할 수 있다.

## 11장

인텔리전스 프로그램 구축

"사업에서 대단한 일은 한 사람이 아니라 팀이 해낸다."

– 스티브 잡스^{Steve Jobs}

인텔리전스 팀과 일하게 되면 많은 보안운영 프로그램의 판도를 바꿀 수 있다. 그러기 위해서는 인텔리전스 팀 안에 인텔리전스 팀이 지원해야 할 고객과 함께 모든 사람을 같은 페이지에 올리기 위한 시스템이 있어야 한다. 구조화된 인텔리전스 프로그램은 의도적으로 구축하는 것이 아니라 팀이 함께 겪는 많은 어려움을 피할 수 있으면서도 강력한 인텔리전스 지원 능력의 이점을 제공한다. 11장에서는 여러분의 조직에서 인텔리전스 팀이나 인텔리전스 기능을 구축할 때 고려해야 할 다양한 요소를 다룬다.

준비됐는가?

자주 받는 질문 중 하나는 "인텔리전스 팀을 구성하기 위한 전제 조건은 무엇입니까?" 다. 인텔리전스 기능^{intelligence function}을 공식화하기 전에 해야 할 일이 많다. 우리는 인텔리전스 프로그램이 조직에서 가장 마지막으로 만들어져야 한다고 생각하지는 않지만, 인텔리전스 기능을 많은 다른 보안 기능^{security function}을 한데 묶어주는 접착제라고 생각한다. 기존에 이런 기능이 없다면, 여러분은 결국 접착제를 들고 주변에 서 있어야 한다.

자금과 시간, 노력이 필요한 인텔리전스 프로그램을 개발하기 전에 필요한 질문은 다음과 같다.

조직에 보안 기능이 있는가?

쉬운 질문처럼 보이지만, 얼마나 많은 조직이 1인 보안 팀으로 위협 인텔리전스 기능을 개발하거나 1인 팀으로 IT 운영과 보안을 모두 담당하게 하는 것을 생각하기 시작했다는 것은 놀라운 일이다. 인텔리전스에 기반을 둔 접근 방식은 모든 것을 화재로부터 지켜야 할 책임이 있는 가난한 개인에게 도움이 되겠지만, 인텔리전스 팀은 보안에 중점을 둔 추가 인원과 도구의 예산을 가져와 인텔리전스 팀에 집중하기보다는 보안 팀이 될 가능성이 있다는 것을 의미한다.

네트워크 가시성이 있는가?

인텔리전스 프로그램은 내부 및 외부 첩보 접근에 의존하며, 내부 첩보는 인텔리전스 분석을 하는 데 가장 중요한 첩보 중의 일부다. 기술적인 한계나 프라이버시 또는 법적인 문제 때문에 가시성^{visibility}이 없다면 인텔리전스 팀의 효율성은 제한적일 것이다. 가시성이 기술적인 문제일 때 가장 좋은 접근 방식은 인텔리전스 프로그램을 만들기 전에 가시성 확보에 집중하는 것이다. 법이나 프라이버시 문제라면 그런 문제를 법률 고문과 논의해 무엇을 할 수 있는지 그리고 인텔리전스 프로그램이 적합한지 아닌지를 결정하는 것이 가장 좋다. 때로는 인텔리전스가 가시성의 부족을 보완하기 위해 외부 위협에 추가 통찰력을 제공하는 것을 포함해 조직이 이런 유형의 장애물을 극복할 수 있지만, 이런 유형의 상황은 규칙이라기보다는 예외다.

지원을 위한 다수의 팀이나 기능이 있는가?

앞서 언급했듯이 인텔리전스는 여러 기능을 함께 유지하는 접착제로 생각할 수 있다. 사고 대응으로 얻은 인텔리전스는 예방과 탐지, 취약점 관리 및 보안 아키텍처 지원 그리고 전략 계획을 수립하는 데 도움이 된다. 한 조직에서 인텔리전스 업무의 여러 측면을 수행해야 할 때가 됐다는 것은 여러 팀원이 참여하는 인텔리전스 프로그램을 수립할 때가 됐다는 것을 의미한다. 만약 이 계획이 주로 사고 대응을 지원하는 것과 같이 하나의 측면을 지원하는 인텔리전스를 위한 것이라면, 아마도 해당 팀을 인텔리전스 중심의 역할부터 시작하도록 하는 것이 최선일 것이다.

예산에 여유가 있는가?

이 질문의 답은 보통 "아니요"이며, 이어서 "하지만 필요하다면, 예산을 만들 것이다"라고 얘기한다. 이런 답은 지금이 인텔리전스 프로그램을 시작하기에 최적의 시기가 아니라는 것을 의미한다. 인텔리전스는 거의 항상 수익 중심이 아니라 비용 중심이므로 인텔리전스 운영을 지속하더라도 추가 수익을 만들어 낼 수 없다. 따라서 적절한 수준의 자금 조달은 어려울 수 있다. 인텔리전스 프로그램이 예산 차단기가 될 필요는 없지만, 거의 항상 고액의 항목은 인력이다. 지금 프로그램을 개발 중이라면 내부적으로나 외부적으로 고용해 그 프로그램을 제대로 시작할 적임자를 찾는 것이 중요하다. 이 질문의 더 좋은 답은 "예, 우리는 예산 확보가 보안 프로그램을 완성하기 위한 중요한 단계라고 확인했기 때문에 예산에 약간의 여유가 있다"이다. 우리는 이런 답이 자주 나오지 않는다는 것을 알고 있지만, 이런 답이 나온다면 여러분은 인텔리전스 프로그램을 시작할 준비가 됐다는 것이다.

 예산을 결정하는 영역의 맨 끝에 답이 있다. "우리는 얼마전에 끔찍한 해킹을 당했다. 가능한 한 빨리 우리가 다른 뭔가를 하고 있다는 것을 보여줘야 다시는 그런 일이 일어나지 않을 것이다. 물건 좀 사오라. 모든 것을 사오라." 중대한 유출사고에 자동반사적인 반응으로 상당한 예산이 뒤따르지만, 유출은 인텔리전스 프로그램을 시작하는 가장 좋은 이유가 아니라는 것을 아는 것이 중요하다. 그리고 주요 전제조건(네트워크 가시성과 지침 및 요구사항 그리고 예산)이 충족되지 않으면 지금은 좋은 기회로 여겨지는 것이 몇 년 후에는 투자 이익의 질문으로 바뀔 수 있다. 여러분의 조직이 이런 상황에 직면해 있다면 프로그램에 실용적 접근 방식을 취하고, 다음 절에 소개할 지침을 따라 목표와 독자를 결정하며, 조직이 유출사고에 자동반사적인 초기 반응에서 회복된 후에 인텔리전스 프로그램이 1차 예산 삭감의 대상자가 되지 않도록 의미 있는 지표를 갖고 있어야 한다.

공식화된 인텔리전스 프로그램이 제일 나은 선택인지 여부를 결정한 후에도 인텔리전스 프로그램을 도입하고 보고서를 만들기 전에 프로그램의 다른 많은 측면을 정의해야 한다. 새로운 프로그램 개발은 장기적으로 성공할 수 있도록 많은 작업이 필요하다. 여러분이 만들고자 하는 것에 관해 모든 사람이 같은 생각을 할 수 있도록 프로그램을 명확하게 정의하는 것이 중요하다.

프로그램 계획

견고한 프로그램을 개발하기 위해서는 세 가지 유형의 계획을 세워야 한다. 개념 계획과 기능 계획 그리고 세부 계획이다.

1. 개념 계획conceptual planning은 프로그램이 동작해야 하는 프레임워크를 설정한다. 이해관계자가 개념 계획에 가장 많이 이바지하지만, 이해관계자가 인텔리전스 업무에 익숙하지 않다면, 인텔리전스로 자신들이 무엇을 얻을 수 있는지 아는 것이 중요하다.

2. 기능 계획functional planning은 목표를 달성하기 위한 요구사항과 예산 및 인력 수요와 제약 조건, 의존성과 같은 물류 그리고 기타 법적 문제를 확인하기 위해 이해관계자와 인텔리전스 전문가의 의견이 필요하다. 기능 계획은 때때로 추상화된 개념 계획 단계에 구조와 사실성을 제공한다.

3. 세부 계획detailed planning은 인텔리전스 팀이 수행하며, 이해관계자가 확인한 목표가 기능적 한계 안에서 어떻게 충족될지 결정한다.

계획의 세 단계 모두는 예산 책정부터 이해관계자에게 보고할 모든 측정 지표까지 모든 측면에서 고려했는지 확인해야 한다.

이해관계자 정의하기

인텔리전스 팀이 분석을 수행하고 작성한 보고서가 이해관계자에게 유용하고, 이해할 수 있어야 한다는 것을 아는 것이 중요하다. 이해관계자를 명확하게 정의해야 한다. 개념 계획의 초기 단계에서 이해관계자를 정의해야 나머지 과정에 이바지할 수 있다. 일반적인 이해관계자는 다음과 같다.

사고대응 팀

사고대응 팀은 운영과 관련해 인텔리전스 지원의 혜택을 누릴 뿐 아니라 다른 기능으로도 인텔리전스 팀에 추가 첩보를 제공하기 때문에 사고대응 팀은 이상적인 이해관계자다.

보안운영센터/보안운영 팀

인텔리전스 팀은 일반적인 위협이든, 산업계, 특히 조직을 목표로 하는 위협이든 최근에 발생하고 있는 위협에 대한 첩보를 보안운영센터에 제공할 수 있다. 또는 인텔리전스로 경고의 기술적 지표와 경고의 정황을 제공하는 강화 첩보 그리고 경고의 우선순위를 정하는 데 도움이 되는 첩보를 제공할 수 있다. 보안운영센터의 팀도 본격적인 사고로 진행되지 않은 공격 시도 첩보를 인텔리전스 팀에게 제공할 수 있다. 사고대응 팀이 개입하지 않았더라도 인텔리전스 분석가가 실패한 공격 시도에서 얻을 수 있는 첩보는 여전히 많다.

취약점관리 팀

취약점관리 팀vulnerability management team은 종종 수백 개에서 수천 개의 취약점을 처리한다. 인텔리전스 팀은 조직에 가장 중대한 위협에 따라 패치의 우선순위를 정할 수 있다. 많은 공급자가 취약점의 심각성과 영향력 첩보를 제공하지만 취약점이 특정 조직에 미치는 위협을 확인하기 위해서는 추가 분석이 필요하다. 인텔리전스 팀은 이런 분석을 지원하기 위한 이상적인 위치에 있다. 또한 인텔리전스 팀은 조직이 개선 과정에 있는 동안 패치되지 않은 취약점을 표적으로 하는 취약점 공격을 관찰할 수 있도록 취약점관리 팀 및 보안운영 팀과 협력할 수 있다.

정보보호최고책임자

정보보호최고책임자는 조직의 첩보의 위험을 이해하고 관리할 책임을 지며, 인텔리
전스는 해당 위험을 이해하고 관리할 수 있는 통찰력을 제공할 수 있다. 이해관계자
로서 정보보호최고책임자는 전술적이고 전략적으로 광범위한 인텔리전스 요구사항
을 갖는다. 정보보호최고책임자가 인텔리전스 프로그램에게 기대하는 것과 첩보가
보안운영 내의 다른 팀과 어떻게 관련되는지 파악하는 것이 중요하다.

최종 사용자

최종 사용자^{end user}는 대부분 인텔리전스의 간접적인 이해관계자다. 종종 인텔리전스
프로그램은 최근 또는 진화하고 있는 위협 첩보를 제공하고, 사용자가 해당 위협의
영향력과 대응 방법을 파악하는 데 도움을 줌으로써 최종 사용자의 보안교육^{security}
^{training}을 지원할 것이다. 최종 사용자 교육이나 인식이 인텔리전스 프로그램이 지원
할 수 있는 것이라면, 인텔리전스 팀이 조직의 최종 사용자와 개별적으로 직접 소통
하는 것이 불가능하므로 이 관계를 책임질 팀을 확인하는 것이 중요하다.

이해관계자를 확인했다면, 그것을 문서로 만드는 것이 중요하다. 그림 11-1과 같은 양
식은 이해관계자 확인을 문서로 만드는 방법의 한 예다. 이 양식에는 이해관계자의 이
름과 연락 담당자(이 관계에 책임이 있다는 것을 알려줘야 한다) 그리고 이해관계자에게 제
공할 인텔리전스 프로그램의 간략한 설명이 포함된 기본 첩보가 포함된다.

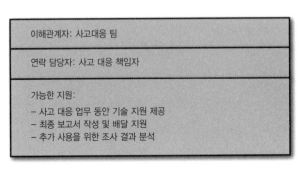

그림 11-1. 이해관계자 문서의 예

목표 정의

이해관계자를 정의한 후에는 프로그램의 목표를 확인한다. 이 단계는 이해관계자의 요구사항과 인텔리전스 프로그램이 해당 요구사항을 구체적인 방식으로 충족시킬 방법을 논의하는 보다 깊이 있는 과정이다. 이런 논의는 이해관계자가 자신에게 필요한 지원 유형을 가장 잘 알고 있으며, 이해관계자는 인텔리전스 프로그램 담당자가 특정 목표를 달성할 수 있는지를 가장 잘 알고 있기 때문이다.

목표를 설정할 때, 목표를 달성하는 방법이나 목표 달성에 필요한 도구나 인력을 정의해서는 안된다. 이 단계에서 인텔리전스 팀은 인력이 배치되지 않았거나 도구를 갖고 있지 않을 수 있으며, 이런 세부 사항을 정의하면 팀의 절차에 임의의 경계가 만들어진다.

성공 기준 정의

구체적인 목표를 정의하면 이해관계자와 인텔리전스 팀이 성공에 같은 정의를 사용해 같은 생각을 하게 된다. 그림 11-1의 이해관계자 문서 양식에서 다른 사람들은 지원에 관해 다른 정의를 내릴 가능성이 있다. 정의 중 하나는 사고 대응 업무 중에 기술 지원을 하는 것일 수 있다. 한 사람에게 그 정의는 기술적 IOC를 제공하는 것으로 해석될 수 있고, 다른 사람에게는 그 정의가 인텔리전스 팀이 비정상적인 행동을 확인하기 위해 로그 분석을 수행하는 것을 의미할 수도 있다. 이렇게 서로 다른 정의는 지원의 성격을 크게 변화시킨다. 하나는 외부적이고, 다른 하나는 내부적이다. 이는 구체적인 목표를 설정해 제공되는 지원을 명확히 해야 하는 좋은 예다. 이 경우, 기술 지원 제공이 전반적인 요구사항이지만, 목표는 이 기술 지원이 (1) 조사를 지원하기 위해 IOC를 포함해 외부 인텔리전스를 확인하거나, (2) 로그에서 비정상적인 행동을 분석하는 사고대응 팀을 지원하거나 또는 요구사항에 따라 두 가지 모두를 포함할 수 있다.

조직이 대화를 시작하는 데 도움이 될 수 있는 몇 가지 주요 질문은 다음과 같다.

• 이해관계자가 현재 다루고 있는 문제는 무엇인가?

- 인텔리전스 프로그램이 그런 문제를 도울 방법은 무엇인가?

- 이해관계자 인텔리전스 지원$^{intelligence\ support}$의 이상적인 결과는 무엇인가?

- 여러 결과가 나온 경우, 우선순위는 어떻게 정해야 하는가?

- 지원은 어떻게 시작하는가? 지원은 지속적인가? 아니면 주문형인가?

- 지원 의존성이 있는가?

성공 기준을 정한 후에, 성공을 달성하기 위한 잠재적인 방법을 확인하는 단계로 넘어갈 수 있다. 한 가지 방법으로만 목표를 달성하는 것은 거의 불가능하며, 가장 좋은 선택은 종종 각 옵션에 필요한 자원에 따라 결정되는 경우가 많다.

요구사항과 제약사항 확인

요구사항과 제약사항은 계획의 기능적 부분에 해당한다. 성공 기준이 윤곽을 드러내고 이상적인 결과가 확인되면, 설정한 작업을 수행하는 데 필요한 것을 확인하는 것도 중요하다. 작업 수행에 필요한 것은 목표 달성에 필요한 요구사항과 목표를 달성하는 능력을 방해하는 제약사항의 두 가지로 나뉜다.

요구사항과 제약사항을 확인하는 한 가지 방법은 잠재적인 해결책으로 문제를 해결할 수 있는지 다양한 방법으로 연습을 해보는 것이다. 이 연습의 목적은 문제를 해결하는 것이 아니라 목표 달성에 필요한 것(요구사항)을 확인하는 것뿐 아니라 해결해야 할 잠재적인 문제(제약사항)를 확인하는 것이다. 잠재적인 해결책에 관련된 요구사항과 제약사항을 문서로 만들어야 하며, 결과는 최선의 행동 방침을 확인하는 데 사용할 수 있다. 이런 작업은 여전히 높은 수준에서 수행돼야 하며, 요구사항의 특정 세부 사항에 중점을 둬서는 안 된다. 예를 들어 잠재적 절차의 연습 결과가 필요한 규모로 결과를 제공하는 데 자동화된 솔루션이 필요하다고 결정할 수 있지만, 이 단계에서는 해당 솔루션이 무엇인지 결정하는 것이 중요하지는 않으며, 요구사항으로서 솔루션을 확인하는 것이 중요하다. 그림 11-2처럼 인텔리전스 프로그램의 포괄적인 그림을 계속 그리기 위해 성공 기준과 요구사항 그리고 제약사항을 이해관계자의 문서에 추가해야 한다.

<table>
<tr><td>이해관계자: 사고대응 팀</td></tr>
<tr><td>연락 담당자: 사고 대응 책임자</td></tr>
<tr><td>가능한 지원:
– 사고 대응 업무를 하는 동안 기술 지원 제공
– 최종 보고서 작성 및 배달 지원
– 추가 사용을 위한 조사 결과 분석</td></tr>
<tr><td>성공 기준
– 모든 사고는 인텔리전스 분석가가 검토한다.
– 중요하다고 여겨지는 사고는 사고 대응 분석가와 인텔리전스 분석가가 협력한다.
– 인텔리전스 분석가는 사고 대응 보고서에서 위협의 전후 상황 첩보를 담당한다.
– 업무에서 얻은 결과는 보안운영센터의 경고를 작성하는 데 사용하며, 전후 상황 첩보를 포함한다.</td></tr>
<tr><td>요구사항
– '중요한' 사고를 결정하기 위한 기준
– 중요 평균 사건 수를 지원하기 위한 직원 배치
– 사고대응 팀과 인텔리전스 팀의 조정을 위한 분석 플랫폼
– 보안운영센터와의 통신 채널</td></tr>
</table>

그림 11-2. 고급 이해관계자 문서

장기적으로 생각하기

우리를 포함해 이 업계 사람의 일부는 종종 힘에 겨운 일을 하려고 한다. 그것이 자부심 때문이든, 임무 헌신 때문이든, 사람이 4시간 이하로 잠을 자더라도 활동할 수 있다는 확고한 신념 때문이든 우리는 때때로 우리가 해서는 안 되는 일을 떠맡는다. 우리가 아직 해결되지 않은 제약사항이 있다는 것을 확인하더라도 그 제약사항이 항상 우리를 막지는 못한다. 명확한 제약사항이 있는 경우에도 흥미진진한 업무를 맡는다는 것이 매혹적이지만, 그 결정이 장기적으로 미치는 영향을 반드시 생각해봐야 한다. 제약사항을 바로 해결할 수 없더라도 적어도 그 제약사항을 확인하거나 향후 주의할 수 있도록 지정됐는지를 확인하기 위해 할 수 있는 것을 확인하라. 때로는 자원이 완벽하게 제공되지 않은 업무에 "예"라고 말하는 것이 필요하고 적절할 때도 있지만, 앞으로 몇 년 동안 운영에 부정적인 영향을 미치지 않도록 해야 한다.

측정 지표 정의

좋은 측정 지표^{metric}는 이야깃거리를 제공하는데, 측정 지표를 사용해 이해관계자가 관심을 가질 만한 얘기를 들려줄 때 이해관계자는 측정 지표를 가장 잘 받아들인다. 많은 인텔리전스 프로그램은 이해관계자에게 진행 상황을 정기적으로 어떻게(특히 질적인 방식이 아니라 양적인 방식으로) 전달할 것인지를 아무런 고민 없이 받아들인다. 수집하고 보고할 측정 지표를 결정하기 위한 최적의 시기는 프로그램의 계획 단계다. 이 활동은 세부 계획 단계에 속하지만, 개념 계획과 기능 계획 단계 모두에 크게 의존한다.

측정 지표는 이해관계자가 계획 중에 확인한 개념적 문제를 직접 다뤄야만 한다. 인텔리전스 프로그램을 정의하려고 할 때, 질문해야 할 첫 번째 질문 중 하나는 "필요한 인텔리전스 지원^{intelligence support}이 이행해야 할 이해관계자의 격차나 요구사항이 무엇인가?"다. 초기에 수집해야 할 정확한 측정 지표를 결정하는 것이 불가능할 수도 있지만, 성공의 모습과 성공을 측정하는 방법을 확인하는 것조차도 진행 상황을 보고하는 프로그램을 설정하는 데 도움이 된다. 이해관계자가 받고 싶어하는 구체적인 결과가 있다면, 그 결과를 프로그램을 정의할 때 절차에 넣을 수 있으며, 기능 계획 단계에서 필요한 자원을 확보하고 책임지게 할 수 있다. 팀이 1년 이상 운영될 때까지 기다렸다가 프로그램이 목표를 충족하는지 확인한다면, 성공을 보여줄 데이터가 부족할 뿐 아니라 프로그램성공의 모습을 잃게 될 것이다.

서로 다른 이해관계자가 다른 목표를 갖고 있다면, 성공의 정의도 달라지기 때문에 다른 측정 지표를 사용해 측정해야 한다. 성공의 의미와 각 이해관계자의 성공을 측정할 방법을 파악하면 당면한 업무에 집중하고 프로그램이 진행됨에 따라 성공을 확인하는 것이 훨씬 쉬울 것이다.

이해관계자 페르소나

어떤 사람들은 동료 직원의 서류가 있는 것을 조금 이상하다고 생각할지 모르지만, 우리는 인텔리전스 전문가이며, 이것이 우리가 하는 일이다. 이해관계자 페르소나는 인텔리전스 분석가가 자신의 업무 전반에 걸쳐 개별 이해관계자의 특정 요구에 집중할 수 있도록 보장하기 때문에 인텔리전스 프로그램에 매우 중요하다. 인텔리전스 고객을 안다는 것은 그들이 첩보를 가장 잘 받고 행동할 수 있는 방식으로 적시에 올바른 첩보를 제공하는 데 중요하다.

이해관계자 페르소나는 보안운영센터 분석가 팀이나 위협 사냥꾼 팀과 같이 이해관계자 그룹을 대상으로 개발할 수 있지만, 최선의 접근 방식은 이해관계자 그룹 안에서 개별 연락 담당자를 대상으로 페르소나를 개발하는 것이다. 개인 페르소나를 유지한다는 것은 역할이 변경되거나 새로운 사람이 그 역할을 맡게 됐을 때 페르소나를 업데이트해야 한다는 것을 의미한다. 개인이 인텔리전스 팀과 이해관계자 팀 간의 관계를 책임지고 지원 관계가 어떻게 진행되느냐에 따라 많은 비중을 차지할 것이기 때문에 그 개인 페르소나를 개발하는 것이 중요하다. 개인마다 인텔리전스 팀과 상호 작용하는 방법이 다르고, 첩보를 받고 공유하는 방법도 다를 것이다. 인텔리전스 팀이 지원 대상의 페르소나를 더 잘 이해할수록 이해관계자에게 더 나은 가치를 제공할 수 있다.

그룹이나 개인의 페르소나를 개발할 때 몇 가지 중요한 사항을 고려해야 한다. 개인의 경우, 그 사람의 배경과 그 사람이 열정을 갖고 있는 것, 그 사람의 역할과 관련된 계기 그리고 그 사람이 일반적으로 운영하는 방식과 같이 개인에 특정되는 첩보를 수집하는 것이 중요하다.

이해관계자 페르소나는 9장에서 설명했던 배포를 위해 개발한 페르소나와 유사하다. 사실 그 서식에 이해관계자와 인텔리전스 팀 간의 요구사항과 같은 것을 포함하도록 약간만 조정해 사용할 수 있다. 또한 우리는 개인의 커피나 차 주문 명세를 문서로 남기는 것도 추천한다. 그런 첩보가 언제 도움이 될른지는 아무도 알 수 없다.

전술 사용 사례

사용 사례^{use case}는 프로그램 개발에 필수 요소이며, 인텔리전스 프로그램도 이와 다르지 않다. 많은 팀이 인텔리전스 사용 사례로 어려움을 겪고 있다. 여러분이 이미 인텔리전스 사용 사례를 확인하고 문서로 만들어 둔 조직에서 일할 정도로 운이 좋다면 여러분은 이미 게임에서 앞서고 있는 것이다. 문서 없이도 사용 사례를 직관적으로 잘 이해할 수 있더라도 뭔가를 적는 것은 좋은 습관으로 모든 사람이 같은 생각을 하고 새로운 팀원에게 구체적인 참조를 제공할 수 있다.

전술 사용 사례는 일상적으로 유용한 인텔리전스를 포함한다. 이런 유형의 인텔리전스는 빠르게 변화하지만, 보안 프로그램에서 직접 적용할 수 있는 인텔리전스 일부일 수도 있다. 다음 절에서는 인텔리전스 팀의 가장 일반적인 전술 사용 사례를 설명한다.

보안운영센터 지원

보안운영센터 지원은 인텔리전스 프로그램의 주요 고객 중 하나다. 보안운영센터 지원은 다음과 같이 고유한 세 가지 주요 사용 사례가 있다.

경고 및 시그니처 개발

인텔리전스 분석가는 경고를 위한 규칙^{rule}이나 시그니처를 만들기 위해 내·외부 인텔리전스를 모두 제공한다. 프로그램의 요구사항에 따라 시그니처를 만들어 보안운영센터와 공유하거나 그 인텔리전스를 기반으로 경고나 규칙을 만들기 위해 인텔리전스를 검색할 수 있다.

우선순위를 정하기 위한 분류

인텔리전스는 보안운영센터 분석가에게 우선순위를 정하기 위한 분류^{triage}와 경고의 우선순위 매기는 것을 돕기 위해 정황을 제공한다. 인텔리전스를 활용해 보안운영센터가 경고의 중요성을 파악할 수 있으며, 보안운영센터는 경고의 심각성과 영향력에 따라 분류할 수 있다. 또한 인텔리전스는 비교를 위해 참 긍정^{true positive}과 거짓 긍정의 예를 제공하거나 조사해야 할 보조 지표를 제공함으로써 경보가 거짓 긍정 인지를 확인하기 위해 취해야 할 조치를 분석가에게 알려줄 수 있다. 분류 인텔리전스^{triage intelligence}에는 종종 처리 지침도 포함돼 있으므로 분석가는 위협에 대응할 수 있다.

상황 인식

인텔리전스는 보안운영센터 분석가에게 상황 인식^{situational awareness}을 제공해, 분석가가 조직의 새롭고 중요한 위협을 이해하고, 경고 규칙을 만들거나 해당 경고를 우선순위에 따라 분류하는 것을 도와줄 수 있다. 보안운영센터 분석가는 종종 위협 인텔리전스의 전술적이며 일상적인 애플리케이션에 중점을 두지만, 여전히 조직이 직면한 위협의 전략적 이해의 혜택을 받는다. 상황 인식을 제공할 때 일일 또는 주간 요약을 포함할 수 있으며, 또한 중대한 위협에 추가 첩보가 필요할 때 요구에 따라 상황 인식을 제공할 수 있다. 전술이 항상 반응을 의미하지는 않으며, 인텔리전스는 자신들의 네트워크에 영향을 미치는 위협의 이해를 돕기 위해 보안운영센터에 상황 인식을 제공할 수 있다.

지표 관리

인텔리전스의 다른 전술적 수준 사용 사례는 지표 관리^{indicator management}다. 우리는 이 책의 여러 곳에서 지표를 다뤘는데, 핵심은 지표를 적절하게 만들고, 사용하며, 유지할 때 유용한 인텔리전스 도구가 될 수 있다는 것이다. 지표는 규칙 생성과 위협 탐지 그리고 첩보 공유에 많이 사용된다. 또한 지표는 위협의 전체적인 그림을 그릴 수 있도록 운영적이고 전략적인 수준의 분석에 사용할 수 있다. 지표 관리는 간단한 일이 아니다. 관리하는 지표가 많을수록 관리는 더 어려워진다. 이 절에서는 위협 인텔리전스 플랫폼 관리와 전술 지표의 전후 상황을 확인해 문서로 만들고, 위협 인텔리전스 데이터를 통합하는 것을 포함해 지표 관리의 몇 가지 측면을 다룬다.

위협 인텔리전스 플랫폼 관리

인텔리전스 팀은 위협 인텔리전스 플랫폼을 관리하는 책임을 맡고 있다. 위협 인텔리전스 플랫폼은 지표를 저장하기 위한 데이터베이스와 지표 간의 정황과 관계를 할당하기 위한 사용자 인터페이스로 구성돼 있다. 위협 인텔리전스 플랫폼은 분석을 위한 질의를 할 수 있어야 하며, 보안 애플리케이션에 지표를 내보낼 수 있는 방법을 제공해야 한다.

 위협 인텔리전스 플랫폼을 사용하면 지표 관리가 쉬워지지만, 먼저 지표를 저장하는 이유를 명확하게 파악하는 것이 중요하다. 위협 인텔리전스 플랫폼을 사용하면 여러분이 지표를 적절하게 관리하고 있을 뿐 아니라 팀이 더 많은 지표를 확보하기 위해 지표를 수집하는 함정에 빠지지 않도록 해준다. 수집은 좋지만, 보관은 그렇지 않다.

지표 업데이트

지표는 정적이지 않다. 지표는 대부분의 네트워크 기반 지표와 마찬가지로 한동안 악의적인 상태로 있다가, 지표가 사라지거나 악성이 될 수 있다. 그렇지 않으면 지표는 많은 호스트 기반 지표와 마찬가지로 지표 주변의 정황이 변화하거나 진화해도 악성인 상태로 남아 있을 수 있다. 하나의 악성 코드나 그룹에 연결된 악성 코드는 다른 행위자가 채택하거나 새로운 작전에 사용된다. 유효하지 않은 지표를 제거하거나 비활성화할 때, 해당 첩보를 추적하고 기존 지표에 새로운 용도나 전술을 연결하면 높은 신뢰성을 지닌 지표를 안정적으로 만들어낼 수 있다. 항상 이런 지표를 사용해야 한다는 것을 명심해야 한다. 즉, 이런 지표는 잘 관리되고 유지되는 보관소에만 있어서는 안 된다.

타사의 인텔리전스 및 자료 관리

위협 자료와 타사의 인텔리전스는 조직에 유용하도록 인텔리전스 팀이 관리해야만 하는 지표의 다른 출처다. 많은 경우, 이런 자료는 위협 인텔리전스 플랫폼에 제공된다. 그러나 어떤 경우에는 보안 사고 및 이벤트 관리[SIEM, Security Incident and Event Management] 시스템에 직접 연결된다. 자동 공급으로 어떤 첩보가 공유되고 있는지는 알기 어려우므로 직접 공급하는 것은 이상적이지 않다. 그러나 이런 관행이 너무나 널리 퍼져 있기 때문에 많은 조직은 위협 자료가 위협 인텔리전스의 초석이라고 믿고 있다. 외부 출처에서 나온 위협 자료와 인텔리전스는 신중하게 조사하고 조심스럽게 적용해야 한다. 더 좋은 방법은 타사의 인텔리전스와 자료를 강화 출처^{enrichment source}로 사용하는 것이다. 타사의 인텔리전스와 자료는 내부적으로 만들어진 지표 주변의 전후 상황을 제공할 수 있으며, 기존 지표와 규칙을 유지하고 업데이트하기 위해 사용할 수 있다. 이런 위협 자료의 출처를 알 수 있다면 첩보를 어떻게 사용할 수 있는지 쉽게 확인할 수 있다. 허니팟에서 얻은 타사의 자료는 커뮤니티에서 제공하는 사고 대응 데이터의 자료와는 다른 상황에서 유용하다.

운영 사용 사례

인텔리전스 프로그램의 운영 사용 사례^{operational use cases}는 여러분의 조직이나 여러분과 유사한 다른 조직을 대상으로 한 공격 활동과 공격의 추세를 파악하는 데 초점을 맞춘다. 공격 활동을 더 빨리 확인할 수 있거나 일련의 침입을 더 빨리 함께 묶을수록 공격자가 자신의 목표를 성공적으로 달성하기 전에 그 활동을 확인할 가능성이 커진다.

공격 활동 추적

공격 활동^{campaign}은 공통 목표나 목적을 지원하는 일련의 활동이나 공격이다. 제2차 세계 대전의 징검다리 공격 활동^{island-hopping campaign}은 이 개념의 좋은 예다. 미국은 일본을 물리치고 싶었기 때문에 일본 본토 공격을 수행할 땅이 필요했다. 징검다리 공격 활동은 방어 준비가 덜 된 태평양 제도를 목표로 한 일련의 공격이었다. 군대는 활주로를 건설하고 방어를 강화한 후, 전략적 이점을 얻기 위해 새로 세운 기지를 이용해 다음 공격을 진행했다. 공격을 수행하기 위해 다른 병력을 동원했거나 지형과 요새에 따른 다양한 전술을 사용했더라도 공격 활동의 목표는 같았으며, 조치한 다양한 활동도 모두 같은 목표를 달성하기 위한 것이었다.

이는 많은 적이 사용하는 방법이다. 적은 목표나 표적을 염두에 두고 있지만, 이를 달성하는 것이 단순히 주된 표적을 공격하는 것만큼 항상 쉬운 것은 아니다. 종종 많은 단계가 관련돼 있으며, 많은 조직이 징검다리 방식으로 같은 그룹의 표적이 될 수도 있으며, 공격자는 오랫동안 한두 조직에 일련의 공격을 수행할 수도 있다. 모든 것이 공격 활동의 목표에 달려 있기 때문에 공격 활동을 추적할 때 목표를 이해하면 다양한 개별 지표를 추적하는 것보다 훨씬 더 많은 통찰력을 얻을 것이다. 공격 활동 추적은 공격 활동의 목표를 확인하고, 이용되고 있는 도구와 전술을 확인하고, 활동에 대응하는 것 등 다양한 측면이 있다. 우리는 여기서 다음과 같은 측면을 자세히 살펴본다.

공격 활동 초점 확인

많은 공격 활동은 특정 산업에 초점을 맞추고 있으며, 여러분 업계의 다른 조직을 표적으로 하는 공격 활동을 확인하고 이해한다면, 어떤 것이 곧 여러분을 목표로 하거나, 이미 여러분을 목표로 삼았기 때문에 위협 사냥이 필요할 수도 있다는 조기 경고를 할 수도 있다. 표적이 된 업계를 확인하기 위해서는 정보공유분석센터나 상업 인텔리전스commercial intelligence 또는 공개 출처 인텔리전스와 같은 업계 기반의 공유 커뮤니티가 필요하다.

도구 및 전술 확인

공격 활동이 확인됐거나 대규모 작전의 일부로 의심되면, (목표를 확인하거나 작전의 의도를 확인한 후) 공격에 사용되는 도구와 전술을 탐지하고 방지하기 위해 해당 도구와 전술을 확인해야 한다. 진행 중인 공격 활동과 연관된 네트워크 기반 지표는 종종 위협 모니터링에 유용하다. 그러나 해당 도구와 전술이 영원히 악의적인 상태로 남아 있지 않을 것이며, 그 유용성은 결국 사라지게 된다는 것을 명심하라. 공격자의 전술과 행동은 관찰할 능력이 있는 한 초점을 맞추기에 좋은 대상이다.

대응 지원

어떤 공격 활동이 활발한지 아는 것뿐 아니라 침입의 성공 여부와 관계없이 침입 후에 수행해야만 하는 일을 파악하는 것이 중요하다. 공격 활동 보고서는 때때로 전술과 도구를 포함해 공격 배후에 있는 위협 행위자 그룹 첩보를 제공하기도 하며, 전술이나 도구가 탐지되거나 네트워크에 접근할 수 없을 때 행위자가 어떻게 대응하는지도 알려준다. 모든 첩보가 보안운영센터의 운영 외에 사고 대응까지도 지원할 수 있으며, 정보보호최고책임자나 다른 임원에게 업데이트 및 상황 인식을 제공하는 데 사용할 수도 있다.

전략 사용 사례

전략 인텔리전스는 항상 인텔리전스 프로그램에 있어야 한다. 10장, '전략 인텔리전스'에서 설명했던 것처럼 조직은 이전 사고에서 배우고, 장기적으로 대규모 행동 및 정책을 변경해 이전과 같은 경험에 대처할 수 있다.

전략 사용 사례는 전략적 수준의 인텔리전스에 대응하기 위해 조치해야 할 많은 행동이 경영진 차원에서 결정돼야 하므로 경영진의 지원과 구매가 필요하다. 전략 인텔리전스는 항상 상황 인식을 제공하는 데 유용하지만 정확한 이해관계자가 참여하지 않으면 효과가 없다. 주요 전략적 사용 사례는 아키텍처 지원과 위험 평가다.

아키텍처 지원

전략 인텔리전스는 항상 조직이 침입이나 공격에 대응해야 하는 방식뿐 아니라 공격을 최소화하고 공격을 더 잘 탐지할 수 있는 첩보를 제공할 수 있다. 이 첩보는 주로 내부 사고 대응 첩보internal incident-response information와 공격 활동 분석campaign analysis에 기반을 둔다. 이 두 가지 기본 출처를 사용해 네트워크를 올바르게 보호하는 데 중점을 둬 조치할 수 있는 몇 가지 방법은 다음과 같다.

방어력 향상

인텔리전스 팀은 공격자의 과거 공격 방법이나 공격을 시도하려고 했던 방법을 이해함으로써 네트워크의 방어력을 개선하기 위해 IT 팀 및 보안운영 팀과 협력할 수 있다. 공격자는 영리하지만 일하는 동안 같은 전술을 반복하는 경우가 많다. 네트워크가 쉬운 공격 요소를 제공하는 방식으로 설계됐거나 구성됐다면, 공격자는 공격이 성공하거나 기회가 제거될 때까지 그 요소를 계속 사용할 것이다. 이런 전술을 확인하면 공격자의 다음 논리적 이동을 확인할 수 있으며, 이런 위협으로부터 보호하기 위해 네트워크방어를 구조화할 수 있다.

위협에 방어력 집중

네트워크는 항상 취약점이 있다. 취약점은 단순히 사람이 만든 운영 체제와 프로그램 일부분일 뿐이다. 그러나 모든 취약점이 똑같이 만들어지지는 않으며 어떤 취약점은 다른 취약점보다 더 많은 주의가 필요하다. 위협 기반 접근 방식은 집중해야 할 취약점을 확인하는 데 도움이 된다. 패치 관리 외에도 인텔리전스는 잠재적인 네트워크 아키텍처의 변경으로 야기되는 위협에 통찰력을 제공함으로써 높은 수준의 취약점관리를 지원할 수도 있다. 예를 들어 조직이 BYOD^{Bring Your Own Device 1} 정책을 논의하거나 조직 전체에 스마트 TV를 회의실에 도입할 계획을 세우는 경우, 인텔리전스는 해당 장치의 위협을 확인하고 정책이 실행되기 전에 권장 사항을 작성하는 데 도움이 될 수 있다.

위험 평가/전략적 상황 인식

정보보호최고책임자의 주된 역할 중 하나는 조직의 첩보와 관련된 위험을 이해하고 관리하는 것이다. 위험을 파악하는 것은 위험 평가의 중요한 부분이며, 인텔리전스는 조

---

1   모바일 기술이 눈부시게 발전하면서 대부분의 PC 업무를 모바일 기기에서도 처리할 수 있게 됐다. 모바일 사용자들은 개인인 동시에 회사의 직원이거나 다양한 형태의 노동자이기도 하다. 따라서 개인용 노트북, 태블릿, 스마트폰으로 이메일을 주고받거나 문서에 액세스하는 빈도도 늘어났다. 이처럼 개인이 소유한 스마트 기기를 직장에 가져와 업무에 활용하도록 허용하는 정책을 BYOD라고 한다(출처: https://bit.ly/30dW2rp). - 옮긴이

직이 직면한 위협 관련 첩보를 제공할 수 있다. 위험 평가와 전략적 상황 인식을 지원하기 위해 수행해야 할 몇 가지 핵심 단계는 다음과 같다.

위험 변화 시기 확인

위험은 같은 상태로 유지되지 않으며 내부 요소뿐 아니라 외부 요소도 조직의 위험 수준을 바꿀 수 있다. 인텔리전스 팀은 조직 내부의 다양한 이해관계자와 협력해 조직의 위험이 바뀔 가능성이 있는 경우, 정보보호최고책임자에게 첩보를 제공할 수 있다.

완화 확인

인텔리전스로 지원할 수 있는 위험 관리의 또 다른 측면은 위험을 감소시킬 수 있는 완화를 확인하는 것이다. 보안 전문가는 심각한 위협이 있을 때 조직이 위험을 받아들이지 않을 것이라고 가정하지만, 결국 많은 조직은 운영해야 할 사업이 있으므로 사업을 계속할 수 있도록 위험을 완화할 방법을 찾아야만 한다. 사업의 운영을 중단하거나 새로운 프로그램의 도입을 중단하는 것은 결단코 선택사항이 아니다. 사업의 연속성에서 완화가 중요한 것은 바로 이 때문이다.

조직은 전략적이든, 운영적이든, 전술적이든, 한 단계의 인텔리전스에 모든 관심을 집중하는 일이 거의 없다. 대부분 조직은 다단계 프로그램이 있다. 인텔리전스 자체의 수준 사이를 이동하는 것은 계획과 숙고가 필요한데, 이는 다음 절에서 설명한다.

전술에 대한 전략인가, 전략에 대한 전술인가?

여러분은 두 가지 방법으로 다단계 인텔리전스 프로그램을 구성할 수 있다. 인텔리전스는 전술에 전략을 취하는 하향식 접근 방식top-down approach이나 전략에 전술을 취하는 상향식 접근 방식bottom-up approach을 취할 수 있다.

하향식 접근 방식에서 상위 수준의 전략 인텔리전스는 정책과 전략으로 이어지며, 팀이 집중해야 할 전술적 수준의 지표가 무엇인지 그리고 일상적인 운영에 어떻게 사용해야 하는지 결정한다. 인텔리전스는 상향식 접근 방식에서 주로 전술적 운영에 중점을 두고, 중요한 첩보는 전략적 수준까지 올라간다. 각각의 접근 방식은 관련된 이해관계자와 조직의 요구에 따라 장단점이 존재한다.

하향식 계획top-down planning은 전통적인 군사 계획의 표준 접근 방식이다. 군사 작전에서 계획은 지휘관의 가장 중요한 책임이다. 지휘관은 가장 중요한 목표와 지속적인 작전을 위해 군대의 상태와 배치를 알아야 할 책임이 있다. 경영진이 달성하고자 하는 것과 인텔리전스가 그 계획을 어떻게 지원할 수 있는지를 명확히 이해하고 있는 상황에서는 하향식 접근 방식을 더 많이 볼 수 있을 것이다. 전략 인텔리전스 지원은 경영진이 네트워크를 보호하는 방법과 관련된 전반적인 이해를 위협 환경에 통합해 위협 환경을 최신 상태로 유지하기 때문에 하향식 접근 방식이 중요하다.

많은 조직은 중요한 지침을 제공할 강건한 전략 인텔리전스 기능을 갖고 있지 않지만, 여전히 운영을 지원하기 위한 인텔리전스의 가치를 믿는다. 이런 상황에서는 하향식 또는 전략에 관련된 전술적 접근 방식이 최선일 수 있다. 운영은 보안운영센터나 사고대응 팀 지원과 같은 전술적 수준에 집중하지만 인텔리전스 팀은 중요한 첩보나 추세를 중요하다고 생각해 경영진에게 보고할 것이다. 상향식 접근 방식은 지휘부가 예상대로 첩보에 대응할 것이라는 보장이 없으며, 전술적 수준에서 일이 순조롭게 진행된다고 하더라도 높은 수준에서는 항상 어느 정도의 불확실성은 있을 수 있다. 상향식 계획은 경영진이 전략적 수준에서 이 개념을 믿고, 당분간 운영이 전술적 수준에서 가장 적합하다고 결정하지 않는 한 상향식 계획은 구현하기 어려울 수 있다.

중요한 첩보 요구

조직이 하향식 또는 상향식 접근 방식을 사용하는 것과는 상관없이, 경영진의 중요한 첩보 요구라는 한 가지 개념은 일관성을 유지할 수 있다. 중요한 첩보는 경영진이 가능한 한 빨리 알아야 할 필요가 있다고 결정한 사안을 포함한다. 여기에는 이따금 보호된 첩보의 손실이나 네트워크의 민감한 부분에의 침입, 동업자 네트워크에서 첩보의 유출이나 침해를 일으키는 성공적인 침입과 같은 것들이 포함된다. 이런 첩보 요구사항 중 일부는 규정준수(compliance) 기반이며, 일부는 사업 요구에 따라 결정되겠지만, 어떤 경우이든 경영진이 이러한 상황 중 하나에 관해 보고받기를 기대하는 우선순위와 기간을 파악하는 것이 중요하다.

인텔리전스 팀 고용

이제 재미있는 부분이 나온다! 계획을 공들여 수행했고, 인텔리전스 프로그램의 이해관계자를 확인했으며, 목표도 설정했고, 요구사항도 확인했다. 이제 그 일을 할 사람들을 찾을 때다. 이는 예산과 요구사항에 따라 개인이나 팀을 고용하는 것을 의미할 수 있지만, 중요한 부분은 계획 단계에서 확인된 모든 목표를 기반으로 적합한 사람을 찾는 것이다. 기술과 경험 수준은 주요 이해관계자와 목표에 따라 다르지만, 인텔리전스 팀을 구성할 때 거의 항상 참인 하나의 주된 요소는 다양성이다.

경험과 배경의 다양성은 다양한 문제를 해결할 수 있는 균형 잡힌 팀을 구성하는 요소이므로 중요하다. 다양한 기술은 팀 전체를 강화할 것이다. 이해관계자의 요구에 따라 인텔리전스 팀에 문화와 지정학 그리고 심지어 언어에 지식이 있는 인텔리전스 전문가를 포함할 수 있다. 또한 인텔리전스 팀에 사업 인텔리전스business intelligence의 배경이나 조직의 운영과 관련된 지식을 갖춘 사람을 포함할 수도 있다. 더욱이 사고 취급자incident handler와 침투 체험평가자penetration tester, 프로그래머 그리고 도구 개발자, 관리자도 포함할 수 있다. 이렇게 다양한 잠재적인 팀 구성원을 고용한다는 것은 이해관계자와 목표를 확인할 때까지는 올바른 팀 구성을 알기가 어려우므로 팀을 고용하는 것이 인텔리전스 프로그램을 구축하는 과정의 마지막 단계라는 것이 중요하다.

인텔리전스 프로그램 가치 입증

일단 프로그램을 구현하고 팀이 운영을 시작하면, 필연적으로 프로그램의 가치를 입증해야 한다. 프로그램이 적절하게 계획되고 자원이 할당됐다면, 여러분은 이해관계자에게 어떤 가치를 보여줄 것인지 생각하고 있어야 한다. 수행 중인 작업의 일간 또는 주간 통계나 측정 지표를 보고하는 것이 중요할 수도 있지만, 실제 가치는 인텔리전스 프로그램의 영향력을 전달할 수 있다는 것이다. 이 프로그램이 어떻게 이해관계자를 지원했을까? 인텔리전스 지원 없이 조직이 할 수 없었던 일을 조직이 할 수 있게 되거나 집중할 수 있게 된 이유는 무엇일까? 조직이 직면한 위협을 더 잘 이해할 수 있게 되면 조직은 어떤 위험을 감수할 수 있을까? 여러분의 프로그램 활동을 보고할 때 가능한 한 분명하게 이런 질문에 답해야 한다.

일이 예상한 대로 진행되지 않을 때는 토론을 하는 것이 좋다. 어떤 것이 효과가 있었고, 어떤 것이 효과가 없었는지 그리고 그 이유는 무엇인지 파악하면 다른 사람이 같은 실수를 하지 않도록 하는 데 도움을 줄 수 있다. 인텔리전스 팀이 항상 처음부터 모든 것을 제대로 할 수는 없지만, 실수로부터 배우는 것은 프로그램을 완성하는 데 있어 중요한 부분이다.

결론

사고 대응 계약에 따른 선택적 지원에서 본격적인 인텔리전스 팀으로의 전환은 커다란 도약이다. 이 책은 사고 대응을 지원하는 개인으로서 능숙해지고 가치를 높이는 방법에 초점을 맞췄지만, 일단 조직이 한 명의 사고 대응자가 얼마나 많은 가치를 제공할 수 있는지 알게 되면, 주요 이해관계자는 사고 대응 전문가로 구성된 전체 팀을 두는 것이 얼마나 가치 있는 일인지 깨닫게 될 것이다. 인텔리전스는 다른 수준에서 운영되는 다양한 팀을 다른 우선순위로 엮을 수 있는 접착제 역할을 한다. 이들이 얼마나 자주 직접 함께 일을 할 것인지는 모르겠지만, 그렇다고 해서 그 팀이 서로 지원하는 것에 많은 이점이 없다는 것은 아니며, 인텔리전스 프로그램은 팀 간의 상호 작용을 가능하게 만들어준다.

공식화된 인텔리전스 프로그램, 특히 제대로 계획하고 자원을 제공하는 프로그램으로의 전환은 조직이 인텔리전스 기반의 사고 대응intelligent-driven incident response에 도입된 기초와 절차를 계속 구축하고 인텔리전스 기반의 보안intelligence-driven security으로 전환할 수 있다.

부록 A

인텔리전스 보고서

GLASS WIZARD 위협에 기반을 둔 몇 가지 예제 보고서는 다음과 같다.

단문 보고서

9장, '배포'에서 설명한 것처럼, 단문 보고서는 빠른 배포와 소비를 위한 한두 쪽의 전술적 보고서다.

IOC 보고서: Hydraq 지표

이 보고서는 GLASS WIZARD 행위자가 사용한 Hydraq 악성 코드의 지표를 설명하는 단문 보고서다.

요약

Hydraq는 중요한 표적에 GLASS WIZARD가 사용한 악성 코드 중 하나다. 악성 활동을 확인하는 데 유용한 지표는 다음과 같다.

표 A-1. 지표

지표	정황	비고
Rasmon.dll	파일 이름	
Securmon.dll	파일 이름	
A0029670.dll	파일 이름	
AppMgmt.dll	파일 이름	
HKEY_LOCAL_MACHINE\SYSTEM\CurrentControlSet\Services\RaS[%	악성 코드 레지스트리 키	임의의 문자열 앞에 공백 제거
random 4 chars %]	보조 파일	확정된 지표 아님
%System%/acelpvc.dll	보조 파일	확정된 지표 아님
%System%/VedioDriver.dll	서비스 이름	결과에 거짓 긍정이 있을 수 있음
RaS[FOUR RANDOM CHARACTERS]	명령 및 제어 도메인	
yahooo.8866.org C2	명령 및 제어 도메인	
sl1.homelinux.org	명령 및 제어 도메인	
360.homeunix.com	명령 및 제어 도메인	
li107-40.members.linode.com	명령 및 제어 도메인	
ftp2.homeunix.com	명령 및 제어 도메인	
update.ourhobby.com	명령 및 제어 도메인	
blog1.servebeer.com	명령 및 제어 도메인	

참고

- 비활성 도메인이 루프 백(127.0.0.2)으로 설정됐다.

- 시만텍Symantec도 네트워크 트래픽 지표의 첩보를 보유하고 있었다.

관련된 전술과 기술 및 절차

- 배달delivery은 스피어 피싱으로 이뤄진 것으로 추정한다.

참고 자료

- 맥아피^{McAfee} 바이러스 프로파일: Roarur.dll[1]

- 시만텍 블로그[2]

사건 요약 보고서: GLASS WIZARD 스피어 피싱 이메일 – 이력서 공격 활동

요약

우리는 2월 22일부터 조직의 시스템 관리자 4명을 대상으로 한 피싱 공격 활동이 시작된 것을 확인했다. 공격자는 하급 시스템 관리자^{junior system administrator}에게 가짜 이력서 이메일을 보냈는데, 그 안에는 인터넷 익스플로러 취약점 CVE-2014-0322를 공격하는 사이트로 연결되는 악성 링크가 들어 있었다. 이 공격 활동은 향후 공격의 접근을 얻기 위한 시도로 보인다.

타임라인

- 2015-02-22 10:47: 제일 처음 확인된 이메일이 전달됐음

- 2015-02-22 11:02: 사용자 1이 클릭하지 않고 이메일을 열어봄

- 2015-02-22 11:14: 사용자 2가 클릭해 이메일을 열어봤으며, Firefox를 사용했기에 취약점 공격을 받지 않았음

- 2015-02-22 13:10: 사용자 3이 클릭해 이메일을 열어봤으며, 취약점 공격을 받음

---

1   원서의 링크 URL이 연결되지 않아 관련된 링크(https://bit.ly/31RMXFn)로 대체한다. – 옮긴이

2   https://symc.ly/2Z17DgY – 옮긴이

- 2015-02-22 13:15: 사용자 3이 취약점 공격 사이트^{exploit site}에서 이상하다는 것을 알게 돼 보안운영센터로 연락을 취함
- 2015-02-22 13:26: 보안운영센터가 조사를 시작함
- 2015-02-22 14:54: 보안운영센터는 사용자 시스템에서 이전에 보지 못했던 프로세스가 실행되고 있는 것을 확인함
- 2015-02-22 14:58: 사고 발생 확인
- 현재 상태

영향력

현재로서는 알 수 없으며, 조사가 진행 중이다.

권장 사항

- 감염된 호스트의 네트워크 연결 해제
- 명령 및 제어 확인
- DNS 레코드 싱크홀[3] 적용
- 외부 방화벽에서 IP 주소 차단
- 호스트 개선하기
- 응급 악성 코드 분석 수행

진행 중인 조치

- 추가 감염과 명령 및 제어 활동 탐색

---

3   https://bit.ly/2zaXBud – 옮긴이

- 지속적인 보호를 위해 공급 업체에 문의

- 관련된 호스트 패치

참고 자료

- 시스코^{Cisco} 블로그[4]

표적 패키지: GLASS WIZARD

이는 GLASS WIZARD 행위자의 표적 패키지(9장, '배포' 참조)다.

요약

GLASS WIZARD는 중국의 전략적 목표에 부합하는 조직을 표적으로 삼는다고 알려진 위협 행위자다. GLASS WIZARD는 Posion과 PlugX와 같은 일반적인 다중 사용자 도구에서 WINNTI와 Hydraq와 같이 고유한 행위자별 악성 코드로 이동하는 등 매우 다양한 도구를 사용하는 것으로 알려져 있다. 행위자는 매우 높은 수준의 적응력, 심지어 대규모 조직을 나타내는 전술과 기술 및 절차를 갖고 있다.

다른 이름	출처
AXIOM	Novetta

---

4   https://bit.ly/2KV0sNk – 옮긴이

전술과 기술 및 절차

- 먼저 상용 도구를 사용하고, 어려운 표적을 대상으로 한 사용자 정의 기능을 저장하기 위해 악성 코드의 계층화된 접근 방식을 사용한다.

- 시스템 간의 이동을 위해 일반적인 네트워크 관리 도구를 활용한다.

- 향후 공격이 가능하도록 (인증서 탈취와 같이) 전략적으로 침해한다.

표 A-2. 도구

이름	설명	비고
Poison Ivy	원격 접속 트로이 목마	상용 도구
PlugX	원격 접속 트로이 목마	상용 도구
Gh0st	원격 접속 트로이 목마	
WINNTI	원격 접속 트로이 목마	공개돼 있지 않지만, 공유됨
Derusbi	알 수 없음	
Hydraq	알 수 없음	
Hikit	서버 측 원격 접속 트로이 목마	Axiom에 한정
Zox	원격 접속 트로이 목마	악성 코드 패밀리, Axiom에 한정

피해자 프로파일

타사 보고서의 첩보에 기반을 둔 특징은 다음과 같다.

- 사람을 이용한 인텔리전스^{human intelligence} 첩보의 출처

- 기술 조직

- 비정부 기구^{NGO, nongovernmental organization}

- 유용한 자원(예를 들어 Bit9 서명 인증서)을 훔치기 위한 전략적 침해

표 A-3. 관련된 행위자

이름	유형	비고
WINNTI	행위자 그룹	겹치는 정도가 높으며, 밀접하게 관련돼 있을 수 있음
Elderwood	행위자 그룹	시멘텍 보고서에 나옴

참고 자료

- Novetta 보고서[5]

장문 보고서: Hikit 악성 코드

좀 더 상세한 여러 쪽 분량의 보고서를 장문 보고서라고 한다. 장문 보고서는 일반적으로 분석가 팀이 작성하며, 광범위하거나 깊이 있는 내용을 다루는 보고서다.

다음은 GLASS WIZARD의 가장 악명 높은 악성 코드 중 하나인 Hikit에 기반을 둔 (매우 기본적인) 악성 코드 보고서다.[6]

키	값
역공학 분석가	Novetta 악성 코드 분석 팀[7]
날짜	2017년 11월 01일?
요청자	인텔리전스 팀
연관된 침입	GLASS WIZARD

---

5   https://bit.ly/33GDfqL – 옮긴이

6   이 보고서는 Novetta(https://bit.ly/2KHQFf0)와 Contagio(https://bit.ly/2P1SXcP), Hybrid Analysis(https://bit.ly/33Jt7NY) 그리고 VirusTotal(https://bit.ly/2ZcBpui)의 자료를 사용해 작성됐다.

7   https://bit.ly/2KHQFf0 – 옮긴이

요약

Hikit은 GLASS WIZARD가 가치가 높은 표적을 침해하는 데 사용한 마지막 단계의 원격 접속 트로이 목마다. Hikit을 특별하게 만든 것은 Poison Ivy와 같이 피해 조직의 클라이언트 시스템(직원 엔드포인트)에 초기 단계의 삽입 프로그램에 사용된 것과는 다르게 Hikit이 인터넷에 연결된 서비스에 사용된다는 것이다. Poison Ivy에서 사용된 회신용 비컨^{callback beacon}을 사용하는 대신 공격자는 방아쇠^{trigger}를 사용해 Hikit을 서버로 삼아 접근한 후, 피해자 네트워크에 프록시를 포함한 용도로 사용한다.

기본 정적 분석

- 파일 이름: oci.dll

- 파일 유형: PE 파일 – Win32 동적 링크 라이브러리^{Dynamic-Link Library}

- 파일 크기: 262,656바이트

표 A-4. 해시 값

해시 알고리즘	해시 값
MD5	d3fb2b78fd7815878a70eac35f2945df
SHA1	8d6292bd0abaaf3cf8c162d8c6bf7ec16a5ffba7
SHA256	aa4b2b448a5e246888304be51ef9a65a11a53bab7899bc1b56e4fc20e1b1fd9f
SHA512	
Ssdeep	6144:xH8/y2gN1qJ2uvknuXsK+yW14LSb5kFiE:6/y9N1ruvkiEyW14LSb5kB

표 A-5. 현재 백신 프로그램의 탐지 능력

업체	샘플
Avast	Win32:Hikit-B [Rtk]
ClamAV	Win.Trojan.HiKit-16
CrowdStrike	–

업체	샘플
ESET-NOD32	Win32/Hikit.A
F-Secure	Gen:Variant.Graftor.40878
Kaspersky	Trojan.Win32.Hiki.a
Malwarebytes	–
McAfee	GenericR-DFC!D3FB2B78FD78
Microsoft	Backdoor:Win32/Hikiti.M!dha
Qihoo-360	Trojan.Generic
Sophos	Troj/PWS-BZI
Symantec	Backdoor.Hikit
TrendMicro	BKDR_HIKIT.A

주목해야 할 문자열

- Nihonbashi Kodenmachou10-61

- 7fw.ndi

- W7fwMP

- CatalogFile= w7fw.cat

- ClassGUID = {4D36E974-E325-11CE-BFC1-08002BE10318}

- ClassGUID = {4d36e972-e325-11ce-bfc1-08002be10318}

- CopyFiles = W7fw.Files.Sys

- DelFiles = W7fw.Files.Sys

- DiskDescription = "마이크로소프트 W7fw Driver Disk"

- W7fwmp

- W7fw_HELP

- Norwegian-Nynorsk

- W7fw.Files.Sys = 12

- W7fw.sys

- W7fwMP_Desc = "W7fw Miniport"

- W7fwService_Desc = "W7fw Service"

- W7fw_Desc = "W7fw Driver"

- h:\JmVodServer\hikit\bin32\RServer.pdb

- h:\JmVodServer\hikit\bin32\w7fw.pdb

- h:\JmVodServer\hikit\bin32\w7fw_2k.pdb

- h:\JmVodServer\hikit\bin64\w7fw_x64.pdb

기타 관련 파일 또는 데이터

- RServer.pdb

- w7fw.pdb

- w7fw_2k.pdb

- w7fw_x64.pdb

- W7fw.sys

- 현재까지 우리가 알 수 없는 드라이버 파일

기본 동적 분석

없음. 타사 보고서의 첩보를 사용함

행동 특성

- 원격 접속 트로이 목마의 행동은 다음과 같다.
  - 셸shell: 원격 셸이 피해자 시스템에 접근할 수 있도록 허용한다.
  - 파일: 파일 시스템에 직접 접근하게 만든다.
  - 연결: 포트 전달 연결port-forwarded connection을 만든다.
  - socks5[8]: 프록시 트래픽을 전달한다.
  - 종료exit: 채널을 종료한다.
- 네트워크 트래픽을 가로채 (악성 코드가 서비스 역할을 하는) 외부 호스트에서 HTTP 요청을 수신한다.

전달 메커니즘

- 공격자가 업로드해 표적 호스트에 2단계 도구를 전달한다.

지속성 메커니즘

- 침해당한 호스트에서 서비스로 실행된다.

확산 메커니즘

- 수동. 공격자는 감염된 호스트를 사용해 확산시킬 수 있다.

유출 메커니즘

- file 명령어를 사용해 파일을 유출할 수 있다.

8　서버–클라이언트 간의 TCP나 UDP 통신을 프록시 서버를 거쳐 진행하게 하는 프로토콜이다(출처: https://bit.ly/2Z5GCs7). – 옮긴이

명령 및 제어 메커니즘

- 공격자는 직접 네트워크에 연결해 호스트에 접속할 수 있다(호스트는 반드시 인터넷에 연결돼 있어야 한다).

- 공격자는 /password 경로를 사용한다.

의존성

Hikit을 실행하기 위해서는 환경과 파일이 필요하다.

지원되는 운영 체제

- 마이크로소프트 윈도우 운영 체제(버전은 알 수 없음)

- 다음 시스템 파일을 사용:
  — ADVAPI32.dll
  — KERNEL32.dll
  — ole32.dll
  — SETUPAPI.dll
  — SHLWAPI.dll
  — USER32.dll
  — WS2_32.dll

필요한 파일

- 네트워크 접근을 허용하는 드라이버 파일: %TEMP%\w7fw.sys

2단계 다운로드

- 없음(이 파일이 2단계 도구다)

레지스트리 키

- 알 수 없음

탐지

Hikit을 탐지하기 위한 첩보

네트워크 IOC

- 현재로서는 없음(이 파일이 서버의 구성 요소다)

파일 시스템 IOC

- "YNK Japan Inc." 코드 서명 인증서code-signing certificate

- 기본 정적 분석의 '주목해야 할 문자열'과 표 A-4를 참조하라.

대응 권고 사항

Hikit 감염을 완화하고 개선하기 위한 권장 조치

완화 단계

- 감염된 시스템의 인터넷 네트워크 접속을 중단한다.

- 보조 조치: 공격자가 내부 프록시를 사용하지 못하게 내부 네트워크 접속을 차단한다.

박멸 단계

- 공격자가 수동으로 도구를 설치하기 때문에 감염된 시스템을 완전히 다시 구축하는 것이 좋다.

관련 파일

- %TEMP%\w7fw.sys

- %TEMP%\w7fw.cat

- %TEMP%\w7fw.inf

- %TEMP%\w7fw_m.inf

- %TEMP%{08acad5e-59a5-7b8c-1031-3262f4253768}\SETEA6F.tmp

- %TEMP%{08acad5e-59a5-7b8c-1031-3262f4253768}\SETEDAF.tmp

GLASS WIZARD의 인텔리전스 요청

인텔리전스 제공 요청은 이해관계자가 인텔리전스를 만드는 팀에게 특정 첩보를 요구하는 보고서다. GLASS WIZARD 조사 과정에서 발생한 인텔리전스 제공 요청 과정의 예는 다음과 같다.

- 보낸 사람: 포렌식 팀

- 받는 사람: 인텔리전스 팀

- 응답 마감: 가능한 한 빨리

우리는 보안운영센터의 요청에 따라 GLASS WIZARD 활동과 관련해 여러 대의 하드디스크를 조사하고 있다. WINNTI 악성 코드의 파일 시스템 지표를 요청하고, 지표를 사용해 시스템을 분류하려고 한다.

참조:

- 없음

GLASS WIZARD 인텔리전스 제공 요청 대응

- 보낸 사람: 인텔리전스 팀

- 받는 사람: 포렌식 팀

- 신호등 프로토콜: 노랑

- 응답 날짜: 2016년 11월 13일

GLASS WIZARD(GL)는 표적의 Hydraq와 Poison Ivy, Derusbi, Fexel 등에 기반을 둔 다양한 악성 코드를 사용한다. 결과적으로 WINNTI 지표는 100% 확실하지 않을 수 있다. 2개의 파일(gw_winnti_hashes.txt와 gw_winnti_yara.txt)을 첨부한다.

Axiom 보고서

- 해시 값[9]

- YARA[10]

---

9 https://bit.ly/2H72LvV – 옮긴이
10 https://bit.ly/2MoizOX – 옮긴이

찾아보기

인텔리전스 기반 사고 대응

사이버 위협 정보 수집과 분석 그리고 위협 사냥을 위한 인텔리전스 활용 방안

발 행 | 2019년 9월 30일

지은이 | 스콧 로버츠, 레베카 브라운
옮긴이 | 박준일, 장기식, 천성덕, 박무규, 서광석

펴낸이 | 권 성 준
편집장 | 황 영 주
편 집 | 이 지 은
디자인 | 박 주 란

에이콘출판주식회사
서울특별시 양천구 국회대로 287 (목동)
전화 02-2653-7600, 팩스 02-2653-0433
www.acornpub.co.kr / editor@acornpub.co.kr

한국어판 ⓒ 에이콘출판주식회사, 2019, Printed in Korea.
ISBN 979-11-6175-342-3
http://www.acornpub.co.kr/book/intelligence-driven

이 도서의 국립중앙도서관 출판시도서목록(CIP)은 서지정보유통지원시스템 홈페이지(http://seoji.nl.go.kr)와
국가자료공동목록시스템(http://www.nl.go.kr/kolisnet)에서 이용하실 수 있습니다.(CIP제어번호: CIP2019032696)

책값은 뒤표지에 있습니다.